新装版

文化の力

カルチュラル・マーケティングの方法

Aoki Sadashige

青木貞茂

NTT出版

文化の力——カルチュラル・マーケティングの方法　目次

序章

文化とビジネスの架橋

「確かに「日本的」で「土着的」なものをわれわれは残している。しかし、それらを解釈し、それらを生かす「精神」はほとんど見失われたのである。（中略）問題は、その「日本的なもの」が何であり、どのような意味をもっているのか、それを解釈する術を戦後の日本が失ってしまったということなのである。(1)」

現在、日本は明治維新期、第二次世界大戦後敗戦期に匹敵する深刻な自己反省を強いられている。これまでの量の拡大を追求する経済第一主義、マーケットシェア至上主義、売上拡大主義が通用しなくなっている。それにともなって、日本の強みと思われた点が、逆に、悩みとなってしまった。一種の自己喪失、自信喪失に陥っている。日本型の経営、年功序列、雇用の保証といった慣習もいつまで守ることができるのかわからない状況である。

今後日本の商品作り、ブランド作り、広告作りを含めた生活・消費文化はどう変わっていかなければならないのか。また、ポストバブルで失われた経済に対する信頼をどう取り戻していかなければならないのかが課題である。

このような中で、これまでの日本の生活・消費文化を基本から問い直し、これまでとは異なったパラダイムを提示することが真剣に求められている。特に、グローバルな文脈の中で日本独自の「豊かさ」と日本型生活様式の完成に貢献できる新しいマーケティング発想とノウハウが求められている。

日本経済は、かつてない危機にみまわれていた。ついこの間まで消費の世界に関して価格破壊が、話題の中心であった。しかし、現在流行現象としての価格破壊は沈静化し、今また、ミニバブルの様相を呈している。バブルをくだらないもの、愚かなものとして一刀両断にすることはたやすい。だが、私達が論究すべきは、価格ではなく本質的な価値創造が消費の課題であるということである。議論は、一過性の不況対応ではなく、より、日本の消費の構造的な変革の側面へと進んできたのである。

たとえば、その一つが、戦後の消費の日本的特徴であった新しいものにとびつき、猛烈なスピードで消費するという性格の転換である。乗用車のモデルチェンジ年数は長くなり、八〇年代に顕著にあらわれた様々な商品ジャンルにおける過剰ともいえる新商品、新ブランド競争はなくなった。マーケティングの世界では、既存ブランドの見直しが盛んになり、ブランド論が花盛りである。また、最近のヒットブランドには、「TSUBAKI」「伊右衛門」といった日本の文化を象徴的に表現しているブランドがあげられる。

私達が、ここで取り組まなければならないのは、戦後最大級の長期不況の経験をただの景気循環として一過性のものととらえるのではなく、日本の消費における歴史的転換であるととらえる認識の枠組み＝パラダイムの転換である。そして、これまでのやり方や考え方が今後、通用しないのだということを明確に認識し、そのような前提にたってこれからの日本の消費について新しい理論、ノウハウ、テクノロジーの開発に真摯に取り組まなければならないのである。

そこで私は、日本の消費の特徴を規定する基底構造を深層にまで掘り下げて原理的に明らかにしたい。これまでは、ヒットの要因をあくまで流行という短期的サイクルから分析してきた。あるいは、すぐれた企業のマーケティング戦略や、経営マネジメントとしてとらえてきた。本書ではあえて、この点には直接ふれず、日本の消費、マーケティングがとるべき道について長期的観点から構造的に論じていきたい。今何が売れるかという近視眼的な視点だけではなく、消費とはそもそもどのようなものかを文化の基底構造との関係で論じていきたい。いわゆる、「消費文化のパラダイム」再構築について文化人類学者のいう幅広い意味での文化に立ち返って考察していこうと考えている。

また、日本の文化の歴史的な視点を常に持ち、分析していきたい。なぜなら、現在とは、過去と未来から作られているからである。豊かな生き生きとした日常生活を創造していけるかどうかは、正確な過去認識とこうありたいという未来に対するビジョンを構築することからであると私は信じている。

日本が世界でも最も豊かな国のグループの中に仲間入りをしたことは、統計上では間違いない。しかし、その実感を生活の中でしっかりと自分のものとして感じることができない。イギリスやアメリカは、近代生活の中でそれぞれの豊かさを「生活様式」（ウェイ・オブ・ライフ）として世界に影響を与えてきた。イギリス、アメリカは、その時代、時代の豊かな国として消費文化に貢献してきた。それに対して私達日本は、世界に何を残しているのだろうか。商品の中には「世界商品」（三浦展の造語）となって、世界中の人々に愛用されているものはいくつかある。(2) だが、それは総合的に一つの生活様式を体現した「消費文化」として継承され影響を与えていくものであるとはいえない。

生活様式として確固たるものになるためには、その様式が持つ固有の五感全体に関わるエステティクスが必要である。この場合、エステティクスとは日本語で美学とか美容と言われるものよりはるかに大きく深い領域――五感全体に関わる部分を含んでいる。視覚、触覚、嗅覚、聴覚、味覚を含んだ総合的な一貫性のある文化価値である。

世界的デザイナーの奥山清行は、『伝統の逆襲』の中で、「価格競争から価値競争に移行する中で、さまざまな「もの」をつくっていくにしても、日本という切り口があると非常に強い。自分たちを守る一番の武器が、日本らしさなのである。どの国、どの文化も真似のしようがない。その意味で、社会が国際化すればするほど、伝統文化の素養が必要になってくるのだ(3)」とのべている。

気持ちのよさ、楽しさ、落ち着き、リラックスなど様々なプラスの気分を提供できる総合的なスタイルの消費文化を現代の日本は自覚的に作り上げていくべきなのである。

そのためには、冒頭で掲げた佐伯啓思の文章のように、「日本的なもの」について語るべき言葉を発することが、まずは求められているのである。

本書で探求することは、自覚的、意識的に日本の消費について文化と歴史の観点から再検討し、豊かさを「生活様式」として五感全体に関わるエステティクスを再編成する第一歩を踏み出すことである。

これまで「マーケティング」と「文化」は、実務と教養という相容れない領域であった。しかし、文化パワーが台頭する現代において、これまで水と油であった両者が融合し、新たな理論、思想が求められるようになった。ビジネスの世界にあって文化への理解とセンスが必要とされ、文化の世界にビジネス知識と発想が求められているのである。言い換えれば、文化全般についての教養力がビジネスパワーへとつながる時代になったということである。

論点を先に提示しておくと、

(1) 文化は、経済活動において重要な資産・リソースであり、強い力を持つ。
(2) 文化は、音楽やアニメ、小説だけでなく、ビジネス活動全般も含む。
(3) 文化は、維持・強化する努力を意識的にしなければ衰退する。
(4) 伝統文化は、常に革新をともなう[4]。
(5) 文化は、身体化・無意識化したときに初めて文化となる[5]。

本書は、これまで分断されてきた「マーケティング」と「文化」の間の架橋となるものであり、新たなマーケティング原理としての「カルチュラル・マーケティング」を提唱するものである。

第1章

文化力への注目

1　注目される文化力——ソフトパワーとGNC

日本において「文化」という言葉は、経営、ビジネスやマーケティング・パワー、ましてや国家パワーと関係がない、あるいはその対極にあるものとしてイメージされてきた。文化といえば、絵画や文学、詩、アートなどハイ・カルチャーを連想する。人にたとえてみれば腕力、経済力のない弱々しいお公家さんのような人物像になる。

しかし、文化は力を持っている。しかも軍事力や経済力と同じような強力な力がある。軍事力や経済力が「ハードパワー」であるのに対して文化力を「ソフトパワー」と名付け、定義したのはアメリカの国際政治学者ナイである(1)。

先に述べたように、一般的には、文化は、力と無縁と考えられている。この常識をくつがえすのは、文化が生活に与える影響力である。私達の生活を意識的に振り返ってみれば、見たり、聴いたりする映画やドラマ、音楽にアメリカのハリウッド製のソフト、コンテンツが数多くある。人気ドラマの『24』は、みだしたら止まらなくなる中毒性を持っている。いつのまにか、アメリカの「ウェイ・オブ・ライフ」を反映したソフト、コンテンツを好意的にみている。『24』の主人公ジャック・バウアーのテロとの戦いは、基本的に現代のカウボーイの戦いである。独立独歩、男らしく都会の荒野をおのれの力と精神力で、困難な闘いに立ち向かっていく。知らず知らず、私達は、主人公のジャックに感情移入している。テロとの戦いにおける「アメリカ流」が、正しいものと無意識に判断してしまう。現代のカウボーイのようなタイプのヒーロー像をかっこよいもの、憧れの男性像と考えてしまう。

ラッパーのファッション、パリス・ヒルトンやブリトニー・スピアーズに代表されるセレブたちのファッション、ライフスタイルが世界中の若者に大きな影響を与える。「コカ・コーラ」「ナイキ」「スターバックス」「アップル」などの商品やサービスも含め、様々なアメリカの消費に関わる文化表現は、「自由におのれの感性と欲望を開放せよ」というメッセージを常に発信している。

アメリカ流の価値観を強固に植え付け、生活様式として定着することで、アメリカへの好意、共感を作り上げ、一種の心理的なパワーとして影響を与える。時として、軍隊以上にアメリカの力となる。つまり、「ハードパワー」と「ソフトパワー」は、車の両輪で両者の連携によって力を発揮する。

このことを、非常に深く理解して国家の再生に成功した指導者がいる。若きイギリスの指導者として登場した労働党の党首トニー・ブレアは、首相に就任後、国家ブランド戦略を推進した。古色蒼然とした伝統の国イギリスではなく、若く活気にあふれた斬新で魅力あるイギリスとなるべく、建築やウォーターフロントの再開発、デザインへの国家的な取り組みで「クール・ブリタニカ」を推進した。その中核にあったのが、「文化」というソフトである。

イギリスというと伝統的だが、古くて活気がないというイメージを転換し、現代的で経済、文化両面で活発な国として再活性化を図る。投資を積極的に呼び込むためにも国家のブランド・イメージは、大切なのである。このように国家にとってもその力を無視できなくなったのが「ソフトパワー」とよばれる「文化力」である。

ナイだけでなく「ソフトパワー」と同様の概念を提唱したのが、アメリカの国際ジャーナリスト、ダグラス・マクグレイである。彼は、国家レベルの経済力を評価するGNPに対してGNC（グロス・ナショナル・クール）を主張した。[2] GNCというキーワードで、国家としての「かっこよさ」という魅力の総体を、GNPのようにとらえ、国力を評価する概念として提示した。このGNCは、日本にその着想のもとがある。

マクグレイは、大友克洋や宮崎駿などのアニメ、「ポケモン」などのゲーム、「ハローキティ」などのキャラクターが、現代の世界で最もクールな文化表現であるとしている。日本の「かっこよさ」が「クール・ジャパン」として世界中の若者に大きな影響を与えており、日本の「ソフトパワー」が世界から注目されている。経済が不況で衰えたというが、グローバル・カルチャーの中では、その影響力は飛躍的に増大し、経済にかわり日本のスーパー・パワーが復活したとまでいう。

ナイやマクグレイにとって、どれだけ国のイメージが「クリエイティブ」で「クール」かが、経済力の強さと同じぐらいの重要性を持つ。ここでも、音楽やデザイン、ファッション、文学、建築などが大きな役割を果たしている。国家の力においても「文化」が重要な鍵となっている。

注目すべきは、外交の世界において経済力と並んで文化力が重視され、このような概念が評価されていることである。

これまでのべてきたように文化は、国家において重要性が認識されてきている。当然、企業にとってもソフトパワー、グロス・ブランド・クールが競争力の鍵となってくる。ブランド競争において、文化の力を意識し、マネジメントできなければ、過酷な企業生存のレースから脱落してしまう。つまり、競争力という観点からも企業における技術力や資金力というハードパワーだけでなく、ソフトパワーという文化力が、かつてないほど重要になってきた。商品もブランドとして長期の価値を確立するには、機能性や経済性、耐久性といったハードパワーだけでなく、文化によるソフトパワーが必要不可欠である。

近年、ブランドの世界でいわれるブランデッド・エンターテインメントが、インターネットを利用したショート・ムービーや映画、ドラマでのプロダクト・プレースメントという手法を用いて盛んに行なわれるようになった。[3]「日清食品」の「カップヌードル」では、『AKIRA』『スチームボーイ』で有名な漫画家・大友克洋を起用し、『FREEDOM』というSFアニメを特定のサイトで期間限定公開し、オリジナルDVDを市販するクロス・メディアキャンペーンを行なった。「カップヌードル」のCMは、まるで長編アニメ映画の予告編のようである。

大友克洋の『AKIRA』は、世界にジャパニメーションを知らしめる先駆けとなった。食品のキャンペーンでこのような世界的なアニメ作家を起用し、CMとインターネットを活用したクロスメディア・コミュニケーションを展開している。なぜなら、ブランドを維持拡大するには、ハリウッドとも互角以上に渡り合えるエンターテインメント・ソフトが文化力として必要だからである。ブランディングにあたって文化力というソフトパワーは、大変重要な存在になった。

本書でのべることの中でも重要なのは、文化という言葉の意味の転換である。今や文化は、ビジネスや国家の力と無縁であるかのように考えることはできない。高等遊民の趣味や手慰みなのではない。もちろん、価値判断として無縁であるべきだという考え方もある。しかし、現実に文化はビジネスにおいても国家においても非常に重要な要素であり、強力な機能やパワーを有していることは否定できない。

2　クリエイティブ・クラスとカルチュラル・クリエイティブズ

これほど、文化が注目されるようになってきたのは、現実に文化がキーとなる社会階層が有力になってきたからである。カーネギーメロン大学教授で地域経済開発専門のフロリダは、「クリエイティブ・クラス」と名付けた社会階層が二一世紀を担う、最も重要な階層であるとした。

フロリダによるとアメリカの階層は、工場労働者が中心のレーバー・クラスが一九二〇～五〇年の勤労者のうち四〇%を占めていたが、現在は二五%ほどになる。サービス・クラスは、一九〇〇～五〇年に一六%から三〇%に増大し八〇年には四五%まで達したが、現在は、ほぼ横ばいのままである。クリエイティブ・クラスは、現在、三〇%（約三八〇〇万人）を占める。金融サービス、法律関係、科学者、技術者、大学教授、建築家、作家、芸術家、役者、歌手、デザイナー等自分自身で仕事を裁量でき、高度な技能と学歴を有す人々であるとされる。他の産業の一・五倍から二倍の給与を得ているという。(4)

同様の階層を著名な社会トレンド・コンサルタントであるレイとアンダーソンは、「カルチュラル・クリエイティブズ」と名付けている。米国社会に登場したライフスタイル集団（五〇〇〇万人）で成人人口の二六%を占め、自然環境、人権、平和、精神性などに強い関心を持ち、六〇

年代の市民・学生運動にルーツを持つ。(5)

フロリダは、専門の地域経済開発の観点から、『The Rise of the Creative Class』の続編である『クリエイティブ・クラスの世紀』においては、「クリエイティブ・クラス」にとって魅力的でない文化性に乏しい国家、地域、都市は、衰退していくとしている。なぜなら、多くの「クリエイティブ・クラス」は、自分の才能・能力を生かすことができ、かつ生活環境が魅力的な場所を求め大移動するためである。クリエイティブ・クラスの非常に多いアメリカであっても例外ではなく、ハリウッドのCGのスペシャリストや美術部門のアーティストが、カナダやニュージーランドへと移動している。(6)

彼らは、文化への志向性が高く、音楽、ストリート・カルチャー、アート等のエンターテインメントを享受することに熱心である。また、商品やデザイン等の審美性、テイストのレベルが非常に高い。仕事の内容とともに個人の価値・趣味・嗜好を第一にする層である。「ライフスタイル・アメニティーズ」への志向が高い。

このような階層のウェイトが高まれば高まるほど、企業の提供する商品、サービスへの評価は厳しく基準が高くなる。この階層をターゲットとして、アメリカで大成功した企業が「スターバックス」である。アメリカのコーヒーといえば、アメリカンコーヒーに代表される、番茶のようなコーヒーしかイメージがなかった。マイケル・ムーアは『ロジャー&ミー』(一九八九年)という初期の傑作で、アメリカの地方都市でかつてGMの企業城下町であるミシガン州フリントのコーヒー文化の貧困を描いていたが、街にはアメリカンコーヒーかインスタントコーヒーしかなかった。

コーヒー文化がないに等しいアメリカで「スターバックス」は、イタリアのバールにある伝統的なコーヒー文化を、アメリカ流にモダンな形へと練り上げ、提供した。ただ単に、おいしいコーヒーというにとどまらない。コーヒーを味わう空間として、つまり職場や学校と家庭との中間にある第三の場所としてコーヒー文化を丸ごと味わえる場にした。本場のコーヒー経験をアメリカにいながらにして楽しめるようにするため、コーヒーの味もさることながら、ロゴ、店のデザイン、店員、ソファ、音楽など丸ごと本場のコーヒー文化の持つ「らしさ」を構築したのである。

3　マーケティングの転換を促す巨大集団

アメリカで発生している現象は、日本でも当然生まれている。日本のクリエイティブ・クラス、カルチュラル・クリエイティブズへの対応のため、これまでのマーケティングの思想や方法を変革することが求められている。

商品デザイン、空間デザイン、ファッションの審美性、テイストのレベルは、不況にあえいでいた九〇年代を通じてもアップしてきた。安さを売り物にして、標準的な国民服のような存在となることを目指してきたユニクロでさえも、人気デザイナーの佐藤可士和を起用してブランドとしてのオーラをまとおうとしている。

生活者の好みは多様化し、クオリティへの要求水準は全体的に向上している。だが、企業側の対応は、まだ十分とはいえない。生活の統合的デザインへの嗜好が、はっきりできているのに、まだ、対応するものが乏しい。たとえば、現在リフォームが定着しつつあり、これまでと比較すると、日本人は住環境を快適にすることにかなり意識的になっている。その一つの例として、テレビ朝日の『ビフォア・アフター』というリフォーム番組がゴールデンタイムで放映され話題になった。マンションの世界でもデザイナーズマンションが多数建築されている。それにもかかわらず、相変わらず、家電製品とリビング用品、家具、インテリアの間には、縦割りがあり、全体のコンテクスト欠如がある。いざ、お気に入りの家のリフォームが完成しても、そこにあうトータルにデザインされた家電製品がないという事態に陥っている。

トータルに生活の統合的デザイン・コーディネートへの意識を自覚的に持って対応しているのは、「無印良品」である。「無印良品」以外の他の商品ブランドは、あらゆる生活の場面で提供される商品のデザインと哲学が統合されていない。「無印良品」は、食品、ステーショナリー、衣服、家具、家電製品、家までも、ZENと言われる色彩のミニマリズム、素材の質感を重視するデザインで統合されている。ただ、残念なことに「無印良品」は非常に優れているものの、私達には、色気のある、明るい別のタイプの「無印良品」のような統合ブランドがないのである。

若いファッションリーダーやマスコミ人に人気のヴィンセント・ギャロという俳優がいる。この濃い独特の容姿を持ったヴィンセント・ギャロの初監督・主演作『バッファロー'66』は、日本において単館系ミニシアターの興行収入で、一九九九年のトップとして大ヒットした。ギャロは、若者の間でカリスマといっていいアーティストである。

TBSの情報番組『王様のブランチ』に出演したギャロは、インタビューに答えて日本でこれほど自分の映画が若い人に人気なのは、日本人がエステティクス(=美学)をよくわかっており、テイストがよい(=グッド・テイスト)からだと答えていた。そして彼が最も尊敬する監督として名前をあげていたのが、日本の小津安二郎監督である。

海外のアーティストに認められる日本のグッド・テイストや審美感がやっと普通の生活者にも

あらわれてきた。高級ブランドだけでなく、海外のいいものを、日常生活の中に取り入れて使いこなしてきている。

「無印良品」が先鞭をつけた、価格はカジュアル、デザインはハイセンスという流れは、日本の街の風景、生活の風景を変えるまでになってきた。

また、男性の化粧やエステ的なものが市民権を得てきた。男性化粧品の売れ行きが好調である。甲子園の坊主頭の高校球児ですら、まゆげを剃って整えたりしている。若々しくありたい、かっこよくありたい、異性に対して魅力的でありたいというのはいつの時代にも存在する欲求であるが、ついに化粧品でその願いの一部を実現することができた。かつてのマッチョな男性像や容姿や臭いを意識しない無神経な「おやじ」にならないために、日本の男性にもグッド・テイストが求められるようになってきたのである。

デザイン、消費文化表象史の研究者である奥出直人の『トランスナショナル・アメリカ』は次のようにいう。「グッド・テイストの基盤を作ったのは、ヨーロッパのブルジョアジーたちだった。一七世紀から徐々に立ち上がってきた資本主義のなかで、才覚によって彼らは大儲けをした。クラシック音楽、絵画といった芸術をはじめ、住宅、公園などいま私たちが考えるヨーロッパ文化を彼らはデザインしていった。[7]」

そしてアメリカの時代になり「資本主義からみても、個人の才覚で成功するブルジョアジー主導の時代からコーポレーション、巨大企業で成功する時代へとシフトする。そこで働くホワイトカラーの中で成功したアッパーミドルが台頭する。彼らは素敵な住宅に住み、快適な仕事場をもち、子供には恵まれた教育を与え、車をもち、とゆとりのあるアメリカン・ウェイ・オブ・ライフを謳歌した。(8)」

では日本はどうか。「服でよい生活の夢を買えることを提唱した石津謙介やくろすとしゆきのようなプロデューサーがひろく生活全般に出現することを僕は待望してやまない。いまの「豊かになった」日本人にふさわしい、服や家具だけでなく、あらゆる分野にわたってよい趣味の生活を提案してもらいたいのだ。こうしてジャパニーズ・ウェイ・オブ・ライフが確立されたとき、日本人ははじめて「豊かさ」を実現できるはずなのである。(9)」

私達が今後目指すべき生活様式にとって、生活の美学的な側面はとても重要だといえよう。そもそも、一九世紀イギリスにおいてデザイナーであり詩人・思想家であったウィリアム・モリスによって提唱された美しい生活＝生活の美学は、近代消費文化において避けられない重要なキー概念である。モリスが「生活の芸術化」というとき、デザインによる生活のインテグリティ（尊敬すべき一貫性）を生活と芸術の接点の中で実現しようとしたのである。芸術が生活の現実を無視して支配的になろうとしたのでは決してない。

よく知られているように、ゴッホは日本人のように暮らしたいと熱望していた。それは、モリスと同様、生活の基礎の上に美的なものが築かれると考えていたからである。

日本では、柳宗悦が『工藝文化』の中で繰り返しこの思想を語っている。「美の方向は、生活との結合にあると思える。既にその必要はさし迫って来たのである。生活圏内に美術をも摂取すべき時期は来たのである。ここで美術の工藝化に新しい意義が盛れ上る。美と生活とを結ばしめる時、そこに工藝の文化が示現《じげん》され美の健康化が見られるのである。生活に即しない美を正しい美と呼ぶことは出来ない。生活に交《まじわ》って美がますます美となる道がなければならない(10)。」

もともと、環境のアメニティについては、日本は、江戸時代にかなり発達していた。同時代の中で比較すると、世界一の園芸都市であったといわれている。花を楽しむ習慣は、すでに庶民レベルに浸透していたのである。武家屋敷が九割を占めていたためもあって江戸は緑豊かな都市であった。

江戸時代の「粋」による色、形、デザイン、生き方についての美意識は、非常に高度なレベルに達していた。それは、近代、それも第二次世界大戦の戦時下から戦後六〇年における第二の近代化の中で忘却され、時には否定されてきたものである。

しかし、長期の経済不況の中で苦しみつつ「ソフトパワー」「GNC（グロス・ナショナル・クール）」を担う現代日本の若者たちを中心に江戸の「粋」を再興し、世界に向かって現代日本文化を発信していく下地ができつつあるのである。

第2章

マーケティングへの文化発想の導入

1　文化を軽視してきたマーケティング

一九九三年の記録的な冷夏により、もうありえないと思っていた不意打ちのような米不足が発生した。平成の米騒動とも呼ばれたが、このとき、人々は争って国産米を求めた。戦後五〇年近く経過してまさか米不足にみまわれるとは思いもよらなかった。終戦直後にいわれていた死語に等しい「外米」という言葉が復活し、多くの日本人は「外米」を嫌った。なぜ、日本人は輸入米ではなく国産米にこだわったのか。合理的に考えれば、タイ米にはタイ米特有のおいしさがあり、タイチャーハンは、若者に人気のエスニック料理だった。

輸入米にも国産米と同等の品質のものがあった。しかし、米不足は、パニックのような様相を呈してしまい、輸入米を上手に使いこなすような合理的な思考にもとづいた行動をとった人は少数派であった。このような日本人の行動は、単純に非合理的なものであり、感情的なものだろうか。

文化が露出するときとはこのようなときである。普段自然に暮らしているつもりでも、他の国からみたら独特としか思えない考え方や行動によって私達は生活している。これこそ、私達の消費行動を根底から規定しているものなのである。このような「文化」は普段の生活にあっては、隠れたものである。私達の中にあまりに深く埋め込まれているので呼吸したり、歩いたりするように自然な無意識なものになっている。つまり、せんじつめれば文化とは、私達の無意識のソフト、思考の枠組みだともいえよう。

たとえば、規制緩和が実現される場合、競争が激化し、競争を勝ち抜くための実際の商品やサービスなど、ソフトの内容は自らの手で創造しなければならない。とはいえ、急にこのように言われても私達の考え方はそう簡単に変えることはできない。普段使っていない筋肉を使って動くようなもので、なかなか思うように頭は働いてくれない。前提条件が変わり、ルールが変更されたときこそ、自分達の文化の存在を強烈に意識する。

このようなパラダイムチェンジの時代には、一見迂遠のようにみえても基礎的、原理的なことを深く掘り下げるのが有効である。

「消費」と「文化」を考えなければならないのは、

(1) 人間の生活様式のビジョンをマクロ的な視野からみることで、どのような生活様式を組み立てることができるのか、何を実現したいのかがはっきりする。

(2) 無意識の隠された側面から商品、広告コンセプトを把握、発想する。

(3) 商品、ブランド、サービスについて何が受け入れられ、あるいは受け入れられないのかをより広く解釈することができるからだとまとめられる。

ここで、文化についてカルチュラル・スタディーズの権威であるウィリアムズの『完訳キーワード辞典』では、

①「知的・精神的・美学的発達の全体的な過程」
②「ある国民、ある時代、ある集団、あるいは人間全体の、特定の生活様式」
③「知的、とくに芸術的な活動の実践やそこで生み出される作品」

の三つを文化という言葉の意味としている。(1) このウィリアムズの定義は、言葉の起源を含めて文化の包括的な意味を明らかにしている。

文化人類学者のホールは文化の違いを文脈によって分けた。(2) ホールによればアメリカは、文脈が低く、日本は高い。文脈の低い文化では、言葉を使い、明確に形式化を求める。一方、文脈が高い場合、人々は阿《あ》吽《うん》の呼吸であまり明確に言葉にあらわさないですませてしまう。日本は明らかに高コンテクスト社会であるといえよう。

認知科学の観点からは、文化とは、スキーマである。(3) 人間の心の中に地図のように構造化されている。それゆえ、心の地図を部分的に変更するだけでは全体は変わらない。たとえば、競争環境において責任主体による選択には、情報の公正な開示がなければならない。第三者の公正な判断を下す機関が必要であり、そのようなルール、組織、常識が必要となる。教育も価値基準も変更されなければならない。文化とは、連鎖的な構造を持っている。

ここで整理すると、文化といったときに二つの意味がある。広義の文化と狭義の文化である。広義の文化とは、国や地域、民族によって異なる集団生活様式全体を含むものである。狭義の文化とは、文学、美術、音楽など芸術的なもの、アニメやゲームのようなサブ・カルチャーと言われるものをいう。私達がここで使用する文化とは狭義の文化を含んだ形での広義の文化である。

平成の米騒動に突然出現したように、文化は、ヴァナキュラーなもの＝土着的なものである。[4]民族精神や芸術のようなハイクラスとしての文化ではなく、また、博物館や美術館にかざっておくような過去の陳列品や骨董品のようなものだけでもない。現在を生きている私達の生活を規定している。目の前にあらわれているのに隠れている無意識的なものなのである。私は、ありがちなナショナリズムのイデオロギーを唱えるつもりではない。地に足のついた「生活者」からの発想を選ぶという意味で、ここでの文化とは、ヴァナキュラーなもの＝土着的なものであり、広義の文化なのである。

2　文化の経営、マーケティングへの影響

文化による意味の定義の問題は、マーケティングの世界では、あまり意識されていなかった。MBA（経営学修士）を取得したエリート達が会社をコントロールするアメリカでは、MBAの独自の言語世界が生活者とコンテクストを共有しないものであり、コミュニケーションの成立が困難であることを意識しなかった。企業内においてですら非MBAの人々とコンテクストをもちえないことを問題視しなかった。

特有の思考フレームによって、自分たちの「当たり前」が、いかに生活者と異なった特殊な考えになっているのかがわからなくなっていた。経営、マーケティングに携わるものは、自分たちの特殊なフレームを意識しつつ、生活者の日常世界を了解できなければならない。

この問題を、著名な哲学者ヴィトゲンシュタインの思想をたどることによって考えてみよう。ヴィトゲンシュタインほど、言語の使用が意味を作っていることに関して徹底した考察をした哲学者はいない。

前期のヴィトゲンシュタインは、『論理哲学論考』で明晰に世界を論理的に記述できると考えていた。論理学の方法をあてはめれば、無矛盾で美しい体系的な世界理解が可能だと考えていた。

したがって、『論理哲学論考』で哲学の問題はすべて解決したと考え、一時哲学研究から離れた。(5)しかし、イタリアの経済学者スラッファとの会話の中で、イタリアのナポリ人特有のしぐさをみせられ、この動作の「論理的形式」は何かと問われ、この会話をきっかけに『論理哲学論考』の立場と正反対の思想に至る。(6)

抽象的で普遍的な論理学の形式的基礎ではなく、むしろ、文化というしかない慣習的、伝統的な文脈によって意味が定まる。イタリアのナポリ人特有のしぐさの意味を理解するためには、文化的なコード、ゲームのルールを理解しなければならない。ここから、後期哲学で中心的なタームであった「言語ゲーム論」が発展した。「言語ゲーム」というとまるで、言葉遊びのようにイメージしがちであるが、ヴィトゲンシュタインは、まったく正反対の意味を「言語ゲーム」にたくしている。

ヴィトゲンシュタインは、『哲学探究』の中で機関車の運転席の操作を例にあげて説明している。たとえば、機関車の運転士が操作盤のパネルキーのどこをおせばどうなるのかといったように、意味がわかるということは適用例がわかるということだと意味の問題をとらえている。あるいは、ヴィトゲンシュタインは、言語について「一つの言語を想像するということは、一つの生活様式を想像することにほかならない(7)」と言っている。

言語には、日常言語と専門言語がある。ヴィトゲンシュタインは、日常言語をたとえて、古都とした。住民が長い間生活し、そこに伝統や歴史が積み重なってできあがった複雑な空間である。一方、数学や物理学で用いる数式や記号は、古都のまわりにある郊外都市であるという。(8)非常にきれいに整備された均質な空間である。日常言語の持つ複雑さや曖昧さと専門言語の持つ透明性、明晰性の間には大きな溝がある。言語の意味を定めるのは、その使用者、状況と同時に、文化なのである。経営学、心理学等の専門用語を取り入れることによって、マーケティングという専門言語の世界はできている。

このような言語への考え方は、フランスの現象学者メルロー＝ポンティの「身体図式」の考え方と非常に近い。なぜなら私達は「世界－内－存在」として、一定の文化の中で習慣を持っているが「習慣の獲得とは身体図式の組み替えであり更新である」[9]というように、一定の文化の習慣や常識といったものは、単なる認識の問題だけでなく、私達の身体の次元にまで深く根をおろしているものだととらえられているからである。換言すれば、意味がわかるということは、言葉の言葉による機械的なおきかえではなく、身体をも含んだ世界総体に関わるものだととらえられているのである。

一見、最も客観的な技術の世界ですら、文化によって大きな影響をうける。たとえば、パーソナルコンピュータ一つとっても、会社の文化が違うとどうしても同じものにはならない。「NEC」は、「アップル」のようなパソコンを作らない。「ヒューレット・パッカード」は同じく、「アップル」のようなパソコンを作らない。「アップル」は、「アップル」の独自のテイスト、デザインを持っている。企業のような共同体的な組織には、必ず成員にとって暗黙のルールや慣習、価値観が発生するのである。技術という理性の世界に対しても独自の強制力が発生し、それぞれの文化にあわせた製品が生まれる。

科学、技術のような一見均質なものでも、異なった文化のもとでは、取り組みのスタートを同じくしても結果や解釈が異なる。経済学者の佐和隆光は『文化としての技術』の中で「「文化」（生活様式、風俗、社会通念、制度、慣行などを含む広義の文化）[10]」と文化をとらえている。『文化としての技術』というタイトルが象徴しているように、技術も文化の文脈によって影響され規定されるとしている。

同様の視点から情報社会学者の佐藤俊樹が、『ノイマンの夢・近代の欲望――情報化社会を解体する』（講談社、一九九六年）の中で、最先端のデジタルコンピュータ・テクノロジー領域においてもコンテクストフリーの技術は、存在しないと主張している。アメリカがコンピュータ・ソフトとりわけパソコン・ソフト開発に圧倒的な強みをみせるのも、アメリカ文化とは切り離されないというわけである。インターネットの普及も、電子コマースの拡大も、アメリカの自由なフロンティアを愛する文化的価値によって支えられているという。つまり、最もハードな技術でも実際、具体的にどんな商品として一般化されるかは、文化に依存しているということになる。

パソコン、特に「アップル」に濃厚に表現されているのは、アメリカの対抗文化（カウンターカルチャー）である。個人の手にコンピュータをということが、個々人が、中央集権的な世界に対抗できる情報武器を持つということにつながる。このような文化的背景にある「アップル」が「IBM」と提携したとき、勝利を獲得するためとはいえ自らの存在を対抗文化ではなく正統性の中に位置づけ、対抗性という特質を喪失したともいえるのである。

しかも、個々人の発想によって同じ技術を製品として具体化すると、商品内容が大きく異なってしまう。「アップル」の元CEOのスカリーによると、当時のアップル・フェローで著名なコンピュータ学者アラン・ケイは興味深い指摘をしていた。「アップル」の創業者の一人であるジョブズは、パーソナルコンピュータを個としてのコンピュータ=自我の反映としてイメージしていた(11)。当時、ジョブズの考えるパソコンは独立した自我のようなものであって、ネットワークによって様々なパソコンどうしがつながる世界を考えなかった。ネットワークとしてのパソコンではなかった。しかし、現在は、インターネットの時代であり、ネットワークとしてのパソコンが求められるようになったのである。

パソコンは、最先端テクノロジーの集積である。しかし、最終的な形になるのは、企業文化、開発者の持っている文化的な背景によるところが大きい。

マルチメディア、インターネット時代だからこそ文化の影響が大きい。なぜなら、ネット、情報とは、コミュニケーションだから。コミュニケーションが成立するためには、文化のルールについて最低限の了解が必要なのである。また、コミュニケーションを成立させるために文化を変革しなければならない場合も考えられる。

「アップル」の復活の立役者と言われる「iMac」は、そもそも「アップル」の持つ遊び心やデザイン性を復活してヒット商品となった。スケルトンと言われる半透明のボディに五色のカラーバリエーションがあった。パソコンをビジネスのものではなく個人のそれぞれの審美性、エステティクスに訴えかけることで成功をおさめた。

「ソニー」のパソコン事業も「アップル」と同様に、非常に薄くて軽いチタン合金を使ったデザイン性に優れたノートパソコン「VAIO」で成功した。何度もチャレンジしながら参入に成功できなかったパソコンの世界に、デザインを武器にポジションを得ることができた。「VAIO」や「iMac」のユーザーをみると、オフィスビジネスの世界ではなく、デザイナーやクリエイティブ系の人々が大きな割合を占めていることがわかる。

グローバルレベルではパソコン・ソフトに関して、確かに日本は遅れている。その点だけをみると日本は、本質的にハード中心の生産主義者であり、ネットワーク下手な国民だと思える。国民性や価値観に関わる部分での競争であるから、自由や自立を追求するアメリカが有利である。なにせパーソナルコンピュータというぐらいだから。

ただし、日本がこれからのマルチメディア社会、高度電子資本主義社会の中で、パソコンに関係したソフトでまったく可能性がないというわけではない。日本の映画業界が厳しい状況にあるのに対してアニメ、コンピュータゲームは世界一といっても過言ではない。エンターテイメントの才能は、間違いなくある。アニメ、コンピュータゲームという世界に通用するエンターテイメント・ソフトを創造した土壌も、日本の文化である。[12]

これまでの日本では、ハードインフラの視点ばかり強調されてきた。しかし、これからは、ソフトインフラへの目線が重要である。ソフトインフラへの投資は、なかなか計量化しづらく、形としてみえにくいためこれまでの方法、考え方では厳しい。また、時間もかかり、発想・思考法の転換がポイントとなる。新たにパラダイムチェンジを行なうそのとき、一種の神話破壊、文化破壊という点も通らざるをえないし、同時に文化の復活、復興をしなければならない。

3　文化の拘束性と説明原理としての文化

文化は、価値判断の源泉である。文化というフィルターによって、スタートが同じでも最終的には、別のものとなってしまう。価値判断が一八〇度変わってしまう。文化には、人間の嗜好、思考、行動を規制する拘束性がある。

日本の戦後消費文化では、素朴なモノ中心主義がこれまで主流を占めてきた。それゆえ、ブランド商品への批判が強かった。ブランド・イメージは虚構にすぎないといわれてきた。だが、私達人間は、言語を通じてコミュニケーションを行なう以上、モノを言語化、シンボル化せざるをえない。モノ、商品を一定の意味を持った単位として頭の中にストックせざるをえないのである。したがって、商品の意味をはっきり示せて、シンボルになれるものこそブランドとなる。私達は、無意識、意識の生活、あるいは生きることの価値に関わった形で商品を購入して消費している。ブランドはシンボルとなることを望む。それも「生きた」シンボルに。

シンボルとは、ある価値意識の強力な表現である。たとえば、鳩で平和を、バラで愛を、ベースボールでアメリカ文化をあらわすことができる。このような非常に強固な連想関係を持ったものをシンボルという。改革・開放を経た八〇年代の若き中国人にとってブルージーンズは「自由」「民主主義」のシンボルであった。

一缶一二〇円のソフトドリンクにも、様々な意味が込められている。愛飲者は特に思い入れを持っている。精神的な愛着を持っている。「コカ・コーラ」が星条旗とアップルパイと並んで、アメリカのシンボルといわれているのはよく知られている。

New Generation キャンペーンを指揮した当時のペプシ・コーラUSA社長エンリコは、ホワイトの言葉として「コカ・コーラはアメリカが意味するものすべての崇高なエキスである」と述べている。(13)「若さ」「自由」「民主主義」というアメリカの精神を「コカ・コーラ」という商品として具体的に生活者に提供しているのである。

ライバルの「ペプシ・コーラ」が New Generation をキャッチフレーズに広告したとき、やはり「コカ・コーラ」は、ただの飲料ではなく、人々の精神、社会的存在の在り方と非常に密接な商品であることを改めて示した。New Generation ＝「新しい世代」はまさしく自分達が「先端」を歩いていることを表象している。そのような精神を持っていることをシンボル化している。「ナイキ」が「コカ・コーラ」や「マクドナルド」と並び称されるのは、「ナイキ」がアメリカ文化のシンボルとなっているからである。「ナイキ」のスニーカーファンにとっては、「ナイキ」というブランドは、あたかも聖なる宗教的イコンのような存在である。

このようにシンボルとなっているブランドは、人間社会の象徴システムの中に組み込まれる。象徴システムは、常に機能性や合理性を超えた感情的な反応や非論理的反応をひきおこす。たとえば、動物を例にとると欧米人にとってイルカやクジラは、ほとんど人間同様の存在である。サンマやいわしは関心の対象にもならない。犬は食べてはいけないが、牛はいい。ところが、インドのようなヒンズー教徒が主流の国においては、牛が聖なるものとして信仰上重要な存在である。馬は米国では食べられない。中国で犬の肉を食用に売ることができるのは、「おいしい」からなのだが、欧米人にとっては信じられないだろう。

このことに関して文化人類学者のサーリンズは、『人類学と文化記号論』の中で、アメリカの食文化を例にとって動物で何を食用肉にするかを分析している。サーリンズによればアメリカでは、「牛→豚→馬→犬」の順で食用肉となっているが、それは、動物と人間の関係によって決定されている。犬は、最も人間と近いがゆえに食用肉と最も遠いものとなっている。(14)

人間の商品に対する価値判断は、このような文化システムと密接に関連する。商品の価値はそれ単独で切り離されたものではなく、つながりの中で存在し定まるものである。ただ、このような問題は自分達自身が文化の中にどっぷりつかっているために、なかなか相対化、客観化できない。

空気は、なくなってその重要性に初めて気づく。同様に文化は、異なった環境の中で初めてその存在に気づくものである。

商品の価値を説明するとき機能性や合理性にもどってしまい、このソフトドリンクは「おいしい」、あるいはこの動物は栄養的に「バランス」がいいとか「食べやすい」という説明をしてしまいがちである。

しかし、商品の機能を分析するにも幅広く人間的に考えなければならない。価値の問題を考察する視点を、効率化、便利といった機能合理性の範囲だけで考えてはならない。生活を「楽しく」「明るく」するにはといった情緒的側面、「家族愛」や「自己実現」を満足するといった精神的側面までを含まなければならない。

品質・機能は、商品の意味の一つである。ブランド価値、イメージ価値、デザイン価値も同じような意味の一つである。問題は、生活者にとって何が重要であるかを無視して、品質・機能第一主義に陥りがちになることにある。私達は、知らず知らずのうちにモノ第一主義に汚染されている。

消費行動、購買行動は、ホモエコノミクスという仮説だけでは説明しきれない。選択の合理性を想定するだけでは、商品開発や広告表現開発などに対応できない。経済という問題も近代的合理性だけでは、説明しきれないという問題意識を持つべきなのである。商品、ブランドというモノへの愛や情感や神話が必要とされ始めたとき、私達は全面的に説明原理を変換、もしくは拡張しなければならない。

このような議論のアウトラインは、八〇年代ボードリヤールが展開した。しかし、不幸なことにボードリヤールの議論は、バブルと結びつけられてマーケティングの共通認識にならなかった。[15] マーケティングが想定する人間は、合理的な選択を行う情報処理型人間である。もっと踏み込んで言えば、アメリカというヴァナキュラー（土着性）な文化の産物が、マーケティングであるためである。[16]

現代の「クリエイティブ・クラス」が重要性を増している社会では、経済合理性の枠を越えるものを合理的に説明する枠組みが要請されているのである。かつては、特定階層にしか発生しなかった大々的な記号消費が、大衆規模で発生してきた。「エルメス」や「シャネル」「ルイ・ヴィトン」を消費しながら「ユニクロ」も使う。憧れのパリでは物足りず、ブダペスト、プラハの旅が人気になる。現代は、マス・スノビズムの時代なのである。

もし、現実をマーケティングで説明、分析しようとするなら、品質・機能、テクノロジーの枠だけでは説明できないものを切り捨てることはできない。意識だけでなく積極的に無意識的なものにも取り組まなければならない。でなければ、理性vs.感性の二元論の克服もできない。

また、マーケティングが、コトラーがいうように交換の促進であるなら、近代を越えた幅広い人間の普遍的活動への視野がなければならない[17]。現在のマーケティングの主流的な考えでは、文化の必要性について十分に説明できない。なぜ、商品にも小説や詩、音楽、絵画と同じような文化性が必要なのか。どうして消費の文化性について私達は、語らなければならないのかを考察しなければならない。

このような文化の象徴性に基づいて、商品、ブランドを考えるためには、私達は文化人類学者のように思考しなければならないだろう。一度自分の感じるところを相対化しなければいけないだろう。日本人が日本人を相手にして商売をしていたときは、自分達のブランド、商品が何ものであるかを論理的に明文化しなくとも何とかなっていた。みんなが同じ言葉をしゃべり、同じ文化環境の中にいたのだから当然である。ホールがいうところの高い文脈を共有しているハイ・コンテクスト社会である。

しかし、日本企業の商品、ブランドがここまで世界中に普及し、グローバルなマーケティングを展開しようというときに、自分達の商品、ブランドの価値とは一体何なのかをはっきりと定義できないことは致命的になりかねない。ユーザーのみならず、現地企業、現地社員とのコミュニケーションもできなくなってしまう。このように、ブランドの価値を明文化し論理的に説明することこそグローバル・ルールへの適応の第一歩である。

ただ、誤解をさけるために一言付け加えておきたいのだが、このようなブランドの本質的な価値や意味の言語化の必要性をのべているだけで、アメリカ流のグローバリズムを取り入れるべきだとはいっていないという点を理解して欲しい。

モノの品質のよさ、優れた機能にプラスしてモノの意味を普遍的な論理で語る事ができるように準備しなければならないというわけである。これからは、文化ソフトの質が日本の国内だけでなく世界を相手にするグローバル・クオリティであることを求められよう。したがって、これまでのように実業・ビジネスの世界と芸術の世界はまったく別の世界と考えることはできない。アーティストには、実業、マーケティングを理解する能力が、実業家、マーケターには、詩や絵画のエッセンスを感じ理解する能力が不可欠な時代となった。〈実業の精神〉と文化を形作る〈芸術の精神〉が一つにつながるのである。芸術家の中に潜む夢、想像力、美などが、商品などを通じ、生活者の世界へ取り入れられようとしている。

4　OSとしての文化

あらためて、再度強調しなければならないのは、高踏的な文化や、詩や小説、絵画や彫刻といったものだけが文化ではないという点である。

パソコンにたとえると、文化とは、人間の世界におけるウィンドウズやマックOSに代表されるOS（オペレーティング・システム）のようなものである。現実の世界と観念や想像の世界をつなぐ基本システムプログラムのようなものだと考えられる。ふだんは気にもしないで生活できるが、いざこれがないとなったときに身動きができないという類のものだといえよう。

したがって、日本文化を原理的、反省的にとらえるということは、経営、商品、広告にとって重大なキーポイントになる。とりわけ、ゲーム、コンピュータ、映画、アニメなどのソフト開発にとって独自の文化へのセンスを磨くことがキーポイントになる。

たとえば、「ソニー・プレイステーション」の成功のキーに業界文化への理解＝マネジメントの違いへの理解があった。「ソニー・プレイステーション」では、サードパーティと呼ばれる外部のソフト会社にソフト開発の支援ツールを支給し、ソフトを開発するクリエイターにとって仕事のしやすい開発環境を整えた。現在、オープン・アーキテクチャー戦略と呼ばれている手法を採用した。ソフト会社やクリエイター達の創意工夫を、自発性に任せ、発売にあたっても「任天堂」のような厳しい管理をしなかった。「ソニー・プレイステーション」と外部のソフト会社は運命共同体として様々なソフトを提供した。

その結果、レベルの差はいろいろであったが、豊富なゲームソフトが発売され、『ドラゴンクエスト』のようなキラータイトルの移籍につながったのである。工業生産では、発注側の厳しい管理のもと正確な仕様に基づいたわずかなくるいもない部品が大量生産されるが、ゲームの世界はまったく異なっている。外部のサードパーティは、工業生産の下請けとは違った存在である。クリエイティブな想像力、創造力をいかに発揮できるようにするのかを考え、環境を整えたら自由にさせることが鍵になる。

このように、文化ソフトを扱ううえでは、工業的なハード生産のマネジメントと異なった体系であることをふまえなければならない。働くスタイルそのものが違う。工場のワーカーや本社のホワイトカラーのようにはいかない。

「セガ・エンタープライゼス」で『バーチャファイター』を開発した当時の取締役鈴木裕氏は、まだ、成果主義がそれほど普及していない一九九六年という早い段階でまったく異なったマネジメントを語っている。それぞれの創造性を刺激するため勤務形態の自由度の高さと成果による思い切った処遇の差の大きさを基本にしている。成功した商品開発者には取締役以上の成功報酬が約束されている。(18)

このようなマネジメントが革新的であると感じるのは、労働とはかくあるべきものだ、マネジメントとはかくあるべきものだという刷り込みがあるからである。私達は、そこから、なかなか自由になることができない。

「タイム・ワーナー」と「AOL」の合併後の企業活動がうまくいかなかったのも、両者の企業文化の隔たりが主要な原因の一つであった。オールドメディアの名門、「タイム・ワーナー」に対して「AOL」はパソコン通信から発展したIT企業である。業務命令、会議の仕方、時間の観念、ドレスコードを含めあまりに異なっていた。[19]「AOL」は新興のネット企業であり、カウボーイ的スピリットをもって新たなビジネス領域＝フロンティアを開拓してきた。一方の「タイム・ワーナー」は、娯楽産業としては、伝統あるエスタブリシュメントであった。極端に異なった企業文化が合併したのである。

ニューヨークの本社ビルであるタイムワーナーセンターは、〝バベルの塔〟というあだ名がついている。[20]〝バベルの塔〟の神話とは、かつて人々が単一の言語を話していた神話の時代に、思い上がった人間が神に近づこうとして天に届くような巨大な塔を作ろうとした。しかし、人間の思い上がりに対して怒った神が、言葉を通じなくさせ、バベルの塔を建設することが不可能になった、というストーリーである。〝バベルの塔〟とは、増長した人間のエゴの象徴である。この神話において、言葉が通じなくなるという点が象徴的である。「タイム・ワーナー」の〝バベルの塔〟では、同じ英語でビジネスをしていたはずなのに、言葉は通じていなかった。

文化が異なるということは、融和が非常に難しいということである。コミュニケーションが、スムーズにいかない。毎日一緒に仕事をしてすごすというのは、時として耐え難い摩擦を生み出す。会議の時間に遅れることをそれほど重視しない企業文化では、たとえ遅刻しても問題にならない。しかし、会議に遅れることを重大な過失と考える企業文化では、同時に会議の主催者に対する侮辱とも考える。この点だけでも、大きなギャップである。

最も成功したハリウッドのタレントエージェント、マイケル・オービッツは「ディズニー」で社長を務めたが、約一年で解任された。同じハリウッドのエンターテインメント・ビジネスでも企業文化に大きな違いがあったのである。「ディズニー」は歴史のある名門企業であったのに対して、オービッツは自ら創業したタレントエージェンシー「ＣＡＡ」を社長就任前経営していた。二つの企業の間にはチームプレイをするか、会議時間を厳守するのかしないのか、などの点に関して大きく企業文化が異なっていたことが、解任の理由としてあげられていた。

ディズニー研究者の有馬哲夫は、「エージェントというものは、通常スターや監督やライターを単独で受け持ち、他のエージェントと共同で何かすることは少ない。チームワークよりは、個人プレイに慣れている。だが、ディズニー社では多くの人間と協調していかなければ仕事はできない。[21]」と指摘している。

「ＩＢＭ」の会長として再建を果たした、ガースナーも企業文化の変革を最も重視していた。ガースナーの著書のタイトル『巨象も踊る』（山岡洋一・高遠裕子訳、日本経済新聞社、二〇〇二年）にあるように、改革に取り組む前の「ＩＢＭ」は、巨大な象のように動きが鈍く、変化にすばやく対応できない企業文化が、強固にできあがっていた。

また、「ヤフー」と「楽天」は、同じＩＴ業界なのにまったく企業文化が異なっている。[22]「楽天」では、三木谷社長が旧興銀の出身であるため、時間管理は一般のメーカー以上に厳格であり、得意先企業にでかけると外でコートをきちんと脱いで、受付に行く。楽天のオフィスでは、机の上には私物どころか書類なども整理され残されていない。毎朝の朝礼があり、私語は厳禁である。

一方の「ヤフー」は、机の上にぬいぐるみやプライベートの写真をおくことが許されており、定期の連絡会議への参加も基本は自由である。朝礼はなし、出退勤時間は自己管理である。ほぼ、正反対といっていいだろう。

企業文化は、コミュニケーションに影響する。企業活動は、話を理解し、共感し、それに基づいて行動しなければなりたたない。言語行為は、企業活動の根幹をなすのに、あまりに日本の企業経営は無頓着である。実は、企業内でもセクションが異なれば同じ言葉をしゃべってはいない。私達の思考は、様々な制度化されたテクストの集積として編まれたソフト、コンテンツのようなものである。私達は、一〇〇%の純粋な独自性から自らの思考・思想を生み出すことはできない。

つまり、文化とは、無意識の強制力である。

自らの制度化された思考を問うこととは

(1) なぜこのような思考が成立したかを歴史的に問う。

(2) なぜ現在受け入れられているのか、他の文化から見てどうか。

(3) 私達の価値判断のもととなる哲学的・思想的前提を明らかにする。

を明確にしていくことである。つまり、歴史と他の文化と構成要素を吟味したうえで現象を説明する原理を組み立てることに他ならない。

文化は、モノを売るという行為の基底となるものであり、マーケティングという近代主義の深層となるものである。なぜなら、モノは特定の文化のフィルターを通過しなければならないからである。

商品が、ヒットし、売れるためには、文化の中で解釈され、意味あるもの、価値あるものとして受容されなければならない。いうなれば、文化とは、あるモノやコトの「意味」を決定している文法やシンタックスのようなものである。これは、言語学でいう表層構造――深層構造に対応しているということができよう。価値意識を作るモト、あるいは養分、土壌が文化なのである。文化なしにはモノの意味や価値は決まらない。文化を構造的に把握する、特に消費文化に関連した根幹を把握することが求められている。

司馬遼太郎の『アメリカ素描』(新潮文庫、一九八九年)によれば、文明と文化の違いは次のように定義されている。

文明＝普遍性があって便利で快適なもの

文化＝不合理な、特定の集団でのみ通用するもの

という明快な定義である。司馬遼太郎によれば両者が混合したところに生活様式が成立する。この考え方に基づいて司馬は、日本とアメリカの文化の違いを以下のように定義している。

アメリカ＝自己表現する・論理で一〇〇%説明する・自己正当性の主張

日本＝他者を思いやる・わかりきったことを一〇〇%いわない・いくぶんかの妥協点

同じ行動をとっても文化によって一〇〇%、一八〇度「意味」が異なる。意味が変わるということこそ文化を考えるうえで最も重要なポイントである。

5　文化の隠された構造――欲望の変形

いかに、消費が奥深く人間の精神、社会に関わっているのかについて理解を深めるため、文化としての財という視点で考察をする。その有力な手がかりとなるのが川勝平太の『日本文明と近代西洋』である。川勝は、経済史の観点からこれまでの定説に果敢に挑戦し、物財と文化の関係、経済と文化の関係について非常にキレ味のするどい考察を展開している。

同書において川勝は、経済史を展開するにあたって前提として「財の文化的性格」を問う。「財はそれ自体に固有価値と、それを享受できる社会の人々の能力をはなれては存在しない。[23]」暮らしの立て方が相似している社会のあいだではじめて「価値や価格のような量的な差を比較することには意味がある。[24]」としている。

たとえば、私達は、イギリスが産業革命によって大量の安い綿布を生産していたことを知っている。仮に、この大量生産された安価な綿布が、日本に輸出されていたら日本の市場は席巻されただろうと思っている。しかし、川勝は次のようにいう。

「幕末に輸入された舶来木綿は、薄地ですべすべしていたので、日本では在来のごわごわした木綿の代用にはならず、在来の絹織物に代用された。（中略）あるいは、日本の重要品であった茶は、イギリスでは喜ばれずに、再輸出されていた。イギリス人は、緑茶に対する嗜好を欠いていたからである。これらのことは、財はそれが属する文化・物産複合の中で独自の位置を占めていたことを示している。物財はそれを使う人を離れてはなく、人は自己がアイデンティティを持つ文化のなかで生活している。生活における文化とは衣食住の暮らしの立て方である。物の使用価値は文化と一体である。[25]」

イギリス綿布は、夏物のうすい絹のごとくすべすべであり、日本国産綿布は、堅牢、冬の寒さを防ぐ厚地でごわごわ、ふっくらしていた。[26]それゆえ、同一の比較はできない。価格が安いからといって、木綿への嗜好性が異なっていれば、市場は占有できない。

たとえば、イギリスに日本の余剰米を輸出しようとしても難しい。なぜなら、イギリス人は米をせいぜいライス・プディングあるいは、サラダにして食べるしかなく、絶対に主食の位置にすえないからである。飢えている国への米の援助も、本当に役立ててもらうためには、彼らの食文化における米への受容性を作りださなければならない。

つまり、異なった形、機能、性質を持った異質の海外製品・財が取り入れられるためには、その文化特有の価値表現、価値コードに翻訳されなければならない。川勝は、各社会の人間の衣食住を支えるものの集合を「社会の物産複合」と呼び、そのような一つ一つの物にまつわる文化現象の全体を「社会の文化複合」と呼ぶことにしようとしている。[27]

文化が違えば、ある文化圏においては宝の山であっても他の文化ではごみの集積にすぎないということもありうる。この差が特定の国においての差別的優位性を築くことになる。日本人にとっては細部まで細かくていねいな仕上げをすることが当然であっても、他の国からするとそれが大きな魅力になりうる。日本のパッケージや包装は時として過剰であるが、それが独特のデザイン上の魅力になる。イタリア人の色彩感覚、ドイツ人のクラフト的重厚さなどにもみられるように、それぞれの文化の違いが「モノ」に凝縮されている。

文化人類学者のダグラスと経済学者のイシャウッドの共著に『儀礼としての消費――財と消費の経済人類学』という興味深い本がある。商品や物財を人間精神、文化の隠喩的評価、表現としてとらえたものである。彼らによれば、商品や物財は「情報システムとしての財」ということができる。また、商品選択は、過剰性への欲望／合理的な選択というだけではなく、非合理性によっているとしている。

彼らの立論では、人間の商品や物財の選択、消費という現象について経済学は、近代経済学もマルクス主義（の清教徒的イデオロギー）も純粋機能主義的で参照枠組（フレーム・オブ・リファレンス）が狭すぎる。経済学の限界の一つの例として、靴一〇〇万足、鉄一〇〇万トンとを量として同一次元で扱うことが挙げられる。しかし、財としては、同一に比較できない。人々にとって、どのような価値を持つものであるのかということは検討できない。

多くの商品開発もモノであることにとらわれすぎて失敗したのである。社会主義は、靴が一〇〇万足あればよいというだけで、量としてしかとらえなかった。どんな色やデザインやイメージを持ったものであり、それを履くことでどんな人間にみられるのかということは無視した。あるいは、ブルジョア的であると積極的に否定した。

現在の中国の若者たちのファッションをみれば年配の日本人にとっては、まるで違う国の衣服のようである。かつての人民服に自転車から、最先端の欧米ファッションに自動車へと大きく変化した。

モノは物理的存在以上の意味を持っているのである。ダグラスとイシャウッドは、「財の構成する宇宙」という呼び方でとらえている。文化人類学の観点からみれば、ブランドによるモノの世界は、現代のトーテミズム（聖なるものへの崇拝）とでもいえる世界なのである。なぜなら、人は生きていくうえで意味の真空に耐えられないからである。

フランスの構造人類学の創始者であるレヴィ＝ストロースによれば、食物のトーテムへの解釈は、近代人の場合は、いちばんおいしい食物を特権的にとっておく、あるいは、最も栄養のある食品をとっておくと考える。しかし、未開人にとっては、おいしさや栄養という機能ではなく、自分達はどこから生まれたのか、この世界の秩序がどのようなものか、神話の素材として考えるのに適している、つまり、神話や文化表現のコードに適しているからトーテムとして選ぶということになる。このような現象は、実は私達現代人にも存在しているのである。

私達、近代人においても物財を含む世界にどのような秩序ある意味を与えるのかというのが、生活を営んでいくうえで大きな課題である。そこで、「意味の漂流を封じ込める役割を果たすのは、儀礼である。[28]」ということになる。

ダグラスとイシャウッドは、次のようにいう。

「人間の経験は、きわめて多様なありうべき枠組みの中に流れ込む。合理的な人間は、その中で選択が行われる世界を、絶え間なく作り替えていく任を負っているのである。世界に意味を付与することは、世界を意味あるものとして解釈することを伴っている。（中略）消費財は情報システムそのものを構成するのである。[29]」

ちょうど貨幣は、決済機能としての通貨、商品・投機対象としての通貨、そしてコレクション対象としての通貨の三つを備えている。貨幣そのものがコレクションの対象として売買されることもある。最も透明で明晰な存在であるかのような貨幣ですら。つまり、財は、使う便益と意味の表現の二重性に存在する。商品、財は言葉や音と同様にシステム、関係として理解しなければならない。

「あるいはまた、詩から一語だけ取り出して他の文脈で使えば詩的でも何でもなくなるように、一個の物理的な物体はそれ自体としては何の意味も持たず、なぜそれが評価されるのかという問題もまた無意味なものとなってしまう。音楽が個々の音の中にではなく、音たちが描き出す関係の中に存するのとちょうど同じように、意味はすべての財の間の関係のうちに存する。[30]」「財はマーキングのために用いられる。マークするというのはカテゴリーを分類するという意味である。[31]」つまり、財は社会的コミュニケーションに用いられる。発話はチャンネルの一つにすぎず、間のとり方、タイミング、態度、着ているもの、食べるもの、財もそこに含まれる。[32]

それゆえ、近代人の消費活動は生存欲求の観点からみると非常に多種多様であり幅広いものとなる。ダグラスとイシャウッドによるとテニスやゴルフのような社交生活に密接に関連したスポーツは、名称を共有する喜びをもたらすという。また、彼らは、出席するだけで格付けになるイギリスの故ダイアナ妃のような存在を「超消費者」と呼ぶ。

私達のコミュニケーションの世界は、言葉によるコミュニケーションだけでなく、財のコミュニケーションもまた重要な役割を担っている世界なのである。

「財の物理的性質だけを見ていても、決して需要を説明することはできない。人間が財を必要とするのは、他の人々とコミュニケートするためであり、自分のまわりで起きていることに意味を付与するためである。この二つの必要は、実は一体となっている。構造化された意味体系の中で初めて、コミュニケーションが形作られうるからである。[33]」

「消費」は経済性・機能性という合理的なものでは必ずしもない。近代性の衣装をまとってはいるものの、中味は人間の非合理的なものを多分に含んでいる。宗教性や美術性、演劇性などの密教的な側面を持っているといってよいだろう。

よく言われるように、人間は商品、ファッションなどで無意識のコミュニケーションを行なっている。商品やファッションは、自分を表現するのに適した記号、シンボルなのである。特に、アメリカでは、人々は nobody ではなく必ず somebody にならなければならないという強力なプレッシャーを受けている。最も簡便に somebody になるための媒体が、商品やファッションなどである。

以上のような考え方と密接に関連し、消費社会現象について言語派社会学者の橋爪大三郎が『冒険としての社会科学』で展開した考え方が参考になる。橋爪は、社会の仕組みを表―顕教と裏―密教でみる。[34]

顕教というのは、合理的なルール、シンボルで世の中が動かされているように信じることである。たとえば、経済指標、株価、賃金、法の体系などによって、世の中が合理的で理性的な形式にそって過不足なく動いていると考えることである。

一方、密教とは反近代的、宗教的・呪術的なシンボルで、世の中は動くという考え方である。たとえば、ブランド・イメージ、天皇制、勲章、などである。日本において、私達が知らない特権として桂離宮に外国人を案内したときに博士号を持つ人は予約なしで入ることができるなどというものもある。

橋爪によれば文化の理解とは、密教的なるものの存在を理解したときにはじめて言うことができる。顕教と密教の混合形態が現在の私達の生きている世界・社会である。(35) だからこそ、消費を分析するためにはシンボル分析を遂行できる言説・理論・方法論が必要である。消費の重要な要素である象徴価値の発生とそのマネジメントを行うためには、文化記号論のようなシンボル分析の方法論が求められる。

私達は、近代に覆われた密教的な側面へわけ入っていかなければならない。そのような意味では、近代において政治的領域が宗教性と密接になるのは必然である。政治の正当性や権威、格といったものは、すべからく密教的なものに他ならない。

橋爪大三郎も司馬遼太郎も、明治の元勲は、日本の近代国家を成立させるときに西欧流の法、行政システム―顕教を取り入れたが、同時にそのシステムの正当性を天皇制―密教によって支えたと分析している。明治の元勲は、その虚構性やあやうさをしっかりと認識していたが、昭和初期から敗戦までは密教が一神教のように前面にでてきたのである。昭和初期と異なり、明治、大正期は個人の自由がより強く意識されていた。むしろ昭和の暗い時代が異常であったのである。

近代国家の体制レベルでは、

・顕教としての近代国家――法、政治、経済、合理的、活字、意識など

・密教としての近代国家――土着伝統習慣・慣習、文学、ロマン派、象徴、アレゴリー、秘教、無意識など

と整理することができる。

広告にもこの密教的なものが入り込んでいる。発想としての秘教のようなものこそ、日本において近代性を十分に実現、機能させるために必要不可欠だともいえる。日本は、西欧と完全に同質なわけではない。だからこそ、欧米と日本共通の明文化されたルールが重要である。

ハワイ出身の元横綱曙やモンゴル出身の旭鷲山のハングリーさと家族愛、家族への仕送りの物語は、相撲を通じて伝わる反近代――伝統＝密教的日本の文化の価値コードである。彼らのエピソードは、物語として再編集されマス・メディアを通じて増殖拡大され、繰り返し再現され伝えられていくものである。そして、相撲の世界の言説は、「品格」「一生懸命」「平常心」「ひたむきさ」などといった日本の伝統的価値コードを伝えていくものである。朝青龍の「品格」の問題は、日本の伝統的価値観を体現している。

顕教、密教すべてが緊密に組織化されていることが社会体制の健全な発展にとって必要不可欠

表 2-1　文化の価値コード

	顕教	密教
〈意味のレベル〉	dennotation（辞書的）	connotation（含意的）
〈法と慣習のレベル〉	法・形式知	宗教・慣習・暗黙知
〈生産のレベル〉	技術	企業文化
	生産設備・システム	モラル・スピリット
〈流通のレベル〉	物流（ロジスティクス）	広告
	量販店	百貨店
〈消費のレベル〉	機能	イメージ

であることを東欧、ソ連の解体が教えてくれる。一つの体制から別の体制へ移行することは、顕教の変更では、十分であるとはいえない。

社会主義から資本主義への移行は、市場経済を導入すればいいということではないし、社会システムを変更すればそれですむということではない。ルールが変わるにつれ、それに見合う思想、価値、習慣が成立しなければならない。生活、行動の言語ゲーム自体がポジティブに変わらなければならない。一種のソフトインフラが必要なのである。

近代主義者、グローバル主義者にはこのような点がまったく理解できないか、前近代的なものとして切り捨ててしまう。とっぴな例かもしれないが、小説家の永井荷風は、近代人であるからこそ江戸趣味を持ったが、近代マーケティングを日本の密教の中で適合しながら実行していくには、荷風のセンスが必要なのである。

文化の価値コードは、形あるもの——サイン・シンボルを通じて維持されるのである。このような考え方を表にまとめれば表2-1のようになる。

『歴史の終わり』で著名なアメリカの政治学者フクヤマは「トラスト」という概念こそ資本主義発達にとって非常に重要であるとしている。[36] 彼は、「トラスト」は一種の社会資本の役割を担うものだとしている。「トラスト」＝信頼という非常に人間的なもの、精神的なものが、経済というハードな世界のベースになるという点が興味深い。

つまり、社会経済的なシステムがスムーズに動くうえで非常に難しいのは、観念や精神を理解、了解することである。たとえば、「利潤」、「消費者満足」、「投資」といった観念は、社会主義国の人々にとっては理解するのは非常に難しい。アルバニアでネズミ講が国家崩壊を招く暴動にまでなったのは、まさしくこのような問題からである。

福沢諭吉の『新訂福翁自伝』の中に、このような例を示す興味深いエピソードが残っている。福沢が翻訳業務を行なっていたとき、competition に充てられた「競争」という訳語が、江戸時代には受け入れられなかった。儒教の観点からみれば、人倫が重要であって競争は忌むべきものなのだという。福沢の上役は、「争《あらそい》という字がある、ドウもこれが穏やかでない、」といって結局競争の部分を黒く塗りつぶしたということである。[37]

現在でもこの観念は、日本人の中に色濃く残っている。日本に儒教的伝統が残る限り、そしてそれが解体されない限り本当の意味でアメリカ流の能力主義は根づかないかもしれない。アメリカにおいては公正な状況での競争は善であり、競争を阻害するものこそ悪である。日本は、江戸期の伝統を残しなおかつそれが一九四〇年体制の国家社会主義体制につながっていくのである。

丸山真男の研究にあるように、二一世紀をすぎても、西欧の言葉をどのように翻訳し、社会的

図 2-1　ヨーロッパの顕教と密教

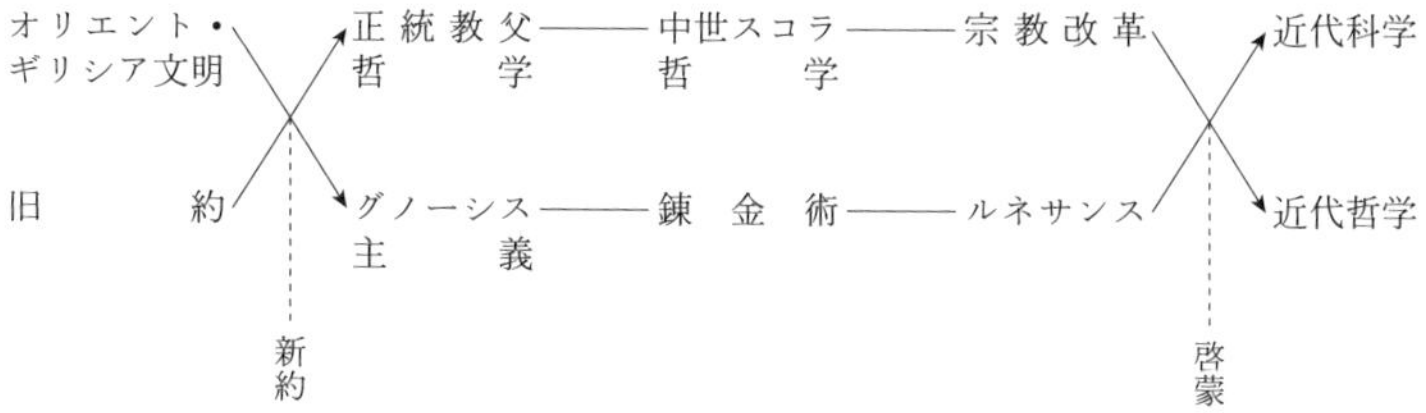

（出典）湯浅泰雄『ユングとヨーロッパ精神』P.244

価値と接合していくのかが難しい課題としていまだに残っている。[38]民主主義の平等が「悪平等」に陥ってしまったのは、儒教の伝統にある「競争」は悪だということからともいえよう。

精神と倫理＝スピリットとモラルの違いは、長い時間によって文化ごとに形成されてきたものである。湯浅泰雄『ユングとヨーロッパ精神』によれば、近代を生み出したヨーロッパにも顕教と密教に対応した流れが存在している。それを、まとめたものが図２－１である。

近代が誕生する以前は世界認識もまったく異なっていた。「アルプスの風景を称賛するようになったのは近代以後、それ以前はアルプスは醜怪な山」であり、森や山は悪魔の棲家――近寄ってはならない不浄な土地であった。[39]

近代物理学、いや近代科学の父であるニュートンも錬金術に興味、関心を持ち秘かに研究をしていた。しかも、ニュートンの錬金術関連の研究に魅了されて蔵書を購入したのが、近代経済学の巨人であるケインズであったことが非常に興味深い。[40]

アカデミズムの歴史を代表するこの二人は私達の常識では、ともに明るい理性の光のもとにある知の巨人である。科学という明晰な合理性のもとで思索をしてきた大学者というイメージである。その二人が錬金術という影の〈知〉にこころ惹かれていたということの事実は、科学的思考が純粋に合理的で平板なものでは必ずしもないし、ある種の秘教的な側面があるということである。

常に、文化には、光と影がある。山口昌男の「中心／周縁」論で明らかにされたように、光と影は、どちらか一方が表面に永遠に居座っているわけではない。反文化や反正統というべき地下水脈が文化に内包されているのである。時代状況によっては、周縁だったものが中心に位置し、中心が周縁へということが起こりうる。[41]

アメリカの哲学者ブルームは、皮肉な定義を文化に下している。「文化とは、理性と宗教の総合であり、二極のあいだの鋭い対立を隠蔽する試みである。[42]」

日本にも顕教としての近代に対して、密教としてのヴァナキュラー（土着性[43]）がある。精神は物質化し、物質は精神化する。文化とは象徴秩序であり、例えて言えばその中の成員にとって母なる母胎、子宮のようなものである。これがこわれるとフロイトが人間の死の欲望として名付けたタナトスや暴力が一挙に登場する。ロシアの混乱、中国の文化大革命時の悲劇、ルワンダの大虐殺、アルバニアの混乱、ボスニアの内戦、イラクの内戦などは安定した文化の崩壊とも関連している。象徴秩序の崩壊によって、人はどんな悪魔よりも非情で冷酷になりうる。

6　象徴神話とアレゴリー

消費を文化の側面から密教性あるいはシンボル性に焦点をあてて考察するうえでドイツの批評家ベンヤミンの『パサージュ論』は、必要欠くべからざる文献である。[44] ベンヤミンの『パサージュ論』は、二一世紀の現在からみても驚くべき書物である。経済が生み出す表現を文化論の視点から、詩や小説、絵画を扱うように分析している。二〇世紀前半に現在のような電子化、コンピュータ化、ソフト化時代が到来するはるか前から消費の密教性あるいはシンボル性の考察に取り組んでいた。しかも、ベンヤミンの『パサージュ論』は、本自体がまるでハイパーテキストのように引用のモザイクでできている。

生存に必要なギリギリの衣食住という〈欠乏〉の論理から説明する経済学は、どんなイデオロギーであろうと、思想としては現代の日本では有効性を持つことができない。モノだけでなく情報・シンボル性・密教性が人にとって必要不可欠であり、モノにとっても必要不可欠なこの時代にあって、私達はいまだにこの構造を原理的にはっきりとはとらえていない。

経営学やマーケティング論にとっても競争戦略論が不十分であることは明白である。資本量や企業提携だけなら大手企業が常に勝つ。あるいは技術論での優劣で考えるなら常に優れた技術を持つところが勝利するはずである。一体企業は何に対して競争しているのか。いまだに供給をおさえたところが勝利するという思考が中心を占めているのである。したがって、競争は供給側の戦力を中心に語られる。

ビデオにおいてVHSとβの戦いは、ソフトのラインナップと提携連合の差となっている。だが、勝利をおさめたビクターは、レーザーディスクとVHDの戦いでは同様の手法をとっても敗北した。松下電器はMCAを買収し、万全の構えで3DO（松下電器のコンピュータゲーム機のブランド名）に取り組んだが撤退せざるをえなかった。「ソニー」はコンピュータゲームの世界に入るとき、コロンビアやソニーミュージックとは独立で事業をすすめ成功をおさめた。

問題は、最終的に消費の価値を顕教と密教両側面から十分に提供しえたかによる。消費者は、経営における提携の良し悪しで最終的に商品を購入するわけではない。消費者は、自分達が生きている生活世界から価値判断するのであって、経営や技術の世界の判断基準とは別の論理によって動いている。

資本主義と呼ばれているこのシステムが、情報消費とコンピュータや通信の自由な展開・発展をもたらしたことは確かである。中央集権体制がイメージしていたのは、全知全能の神のようなメインフレーム、スーパーコンピュータである。ガレージで誕生したパソコンではない。しかも、映画とコンピュータが産業として結び付くことをマルクスは理解できなかったに違いない。

しかし、ベンヤミンの消費の密教性あるいはシンボル性に関する理論からは、映画とコンピュータが産業として結び付くことの必然性を理解することができる。コンピュータが、映画、音楽、デザイン、編集に威力を発揮することは、かつての計算機からは、まったくイメージできない。事務計算機、科学技術計算機の限りなく灰色、グレーに近い陰鬱な万能機械といったイメージとは、異なったイメージをパソコンは持っている。

二〇世紀半ばの時点においてコンピュータゲーム会社が、鉄鋼会社よりも巨額の利益を生む時代がくるとは誰が予測しえただろうか。映画会社の売買がアメリカでは何兆円の単位で行なわれる。そこでは、土地や設備よりもフィルムというソフト、権利というソフトが高い価格をつけられている。それが現在の高度大衆消費社会なのである。

資本主義社会のシステムは独自のシンボルによる表現、表象を作る。そこに国民文化がからまってくる。現在のロシアがビジネスを近代的な意味で、彼らの時間の概念によって国家規模で組織化できるのだろうか。実現のためには、ソフトインフラが必要なのである。

インターネット、マルチメディア時代になればなるほど、錬金術的、密教的なシンボル、図像が重要性を持ってくる。アイコン、イコンによる視認性、映像シンボルによる無意識的コミュニケーションが優勢になる。

最先端の超近代的なデジタル・テクノロジーが表現したものは、ハリウッド映画では、恐竜や竜巻、妖精、シロクマ、魔法の国といったファンタジーなのである。古いものが新しい形をまとって登場してきた。人間の原型的な心性が、あらわになってきた。一九世紀末に集団の夢があらわになってきたのと同様なのである。

ベンヤミンの『パサージュ論』によると「「資本主義」という近代の「集団の夢」が、古代神話のようなアルカイックな要素を内包[45]」している。そのシンボリックな表象が百貨店である。一九世紀末に百貨店が創設され、パリのボン・マルシェなどは消費の新たな殿堂となった。建物の内部は、あたかもキリスト教教会の大伽藍のようなスペクタクルなデザインであった。ロンドンの万博からヒントを得て、いわば常設の商品の博覧会を設けたようなものである。商品を売るためには、モノの魅力以上のオーラが必要なのである。消費には祝祭性と魅惑の力が必要なのである。パサージュは、百貨店に先立つ先駆的形態であった。

百貨店は、「商品と祝祭空間の結合による潜在的消費願望の掘り起こし[46]」を実現した。百貨店は、「欲望喚起装置」である。百貨店は、消費への〈誘惑〉による欲望の発火、そのためにスペクタル空間によって思考停止、驚きを生み出した。空間の装飾には、古代ギリシャ、ローマから多くが引用され、アルカイックな空間が構成された。近代消費の殿堂は、モダンな空間ではなくヨーロッパの原型シンボルの集積場となっていた。一九世紀における最新の古代的空間だった。

ボン・マルシェの創設者プシコーの様々な戦術（ウインド・ディスプレイ、バーゲン、店内演奏会など）は、人間の消費への欲望の喚起とは、いかに非合理なものかを示している[47]。「ボードレールにおいては現代性《モデルネ》とは「最新の古代」に他ならない[48]」というベンヤミンのいうアレゴリーがデジタル、バーチャルの世界に登場してきたのである。人間は、最先端のテクノロジーを使用して最も古いもの、太古のものを表現する。西欧の一九世紀末においても、当時のハイテクであった鉄やガラスを使用した建造物は、まるで古代ギリシャやローマの引用であった。

マルチメディア化が進み、より情報が自由に扱え、送り手である企業と受け手である生活者がまるで一対一の対話をかわしているような情報環境が成立すれば、企業、商品ブランドは、ますます疑似的に人格化される。近代化が進行することで喪失していった、きめ細かな人間くさいコミュニケーション関係が、復活する可能性が強まる。デジタル・テクノロジーというウルトラ近代技術が要因となって、一種の前近代性を復活するのである。あたかも、企業、商品ブランドが、一人の人格をもった存在となるだろう。このようなコミュニケーションには価値を共有化できるための基本条件が必要である。それは、文脈である。文脈を共有できるかどうかが、今後の企業の生き残りにとって最も重要なポイントである。

マクルーハンが予言したように、インターネットやデジタルな通信技術の発展によって地球が村＝ニュービレッジになることでコミュニケーションも村的になるだろう[49]。つまり、現代のグローバル・コミュニケーションにおいて伝統的、ヴァナキュラーな文化が重要性を増すということになろう。

第3章

文化によるブランド構築

1　ブランド人格形成とブランド・インテグリティ

現代は、日用品がブランドとして確固としたポジションを獲得しようとしのぎをけずっている時代である。そのために広告を中心としたコミュニケーションは、瞬発力と持続力両者を満たす効果的なプランであることを求められている。市場の中でブランドが生き残り、強化できるコミュニケーションとは何かを常に模索している。生き残りのために文化は、必要不可欠の要素である。

国家における文化力で指摘したように、ハードパワーとソフトパワーの両方が車の両輪のように必要不可欠なのであり、商品、企業においてもブランドになるためにはハードパワーとソフトパワーの両方が必要不可欠なのである。とりわけ、ソフトパワーでは文化力が最も重要な要素となる。

また、ソフトパワーたる文化力は、単なる添え物ではなく、製品力や企業の生産力、技術力、財務力などのハードパワーと同じレベルで必要不可欠な価値を持っている。この点は、いくら強調しても強調し過ぎることはない。

マーケティング・広告の世界で、ブランド論とブランド広告が盛んに議論されるようになったのは近年である。一九九〇年代に入ってからアメリカのブランド論の第一人者であるアーカーの提唱したブランド・エクイティ論(1)が端緒となり、ホットなテーマとなった。ブランド論が盛んになった背景として八〇年代後半から九〇年代前半の欧米のリセッションがある。大きな成長が見込めない市場の中でいかに利益をあげるかという問題に対応し、ブランド構築・維持管理がその答えとして経営マネジメント層にまで広く浸透した。日本でもバブル崩壊後の状況に対応すべく、時間をおかずアーカーの提唱したブランド・エクイティ論が取り入れられたのである。

このような意味でブランド論は、理論レベルにとどまらず、学会と実業界が密接に連動している。(2)近年では、商品ブランドからコーポレートブランド論に議論が展開されている。(3)コーポレートブランド価値を高めることで高株価、高いキャッシュフロー、高利益を確保することができるということで、経営戦略にとってブランドは、重大な意味を持ってきている。

また、ブランドは、商品、事業単位から企業まで価値を金額算定され、M&Aの対象になる。ちなみに英インターブランド社が、毎年発表している価値ランキング二〇〇六年版によると、トップの「コカ・コーラ」は約八兆円と評価される。日本でのトップは、「トヨタ」で約三・四兆円である(全体では七位)。これらは、ブランドという無形資産のみを評価したものであり、いかに優良なパワーブランドの評価額が巨大かがわかる。

シンボリックな意味でブランドは、貨幣的な存在である。かつて、ソ連が崩壊した後の資本主義体制移行期のロシアでは、「マルボロ」がドルと同様のハードカレンシー機能を持った。自国の通貨より、煙草がより強い信頼できる貨幣的な存在であった。「マルボロ」は、最も成功したグローバルブランドである。強いブランドは、明らかに貨幣的存在であると同時に貨幣を生み出す力の源泉でもある。

ビジネスの世界にとって「コカ・コーラ」「ナイキ」「マルボロ」「BMW」「メルセデス・ベンツ」などといった著名ブランドや「シャネル」「エルメス」「ドン・ペリニヨン」といった高級ブランドばかりがブランドではない。洗剤、食品、飲料などの廉価な大衆商品・日用品も広告界にとっては重要なブランド領域である。

ビジネスの世界では、この厳しい競争市場環境下で商品や企業が生き残っていくためには、あらゆる商品領域でブランド構築が必要不可欠だという認識を持っている。かつてのボードリヤールのフレーズ「消費される物になるためには、物は記号にならなくてはならない(4)」をもじれば、商品は、「消費される物になるためには、物はブランドにならなくてはならない」のである。

ブランド論に取り組むと、消費行動、購買行動がホモエコノミクスという経済合理性仮説だけでは説明しきれないことが端的にわかる。商品選択の合理性を想定するだけでは、ブランド開発やブランドの広告表現開発などに対応できない。商品、ブランドへの愛や情感や神話が必要であると認識されたとき、私達は全面的に説明原理を変換、もしくは拡張しなければならない。そのため、ブランド論に関して理論的な探求が、まだまだ必要なのである(5)。

また、日本企業の商品、ブランドがここまで世界中に普及し、グローバルなマーケティングを展開しようというときに、自社の商品、ブランドの価値とは一体何なのかをはっきりと言語化・記号化し説得的に定義しなければならない。国内でも日本的な暗黙のコミュニケーション、文化人類学者ホールのいうハイ・コンテクスト社会の崩壊により、実務において阿吽《あうん》の呼吸でコミュニケーションがとれなくなってきている現状で、ブランド広告を企画・実行しなければならない。(6)そのためにも、ブランドとは何かをより本質的に理論化・言語化する必要がある。とりわけ、アカデミックと実務の交差する地点で文化とブランドの議論を展開していきたい。

それでは、ブランドとは、生活者側にとってどのような存在なのか。製品やモノではなくなぜブランドにならなければ生き残れないのか。この問題に関しては、アメリカの消費文化史家であるイーウィンの『欲望と消費』に紹介されている移民女性アンナの例が、示唆に富んでいる。

「行きつけの店の棚に並んでいるこれらの品々を入手できることは、新しい社会的地位を象徴していた。彼女は、発達してきた消費者市場の〝自由な消費者〟になりつつあった。（中略）これらの商品が買えるということは、ただの客観的な消費行動ではなかった。過去を超越する行為であり、新たな社会的地位を認識する行為だった。アメリカで花開きつつある消費社会の商標やブランドネームは、ヨーロッパの小間使いから産業社会の新たな消費者となったアンナの人生の道程となったのだ(7)」。

イーウィンによれば大量生産の食品や日用品ブランドを消費することによって、アメリカへの移民は近代の消費者になることができた。アメリカにおいて移民の憧れの生活とは、物質的に充足された中産階級の生活である。そして、ブランドは、それを確認するシンボルの機能を果たしている。

このような構造は、日本の現代の消費社会においても基本的に変わらないものと考えられる。

大量生産によって生み出される商品の消費という現象と個人のアイデンティティ、パーソナリティが強固に結びつき、ブランドが、合理的な商品選択という問題だけでなく、人間をある階層や族に所属することを示す機能も持つものになることが、近代のブランドの特徴である。

そこから、ブランドによる個々人の趣味（テイスト）の確立までは、ほんの一歩である。フランスの小説家フローベールの「ボヴァリー婦人は、私だ」をもじって「ブランドは、私だ」と言い換えることができる。

日本の乗用車生産が世界一になった一九八〇年の東京コピーライターズクラブ（TCC）のコピー年鑑は「コピーは僕だ」というタイトルで、商品を広告する商業コピーが、制作者の自己表現物でもあると宣言することができた。ブランドの時代において宣伝文は、文学や詩と同じように自己の表現物であるという地平に到達したのである。

とりわけ自我関与の高い商品ジャンルにおいてブランド価値の確立した商品は、生活者の自我にアイデンティファイしており、なおかつそれを使用する生活者にとって社会の中で他者に容易に自己を表現できる媒体となっている。つまり、ブランド価値は、生活者の価値観をシンボリックに表現するものだといえよう。

このような、商品ブランドと生活者の関係性を考察するのにフランスの精神分析学者ラカンの自我モデルが有効である。(8)ラカンは、自我の統合を空間的なモデルとして提示し、現実界、想像界、象徴界の三つの層から成るとした。三つの層の結び目に当たるものが〝ボロメアンの結び目〟＝自我（Ego）である。この〝ボロメアンの結び目〟＝自我が〈私〉を統合しており、もし

〝ボロメアンの結び目〟を切れば、三つの輪はバラバラになる。したがって、自我＝〈私〉の重要な結節点である〝ボロメアンの結び目〟にブランドが深くリンクするということは、ブランドが自我を支える媒体であるともいえるのである。

ラカンの三層モデルによれば、ブランドが自我＝〈私〉とリンクするためには、自我＝〈私〉の現実界、想像界、象徴界の三つの領域にリンクしなければならないと考えることができる。生活者の自我を表象する商品のブランド価値は現実界、想像界、象徴界が重なりあうところに存在するとみられる。したがって、ブランド価値の構造は、商品の現実界＝「物理機能的価値」、想像界＝「情緒的価値」、象徴界＝「精神的価値」の堅固な建築的構造によって成立しているものと考えられる。クルマのブランドを例にとれば「物理機能的価値＝スピードが速い」だけでは、ブランドにならない。物理機能的価値を土台にして「情緒的価値＝爽快な気分が味わえる」、「精神的価値＝自尊心を満足できる」という上部構造がしっかり連鎖して、一つのブランドの意味として存在しなければならない。つまり、ブランド価値連鎖＝バリューチェーンを確立しなければならないのである。

ブランド価値は、単にブランド・イメージだけでなく、また属性やベネフィットだけでなく、それらがしっかりと連関した建築物のように連鎖として緊密につながっていなければならないと考えられるのである。そして、〝ボロメアンの輪〟のような形で生活者の心＝自我にしっかりと根をおろしてこそ初めて独自の価値を持ったブランドといえるのである。(9)

そのような意味でブランドとは、他に代替のきかないオリジナルの〈固有名〉を持った存在である。したがって、商品がブランドになるということは、単なるモノを超えた商品存在の人間化・人格化であり、ブランドには、人間と同様のパーソナリティ、アイデンティティが存在するということである。良きブランドになるためには、社会倫理を備えたインテグリティ（尊敬すべき一貫性）も求められているということもできよう。

二〇〇七年、船場吉兆や白い恋人、赤福などの老舗、名門の食品偽装が大きな問題となった。これらのブランドは、単にアイデンティティやパーソナリティというだけでは不十分で、社会に対してもプラスのアイデンティティやパーソナリティを持たなければならない。マイナスであってはならない。

雪印に端を発し、不二家でもおきたこの問題は、ブランドは社会において正しく信頼を持たれる存在でなければならないということを示している。そのような意味でブランドには、「インテグリティ」が絶対に必要なのである。

美学者のフェリーによれば、人々が趣味を持つこと―テイストを持つことは、美が個人の主観によって定義されるということである。[10] 商品という世俗的、物理的なものが、美学という高次の価値と結びつくとき、商品は、ブランドという存在になるのだともいえよう。

近代人は、自らの意志によって自己選択で人生を決定できる自由を持つ存在である。自分自身が何者でもない（nobody）存在ではなく、何者か（somebody）にならなければならない。他に代替のきかない唯一の〈固有名〉を持った存在にならなければならない。近代は、非常に大きな重荷を私達に課している。自己の選択の積み重ねが価値の表出であり、それは、自己の定義につながっていく。逆にいうと生活者は、自由意志による選択を強いられる。自らによって自らを定義せしめよということである。自分というものを自分自身の力で作り上げなければならない。見方によっては、一つの呪いともいえ、とても不安定なOSのようなものである。人は、強制的に自由な存在にならなければならない。自己のリプレゼンテーション（再現的表象）を持たなければならない。ブランドは、自己を定義する言葉であり、シンボルなのである。

同時にブランドは、再帰的（リフレクティブ）表象である。なぜなら、人は自分が何者であるかを表現するシンボルによって、このようなものが好きな人間なのだと自己確認するからである。ちょうど、自分の内容を説明する言葉と同じ機能を果たしている。そして、言葉は、一度発すれば自分を規定し、しばりとなる。人は、言葉自体を発明することはできず、現にある言葉から選んで使う(11)。

この点を最も的確に表わしている例として、パソコンのブランドであるiMacがあげられる。iMacは、ブランドネームで〝i〟＝〝私〟と名乗っている。そして、iMacの製造プレートには、通常のmade inではなく「i was assembled in Korea」と表記されている(12)。まさに、パソコンをあたかも人格的存在として扱っている。コンピュータという機械が、〝私〟という自我を持ち、ユーザーは、そこに心理的な絆を感じる。しかも、iMacは、パソコンとしては画期的なスケルトンデザインを採用し、五色のボディーカラーを用意した。パソコンにデザイン性、嗜好性を持たせ、生活者のデザインテイストに対する趣味を反映できるようにしたのである。

とりわけ自我関与の高い商品ジャンルにおいてブランド価値の確立した商品は、生活者の自我にアイデンティファイしており、なおかつそれを使用する生活者にとって社会の中で他者に容易に自己を表現できる媒体となっている。つまり、ブランド価値は、生活者の価値観をシンボリックに表現するものだといえよう。そして、生活者の心＝自我にしっかりと根をおろしてこそはじめて独自の価値を持ったブランドといえるのである。[13] あたかも、恋人や家族、友人のような存在になるのである。

一九八五年、コカ・コーラ社が、「ニューコーク」を発売したときのある顧客の反応が、ファンとしての心情を最も強く表現している。「コークと知り合えて本当によかったと思います。私がこれまで生きてきた三五年間というもの、コークはいつもよき友人でした。[14]」

このようにブランドをとらえると、ブランド創造とは、架空の人物・キャラクター設定に近いのである。映画やドラマのシナリオ、物語の登場人物、ヒーロー、タレント、セレブリティを創造するのと同様である。そこには、精神と物語が必要であり、ソフト、エンターテインメントの勘、センスが必要とされる。この点が、これまでと違い、現在、ブランド創造に文化が強く求められる理由の一つである。

2　文化シンボルとしてのブランド

以上みてきたようにブランドとは、生活者の心の中に構築され、「生活世界」に実存する〈固有名〉を持ったシンボルであると定義される。哲学者のホワイトヘッドによれば、シンボリズム（象徴表現）の目的は、象徴されるものの重要性を強化することである。[15]また、パースによればSYMBOL、SYMBOLIC SIGN（象徴記号）とは、記号がその対象を表象するとき、精神、心的連合、解釈思想等の媒介によってその対象と関係づけられる場合（たとえば、鳩＝平和、ワシ＝合衆国）を指す。[16]

シンボルに対する定義は様々だが、著名なシンボル研究者であるカッシーラー、[17]ランガー、[18]レヴィ＝ストロース、[19]トドロフ[20]等に共通するのは、シンボル操作能力が、動物と人間を分けるものであり、文化の最も基本的要素であるとしている点である。

シンボルの素材は、音、色、人物、動物、植物など様々である。シンボルを利用することによって言葉だけでうまく描写できない概念、精神、価値、感情、理念、ステータスなども形にすることができる。それゆえ、シンボルは、文化、宗教、芸術、社会コミュニケーションなどに利用される。密教のマンダラのようにシンボルの中でも最も上位に位置するシンボル表現として宇宙構造を一目瞭然に絵画化したものもある。

私達人間は、言語を代表とした記号を通じてコミュニケーションを行う以上、モノ、商品を言語化、シンボル化せざるをえない。モノ、商品を一定の意味を持った単位として頭の中にストックせざるをえないのである。したがって、商品の意味をはっきり示せる、「生きた」シンボルになれるものこそブランドとなる。[21]

シンボルとは、ある文化価値意識の強力な表現である。「コカ・コーラ」が星条旗やアップルパイと並んで、アメリカのシンボルといわれていることがよく知られているのは、先にふれたとおりである。また、「ナイキ」が「コカ・コーラ」や「マクドナルド」と並び称されるのは、「ナイキ」がアメリカ文化のシンボルとなっているからである。「ナイキ」のスニーカーファンにとってはあたかも聖なる宗教的イコンのような存在である。[22]「ナイキ」は、マイケル・ジョーダンやタイガー・ウッズに代表されるスーパースポーツ選手をキャラクターとして使用することで、現代における英雄神話を担っている。

シンボル学者のルルカーによれば、人間の価値（形而上学的な思想的な価値）のシステムにおいて、重要な価値はシンボリックな形でしか考えられない。具体的なものと抽象的なものを結びつけるのが私達のシンボル思考であり、〈木〉を見てそこに〈魂〉〈精霊〉〈神〉や〈世界樹〉を読み取ってしまう神話的思考である。[23]

ブランドは、このような象徴的な思考に基づいて構成される精神的なものを示している。精神的なものは超越的なものであり、単に感情的であるだけではない。そして、最もエモーショナルなものとは、超越的なものを志向する思想的・イデオロギー的なものであり、ブランドは、眼に見えず形になっていないもの、形而上学的なものを表現、具体化する。現代のブランドは、思想が具体化しシンボル化したものであるともいうことができる。

このような、人間の象徴的思考が、現代消費にどのようにあらわれているのかを徹底的に文化人類学の視点から分析したのが、先にもふれた文化人類学者のダグラスと経済学者のイシャウッドの共著『儀礼としての消費』である。[24]

ダグラスとイシャウッドは、財は、使う便益と意味の表現の二重性のもとに存在すると主張する。意味の表現の一つとして「財はマーキングのために用いられる。マークするというのはカテゴリーを分類するという意味である」[25]という。

文化人類学の観点からみれば、ブランドによるモノの世界は、現代のトーテミズム（聖なるものへの崇拝）とでもいえる世界なのである。未開人がトーテム＝自然から借用し、ヒンズー教徒がカースト＝文化から借用し、現代の消費者はブランド＝モノから借用するのである。ブランドが、フランスの社会学者ブルデューのいう「ディスタンクシオン」[26]の重要な構成要素であり、ブランド間の関係が、体系を構成している。

第2章でも述べたように、フランスの構造人類学の創始者であるレヴィ＝ストロースによれば、食物のトーテムへの解釈は、近代人の場合は、いちばんおいしい食物を特権的にとっておく、あるいは、最も栄養のある食品をとっておくと考える。しかし、未開人にとっては、部族というカテゴリー、分類を考え、他の部族と区別するのに適している。[27]このような現象は、実は、私達現代人にも存在しているとダグラス、イシャウッドはいうのである。たとえば、テニスやゴルフのような社交生活に密接に関連したスポーツは、名称を共有する喜びをもたらすという。

商品、財は、物理的存在以上の意味を持っている一種の言葉なのである。そこで、商品、財は、言葉や音と同様にシステム、関係として理解しなければならない。単語一つの意味を定めるには、他の単語との関係が必要である。SENSEが「意味」か「感覚」なのかは、文章という単語の関係＝文脈を読み取らなければわからないのである。ブランドについても、様々なブランドとの関係で意味を解釈しなければならない。

人間は、相互にブランド化された商品によって無意識のコミュニケーションを行なっている。特に、ファッションあるいはクルマは、自分を表現するのに適した記号、シンボルである。

このような意味で本来、「消費」は経済性の中にとどまるものでは必ずしもない。近代性の衣装をまとってはいるものの、中味は人間の非合理的なものを多分に含んでいる。宗教性や美術性、演劇性などの密教的な側面を持っているのだといえよう。

ブランドを確立するための広告には、この密教的な側面が多分に含まれ一体となっている。得である、機能が優れている、といったダイレクトなメッセージ、情報だけではない。広告には、商品やサービスの経済合理性の中にイメージや情緒、そして思想が統合されているのである。(28)

3　ブランドの思想

ブランドを確立するとは、ブランドの〈信〉の構造を作りあげ維持、強化することである。ここで私がいう〈信〉の構造は、〈信念〉と〈信頼〉の二重性によって成立する。しかし、多くの日本企業では、ブランド・マネジメントの様々な問題が指摘される。日本では、なぜブランド・マネジメントがうまく根づかないのか。

宗教的な背景をみると日本では、念仏のように意味を明確に定義しない記号でのみ〈信〉の構造を作った。あるいはそうでないとしても、禅や真言密教的な身体性で〈信〉を作った。日本では、今でも修行、調伏のような体験主義が中心である。「お経」は、意味、価値不明であり、むしろ形だけで役に立たないものの代名詞となってしまっている。

一方、キリスト教は、誰もが理解できる日常語によって神の〈言葉〉をバイブルに印刷し、幅広く配布し、多数の民衆が読んできた。かつては、聖職者しか読めなかったラテン語で書かれたバイブルを翻訳し、俗語、口語のインフラを整備してきた。その上で、西欧的・キリスト教的思考は、一神教モデルにのっとりつつ、ヨハネの福音書に「言葉は、神であった」と書かれているようにロゴス＝論理、明示化＝形式化を中心原理にしているということができよう。

ブランドの本質・エッセンスをまとめたものは、実務の世界でブランド・バイブルと呼ばれる。ブランド・マネジメントの中心におかれ、文字通りバイブルとして機能する。ブランドのエッセンスは、生活語・日常語としてコード化、共有化がなされ、本質を言葉から体得することと規範として守ることを実行しなければならない。また、ブランドに関する「コンテンツ」「コンテクスト」「コミュニティ」という三つのCが構築されなければならない[29]。〈言葉〉〈ロゴス〉によってこそ思想が伝わり、それを守るという前提を受け入れる集団・共同体が成立することは、とりわけ、現代日本人にとって決定的に理解し難い。

ブランドが、パーソナリティを持つといった瞬間、ブランドには精神が存在しなければならないはずである。なぜなら、ブランドのパーソナリティの確立とは、自我の成長、成熟の問題との関わりがあるからである。日本の広告が、〈幼形成熟＝ネオテニー〉してしまったという梶祐輔によると本来、広告は、商品を売るためのものというよりも、ブランドの思想を伝えるべきだということである[30]。しかし、広告メッセージのエッセンスとなるブランドの思想が、明示化・言語化されていない。つまり、広告すべき日本のブランドに思想がなく、中心がからっぽであり、言語化、形式知化されていないのである。

それだけでなく、仮にブランドのエッセンスを言語化してもいつのまにか「お経」と化し、原理・原則がゆるがせになっているのである。あるいは、経営者やブランドマネージャーが代わると変更されてしまうことが多い。言語ゲーム論でいうところの一次ルール＝ブランド・エッセンスを遵守することが、困難であり、二次ルールである市場状況への適応を優先してしまうのである。[31] したがって、ブランド広告も当然、継続性や一貫性がなかなか保てないということになる。[32]

また、現代日本は、無思想社会といわれている。[33] 日本人が、ブランドを根本的に理解するのが困難なのは、ブランドの精神、哲学を概念として理解することが困難だからである。私達の精神、哲学の基礎となる一国の文化の価値観は、様々な小説や哲学、人生に関するエッセー、政治、詩、宗教などから創造された概念によって構成されてきた。

「マルボロ」がカウボーイを文化シンボルとして使用して世界中で大きな成功を手にしたのは、「マルボロ」ファンにアメリカ文化の精神、哲学が受け入れられたということでもある。良きにつけ悪しきにつけ、アメリカをカウボーイ資本主義の国ということもあるように、「マルボロ」は、アメリカという国のイコンである。

ブランドには、人間が生きていく価値、原理である形而上学（メタフィジクス）が含まれていなければならない。そのため、ブランドのエッセンスを把握するためには、transcendental insight（超越論的洞察）が必要なのである。つまり、ブランドに関するインサイトとは、実存的なものである。

ゴーギャンの有名な作品「我々はどこから来るのか。我々は何者か。我々はどこへ行くのか」（一八九七年）のように、近代は、人々に共同体からの自立を促し、〈自らによって自らの生の意味を定義せしめよ〉と迫る。ヨーロッパには、身分制や伝統性が残っているが、アメリカや日本は徹底的に破壊してしまった。現代の古典であるフロムの『自由からの逃走』[34] で描かれたように、常に自分の存在や選択において自己判断を強いられるのは、プレッシャーと苦痛を伴う。自己責任を常に引き受けつづけるこの自分によって自分の人生を創造するという行為、「自己の選択という神話」に深く関わっている。なぜなら〈自分〉の存在意味と内容を〈自分〉だけで定義することは、非常に困難だからである。また、自分でモノやサービスを生み出す＝〈言語〉やサイン、シンボルを生み出し文脈を創造することは、一人の人間にとってはほぼ不可能である。自分とは何者なのかを〈他者〉にコミュニケーションできる、わかりあえる〈言葉〉、シンボル、サインが必要なのである。

4　ブランドの文化遺伝子

強いブランドには、文化遺伝子がある。ブランドのファンが、心の中で強固に持つブランドの「らしさ」とは、ブランドの文化遺伝子である。無意識のコードとして企業、顧客双方に共有されている。

たとえば、「グーグル」は、わずか九年で世界最大の検索エンジン、検索連動型の広告メディアとして成功した。ここでも、「文化力」というキーワードで考えることができる。「グーグル」には、「アップル」「ナイキ」と同様に強力なアメリカのベンチャー精神、つまりフロンティアを目指すアメリカン・スピリッツ、不屈の自由の精神が息づいている。アメリカの文化を創造したエッセンスを彼らは現代において引き継いでいる。

企業の創業者、リーダーの精神、スピリッツが強力で、企業全体に深く行きわたり、明確な「企業文化」として確立すれば、特にブランドを戦略的に自覚的に創造しようとしなくとも、ユーザー、ファンは共感しブランドコミュニティは、あたかも自然発生的に生まれるのだと考えられる。特に、パソコンやウェブの世界は、バーチャルな共同体が非常に形成されやすいので、「アップル」や「グーグル」が強力な文化シンボル＝一種のイコンと化したのである。ビジネスの領域にあらわれた、世俗化された宗教的シンボルに近い存在だといえよう。

「企業文化」論自体は、エクセレントカンパニー論でかつて語られたものであるが、企業ブランド論やWeb 2.0でまた再評価できる土壌ができてきたのだと考えられる。重厚長大な伝統的ビジネス文化と対極にある一九六〇年代後半のヒッピー文化やニューエイジ文化を背景にもった仮想現実的なソフトビジネスが、大変な成功をおさめ時価総額で何兆円にもなる。精神やスピリッツが物質を超えるというのは、おおげさにしても、アイデアやクリエイティビティが富を生むエッセンスになっていることは間違いない。これこそ、「企業文化」論の真髄ではないだろうか。

このようなタイプの経営者は、映画のプロデューサー、ディレクターのようなクリエイティブプロデュースと同様の独自のマネジメントを行なっていると考えられる。文化のプロデューサーの側面を持ち合わせているといえよう。この点が、従来のブランド論や経営学が扱ってこなかった側面である。

実際、グーグルの本社は、料理人が毎日作る無料ランチ、充実したフィットネス施設やラバライトやゴムボールをあちこちにおくキャンパスのようなオフィス、ローラーホッケーのイベントが定期的に開催されており、これは「ナイキ」と非常によく似た企業文化である。ビジネス活動を限りなく大学のキャンパスでの活動に近づけ、社員に遊び心を忘れさせないやり方である。(35)

グーグルの創業者たちは、スタンフォード大学の文化をグーグル内に継承し、非常に知的レベルの高い「ナレッジカンパニー」としての企業アイデンティティを守ろうとしているのである。人材採用についても学歴、博士号などを重視するのも同じ理由だといえよう。

経営者がどれだけ自覚的に維持・強化に努めるかによって、企業文化が、企業の持続的な成長に効果的な「ソフトインフラ」となるのである。

一方、グローバル企業として未曾有の成功をおさめながら、優れて日本的である会社として「トヨタ」があげられる。ミシガン大学教授でトヨタウェイ研究の第一人者であるライカーの最新著作の題名が『TOYOTA CULTURE』である。

ライカーは、本書で西欧の企業の思考法を厳しくいさめている。「トヨタ」には、特別なツールやシステムがあるのではないか。西欧型の思考法では、形式化されたマニュアルや技術、自動ロボットのようなものにその秘密があると考えがちである。しかし、これまでの「トヨタ」の成功のノウハウを、生産や人材開発等多面的かつ冷静な観点から研究を積み重ねてきた上で、副題にあるように「トヨタウェイのハートと魂」を「トヨタ・カルチャー」として重視している。「トヨタ」の強さのDNAは、その文化にある。また、「トヨタ」が他の日本企業と比較して世界で最も成功をおさめた理由の一つとして東洋文化が西欧文化より勝っている点、とりわけユニークな日本文化がブレンドされている点を指摘している。豊田家と「トヨタ」の歴史における偉大な指導者の精神、そして愛知県の地方文化が融合しているという。特に「独立独行」という「トヨタ」の核となる価値をはぐくんだものは、これらの文化遺伝子、DNAである。[36]

「グーグル」とは対照的な地方の田舎企業としての企業文化を頑固に守り続けることが、今日の「トヨタ」の成功の理由の一つになっている。システムやノウハウに心や命を吹き込むのが「企業文化」なのである。

第4章

カルチュラル・マーケティングへ

1　文化発想とトランス・インサイト

文化発想のマーケティングとは、「カルチュラル・マーケティング」と名づけることができる。カルチュラル・マーケティングのプランニングは、人間とブランドの無意識の関係を明らかにするために、惰性化した日常に裂け目をもたらし、隠されていた意味を表面化する行為である。近代性（合理性、理性）に覆われた消費の表面を引き裂き、暴かれた意味を固定化する行為でもある。

そのためには、文化発想のマーケティング・プランナー（広告においてはアカウント・プランナー）は、優れた思想家、哲学者、詩人、作家、画家、建築家、社会学者、歴史学者、人類学者、科学者などと同様の新理論発見や創造行為の核となる洞察力を持たなければならない。人とモノの間にある隠された関係、無意識の深層にまで深く立ち入る洞察力である。私は、これを「トランス・インサイト」と呼びたい。ドイツの哲学者で現象学の創始者であるフッサールが自らの哲学の基礎概念とみなしたカント哲学のキーワードであるトランセンデンタル（transcendental 超越論的）を縮めてトランス・インサイトとした。

トランス・インサイトとは、フッサールの「現象学的還元」と同様の認識機能であり、対象を一度カッコにいれ〈本質直観〉することである。[1] また、商品、企業をブランド化するため「モノ」を超えた意味を発見すること、消費を超えた生活、人生の意味につながる鍵を発見することであり、フランスの現象学哲学者であるメルロー＝ポンティがいう「見えないもの」を「見えるもの」にすることである。[2]

そのため、生活者のこころの内に入りこみつつ外側から認識し、生活者本人すら知らないことを認識することである。言い換えれば、生活者のこころの深層に入りながら外から思考することである。そのためには、生活者に対して同一化しつつ外在化する「外の思考」[3]を駆使することが求められる。

優れた思想家、芸術家、クリエイター達が専門領域を横断して専門性の壁を越え、人々が気づかない認識に至ることであり、超越論的普遍性にたどりつくことこそがトランス・インサイトである。

トランス・インサイトに到達したとき、発見した言葉の驚き、共感、感動、戦慄、そして認識することのエロス、官能があり、認識の構造的美しさ、シンプリシティを得ることができる。そして、最終的に納得して、ジグソーパズルの完成時のようなカタルシスを得ることができる。

トランス・インサイトにおいては、言葉の詩的機能が最大限発揮される。普遍的思想性・価値をどう発見し、言葉で表現できるか、クリエイターをどうインスパイアできるかは、詩的機能を十分に発揮できるかどうかといっても過言ではない。たとえば、多くの思想家、文学のエッセンスをあらわす文章にはそのような強力な刺激、人の心を動かす起動力がある。

フランスの現象学者メルロー＝ポンティの『知覚の現象学』の著名な序文「現象学は、バルザックの作品、プルーストの作品、ヴァレリーの作品、あるいはセザンヌの作品とおなじように不断の辛苦である。[4]」やフランクフルト学派の代表的哲学者アドルノの「アウシュビッツ以後、詩を書くことは野蛮である。[5]」ヴィトゲンシュタインの「語り得ぬことについては、沈黙しなければならない。[6]」などのように、世界の思想家・哲学者が、その思想を純粋結晶化したかのような箴言にはそのような力がある。これらの文章には、日常のぼんやりとした流されていく時間を止めてしまい、思わずたじろぎ沈思黙考せざるをえない力がある。また、戦後日本における最も重要な思想家・詩人である吉本隆明の詩にも、「ぼくが真実を口にすると　ほとんど全世界を凍らせるだらうといふ妄想によつて　ぼくは廃人であるさうだ[7]」という一節がある。このフレーズにも同じような力がある。

思想家・哲学者・詩人だけでなく、映画の魅力的な主人公である『仁義なき戦い　広島死闘篇』の《狂犬》大友勝利がいう「わしらうまい飯喰うてよ、まぶいスケ抱くために生まれてきとるんじゃないの。[8]」というせりふには、強烈なパワーがある。

人間が生きていくことにおいて、意味や価値の観点から何らかの真実を把握すること、トランス・インサイトとは、これらの文章と同じ言葉の力を持たなければならないということなのである。

生きることに関わるキーポイントを商品がぐっとつかむことによって、マルクスの『資本論第一巻』の有名な言葉「ここがロードス島だ。ここで跳べ。[9]」のように、商品はブランドへと飛躍することができる。生活者自身が気づいておらず、無意識であり、明確に言葉で表現していない重要な鍵を明らかにすること、言い換えれば物理機能的価値だけでなく人間の社会・文化的な価値・意味を抽出することでもある。たとえば、ある高級アイスクリームのCMでは、なぜ常に特異な場所（両親（？）のいる家の二階、屋根の上、浜辺の乗馬等）でのセクシーな場面が、使用されているのか。アイスクリームでセクシーなモチーフというのはなぜなのかは、最高の品質のアイスクリームであるという製品コンセプトからは、答えがでない。

最高のアイスクリームは、最高の上質な「甘さ」「美味」を提供する。しかし、同時に過剰な高カロリーを与えてしまう。アイスクリームを食べることには、大人が消費するアルコール飲料に似たタブーへの侵犯が存在している。「甘さ」とは快楽であり、最高の快楽はセックスのような行為にプラスして「タブーを侵犯すること」によってもたらされる。「食」とセックスの間の共通性は、多くの文化で存在する。「あなたを食べてしまいたいほど愛している」という表現は、決まり文句ですらある。アイスクリームの広告表現に、非日常的でややアブノーマルなシチュエーションでのセックスを暗示するモチーフがフィットするのは、このようなインサイトからであると推測される。大人のアイスクリームとしてブランドを確立するために、このような人類学的な価値コードのメカニズムを利用しているということができる。

トランス・インサイトによって創造された広告表現は、リプレゼンテーション（再現的表現）である。生活者自身に納得、了解をもたらし、ああそうだそうだったんだという気づきをもたらす。生活者と商品ブランドの心理的距離を一挙に縮めるものを表現する。「他人ごと」を「自分ごと」に変え、ブランドと生活者の間に〈関連性〉を築くことになる。
クルマが移動するための機械ではなく、「家族の思い出作り」のためのものであったり、肌をきれいにすることが、「人生の明日に向けての再生」であったり、あらためて自分の「社会参加」につながったりする。

プランナーとクリエイターの関係は、歴史的に思想家と芸術家の間に触発する相互刺激関係と同様である。ニーチェの『ツァラトストラはかく語りき』はリヒャルト・シュトラウスに大きな影響を与え、交響詩『ツァラトストラはかく語りき』が生まれた。この交響詩は、映画監督スタンリー・キューブリックの『2001年宇宙の旅』のテーマ曲に使われた。「超人」「永劫回帰」というニーチェ思想のキーワードは、サウンド化、ビジュアル化されたのである。

絵画におけるピカソとブラックのキュビスムとアインシュタインの相対性理論、ダリやブルトンのシュールレアリズム（超現実主義）とフロイトなど芸術と思想の刺激を与え、与えられる関係は多数ある。

ドイツの思想家ベンヤミンがいう言葉の「アウラ」（芸術にある唯一性の神秘的な価値）が、そこには存在している。文化発想のプランニングにおいてもブランドの意味、思想の表現に「アウラ」があるのか、ということである。(10)

そして、レヴィ＝ストロースがいう「野生の思考」＝「野生のパンジー、未開の思考、野蛮な思考」をプランナーが持っているのかが問われる。狭い意味での科学思考や、マーケティングがあまりに物理科学的な数量思考にとらわれるあまり、いきいきした人間、人間の生活のディテールをおろそかにしたのではないかと考えられる。レヴィ＝ストロースは、近代科学の負の側面をみて「栽培思考」と呼んだが、マーケティング・プランニングにもこのマイナスの側面がでているのではないだろうか。したがって、より強靭で繊細な思考をカルチュラル・マーケティングによるプランニングによって取り戻さなければならない。

カルチュラル・マーケティングの発想からみれば、私達現代人も生きていくために意味を必要とするということにおいて未開人と何ら変わるところはない。ただ、メディアが発達した現代においては、神話の英雄は、映画スターやミュージシャン、文化人、スポーツ選手なのである。架空の物語である小説や映画、ドラマなどが、生きること、世界の意味について繰り返し語っている。

〈神話〉とは、人の住むこの世界の起源と、人がそこに生きる意味を万華鏡のように様々なバリエーションによって物語るものである。「生活世界」の意味を生成する仕掛け、装置である。世界は舞台で、人々はそれぞれが主役の物語を演じている。その中で、ブランドは、重要な装置、要素として神話創造の担い手であり、登場人物でもある。

現代において商品や企業がブランドになるためには、文化発想のマーケティング・プランナーは、映画、ドラマ、音楽、ゲームのプロデューサー、出版編集者のセンスと同様のシンボル・プロデュース力を備えなければならない。

また、マーケティング、広告理論を超えた多くのトランス・セオリーがプランニングの良い養分・土壌を作る。美学、建築学、歴史学、社会学、ストーリー・アナリシス、哲学、脳科学、物理学、人類学、生物学などなどである。これらは、たくましい野生の思考を育てるのに必要な栄養分なのである。

文化発想のマーケティングを担うプランナーには、文化に関する現代的な教養力が柱となる。ここで現代的な教養力とは、テキストベースだけではなく、色彩、触感、空間等の身体ベースにまで及ぶ幅広い〈知〉である。

ブランドは、近代的主体と一体の存在であり、時としてブランドファンは、当該ブランドを批判されると、全人格を否定されたかのように怒ることもある。だからこそ、実存と結びつくブランド＝「生活世界」の中での広告という「現象学的ブランド広告」を提唱できる。(11) メルロー＝ポンティが『知覚の現象学』で論じたように、世界とは物理的なものだけで成立しているのではなく、人々が人生をおくる時間の流れの中で感情に彩られ、生の意味――精神と密接に関わるものである。(12) それゆえ、ブランド広告は、思想、哲学をその中心に持たなければならず、マニュアル化されたハウツーによって技術論だけでマネジメントするのが、非常に困難な領域なのである。この点を頭だけでなく身体で了解しなければならない。

人間は、三木清のいう「生活文化」を生活という地に足のついた活動から築いていく「主体」である。人間の「生活文化」を了解するためには、全体的（ホーリスティック）なアプローチが必要であることを説いている。(13) したがって、生活者へのインサイトは、普遍的な人間からスタートして固有な風土や歴史、ヴァナキュラーな文化、共同体的価値観をつかむことができるか、どれだけ生き生きした「生活世界」を対象にできるかにかかっている。現象学でいわれている〈本質直観〉が広告制作上重要になっている。[14] なぜなら、〈世界〉の中で人々は効用だけで生きているわけではない。「世界内存在」として、欲求を満足している動物というだけではない。この生きている時間を豊かに〈生きられる時間〉にするために、文化によるカルチュラル・マーケティングが時代から要請されているのだといえよう。[15]

そして、トランス・インサイトとは、生活者の「自分ごと」=「関連性」(relevance) を発見するための認識力をバックグラウンドとした〈知〉である。この認識力が、深い洞察=インサイトへと結びつくのだといえよう。

通常の近代実証科学の認識と比較すると「分析的推論」に対する「拡張的推論」のウェイトが高いのがトランス・インサイトに関連した〈知〉の特質である。この「拡張的推論」を、アメリカのプラグマティズムの哲学者パースは、「アブダクション」(仮説形成的推論) と名づけた。テキスト上の知識をもとにした分析的推論ではとらえきれない、非常に複雑で大きな文脈を相手にした仮説構築力である。[16]

人間の創造的思考に関心を持つ最先端の人工知能研究者は、「厳密な推論」でなく「厳密でない推論」にこそ、人間の思考の特質を見出しているという。〈広告知〉は、日常言語や、日常のコミュニケーション上の不正確であいまいな、文脈を扱う五感型の「推論」なのである。[17]

2 文化ソフトとしての広告とクロスメディア

文化をマーケティングに導入することは、広告が文化ソフトとなることにつながる。映画やアニメ、漫画、小説などと同様、広告はコンテンツ、ソフトとして自立的に存在していることとなる。これは、ブランデッド・エンターテインメントが注目されていることからもいえる。[18]

冒頭で述べたように近年、ブランドの世界で言われるブランデッド・エンターテインメントが、インターネットを利用したショート・ムービーや映画、ドラマでのプロダクト・プレースメントという手法を用いて盛んに行われるようになった。

最初は、アメリカの二〇〇一年に実施された「ＢＭＷ」のキャンペーンである。通常のＴＶＣＭをほとんどやらないかわりに、インターネット上で「ＢＭＷ」を主役にしたショート・ムービーを流した。起用した監督は、ハリウッドで活躍する一流監督であるジョン・ウー、トニー・スコット、ジョン・フランケンハイマー、ガイ・リッチーなどである。特にガイ・リッチーは妻のマドンナが映画に登場して大きな話題をよんだ。

日本では、二〇〇三年、映画監督岩井俊二による鈴木杏、蒼井優主演の「ネスレ・キットカット」のオリジナルショート・ムービー『花とアリス』が、ＣＭと連動し女子高校生に人気となった。翌年、「ライフカード」のキャンペーンでオダギリジョーが若手社員に扮し、人生の岐路に立ったとき、どの「ライフカード」を選べばいいのか迷うというCMが人気になった。この物語の続きは、ウェブで視聴することができた。

この一連の流れの中で日本において最も本格的なクロスメディア・ブランドコミュニケーションを実施したのが、前述の「日清食品」の「カップヌードル」の『FREEDOM』である。二〇〇六年『AKIRA』『スチームボーイ』で有名な大友克洋を起用し『FREEDOM』というSFアニメをホームページ上で限定公開した。CMは、「カップヌードル」の広告であるのに、まるで長編アニメ映画の予告編のようである。

大友克洋の『AKIRA』は、世界にジャパニメーションを知らしめる先駆けとなった。世界的なアニメ作家を起用し、CMとインターネットを活用したクロスメディア・コミュニケーションを展開しているのは、ブランドを維持拡大するには、ハリウッドとも互角以上にわたり合えるエンターテインメント・ソフトが力として必要だからである。ブランディングにあたって文化力というソフトパワーは、大変重要な存在になった。

元来、広告は、文化シンボルの宝庫であり、一種の文化ソフトであった。しかし、九〇年代のバブル崩壊後の流れの中で、そのような側面は、どんどん軽視され、連呼、タレント・有名人起用の情報詰め込み、あるいは即販売効果を期待されるものとなってきた。

しかし、二一世紀に入り、広告の枠組みが、テレビ中心のフレームから大転換しつつあり、大きな変革の波がおそってきている。かつてコンピュータ業界が、「IBM」のメインフレーム中心の閉じたアーキテクチャーからパソコン、サーバーの組み合わせによる「オープン・アーキテクチャー」へ大転換したのと同様に広告の世界でもメディアの組み合わせ、戦略、戦術の「オープン化」が起きている。現在は、無料メディア、個人発信メディア・CGM（Consumer Generated Media）等の発達による情報の中央集権体制から分権体制への移行期であるといえよう。

また、広告のソフト、内容面をみれば、番組とCMというはっきりと「広告」とわかるものが中心であった時代から、ショート・ムービー、プロダクト・プレースメントのような広告とコンテンツが一体化した形態が有力になってきている。

同時に、IMC（Integrated Marketing Communication）にみられるように統合ソリューションの提供が求められている。あらゆる、マーケティング・コミュニケーション手段を活用し、これまでとは比較にならない複雑で未知の企画立案と実行を担わなければならない。

広告に関する旧来の標準的な知識＝定型的な〈広告知〉では、必ずしも十分に対応できない時代を迎えたのである。このような状況の中で、私は、〈広告知〉の特質に関してまず「閉鎖系」と「開放系」という概念で考えていきたい。

「閉鎖系」とは、一定の標準的なフレームに基づいた手続き、手順によってプロセスを進めていけば、専門知識を持った人間であるなら一定の正解に到達できるものである。たとえば、法律、会計等の領域である。それに対して「開放系」は、フレーム自体が変動的で、開かれており、正解が必ずしも明確でない、多元的世界である。たとえば、映画、テレビ等のエンターテインメント、コンテンツ系領域である。(19)

〈広告知〉は、現実のビジネスとしては、「閉鎖系」としてふるまいながら、具体的な企画、表現に関しては「開放系」であるという複合的な〈知〉の形態となっている。そのため、経営学やマーケティングに影響され、計量的な方法を用いて正解を見出そうとする側面と、具体的な表現やメディアの創造的なアイデアに関しては、ある種芸術と同様の側面を持っている。この両側面をいかに融合して全体的な〈広告知〉として実務に有効な内容を構築、蓄積していくかが求められている。

そのような意味から、〈広告知〉の思想とは、哲学の視点からいえばプラグマティズムの思想である。方法として硬い体系性を求めるよりも有効な方法はオープンに取り入れ、可謬主義[20]で常に誤る可能性を前提に構築される。あえていえば、方法としても「開放系」であり、現実に対応した「柔らかい」〈知〉である。したがって、〈広告知〉を知識論から本質的にとらえるなら「開放系」の性格を非常に強く持つといえよう。

「開放系」の特性と密接に関連した〈広告知〉の他専門領域とは違う性格に、〈一般知〉と〈専門知〉の中間という性格がある。〈一般知〉とは、人々が生活するうえで常識として知っている幅広い知識のことであり、〈専門知〉は、特定の領域の研究、業務に関する特別な知識である。

この性格をソフトウェアにたとえると、ウィンドウズのようなOSとワードのようなアプリケーション・ソフトのちょうど中間的な性格であると考えられる。

コンピュータの世界では、巨大なデータベースは、そのままダイレクトに解析したり、分析したりするのに適さないため、一度整理、編集、加工する。このような目的に使用するソフトをミドルウェアと呼ぶ。

このミドルウェアと同様に広告を企画する場合、生活者の様々な情報、データを加工しやすいように中間的な形で整理、編集、統合するということが必要である。なぜなら、広告の企画においては、ありとあらゆる業種に対応し、生活者の三六〇度の知識に対応しなければならないからである。

このため、広告会社のプランナーは、オリジナル、既存を問わない種々の生活者データを活用する。また、テレビ、新聞、雑誌、ネット等のメディアを通じたトレンドをも取り入れる。広告会社のプランナーが企画を考えるに当たって処理するデータ、情報は莫大なものになる。

広告業界では、博報堂生活総合研究所や電通総研などで様々な生活者調査が行なわれ、価値意識や消費トレンド、文化流行等について研究がなされている。それは、このような〈広告知〉の特質にそっているのである。

そこから私は、〈広告知〉は、広告の企画を考える大前提を整理する力や機能を持つことからミドルウェアの性格を持っていると考えている。

また、送り手側の企業は、商品、業界の専門家である。それに対して、生活者は大多数が素人である。(中には、プロ並みの人間もごく少数いるが)

ミドルウェアとは、日常言語と専門言語を〈つなぐ〉知識という意味でもある。というのも広告する商品、企業は、何らかの専門的世界の言葉、知識、考え方をほぼ基本知識のない素人に伝えなければならないからである。ここに、実は大きくて深い断絶がある。

しかも、一般の生活者の世界は「オープン」＝「開放系」であり、その興味や関心、知識の方向は、千差万別である。生活者の中心は、あくまで自分たちの生活や趣味、嗜好についてである。どんなに政治的に重要なことや倫理的に重要なことでも、自分の生活をおびやかされなければ「他人ごと」なのである。たとえば、地球温暖化の原因と言われるクルマの排気ガスや燃費の問題を本当に真剣に考えるのは、自分たちの生活に「関連」するときである。

このような「開放系」に向かって、専門知識をわかりやすく伝えなければならない。そのために〈広告知〉は、生活者の「自分ごと」＝「関連性」（relevance）を探し出し、その文脈にそって編集・加工していかなければならない。[21] 生活者や消費に関しての様々なデータをもとに生活者の世界である「開放系」を広告課題に対応して「閉鎖系」へとコンテクスト化、統合しなければならない。送り手である企業に代わって〈専門知〉を日常言語に翻訳し、〈一般知〉に定着させなければならないのである。

3　現代の神話としての広告

文化ソフトとしての広告を鑑みれば、過去の広告にふれるその度に、現在目にしている広告と比べて異質の強さを感じ、心動かされ、心の奥底に深く残った。また、二〇〇六年の夏、TBS系ドラマ『メッセージ』で、伝説の広告制作者である杉山登志の一九六〇年代から七〇年代初期の作品を現在の広告と比較しながら視聴した。その結果、個人的には、特に二一世紀はじめから現在に至る広告よりも「チカラ」があるとはっきり感じたのである。

もちろん、名作を精選して、包括的にみる経験と、一般の作品を日常の中でみる経験は、異なっている。しかし、杉山登志の作品や、名作広告をみたときの表現としての「チカラ」の強さは、私にとっては、特別な体験として強烈に心に焼き付いている。

私は、広告会社で実務の世界の人間として二五年間を過ごしてきた。広告に関しては、いわば、裏も表も知っているインサイダーのすれっからしである。このような人間でも、ドイツの批評家ベンヤミンの言う「アウラ」のようなものを感じたのである。

このような広告の作品としての「強度」とでも呼べる「チカラ」は、いったいどこから生まれたのか。そして、過去の広告にみられる「チカラ」を取り戻すためには、何をすべきなのか。

上記の問題を解く鍵として、私には「文化としての広告」の視点が、最も重要なものの一つであると考えられる。広告論における古典的著作、山本明『価値転轍器』で展開された広告の文化シンボル研究が明らかにしていたように、広告は、経済と文化が重なりあうところに成立している。[22]

広告の目的は、ビジネス、マーケティング上の情報伝達である。しかし、その一方で、生活者にとっては、本来余計なもの、邪魔ものともいえる存在である。だからこそ、人目をひきつけ、楽しませなければならない。その上で、商品が単なる製品を超えてブランドとなるように情報面からサポートをしなければならない。つまり、広告は、マーケティングによる市場化、競争の手段であると同時に、エンターテインメント性を有した「文化ソフト」でなければならないのである。

ただし、エンターテインメント表現としても、ただ、人目をひきつけるために、おもしろおかしく、感情に訴えればいいわけではない。広告は、ビジネスを人間化して価値のシンボルを創造する役割を担っている。企業や商品・サービスが、生活者の生きる意味、人生にとってどんな意味があるのかを方向づけている。言い換えれば、特定の社会や文化の価値に関連した表現でなければならないのである。

私が心を動かされ、心に深く刻み込んだ過去の名作は、『価値転轍器』が主張する理論に立脚すれば、同時代の文化の大きな価値と共鳴していたのではないか。それは、言い換えれば、過去の名作は、人間へのインサイトがあったということではないだろうか。人間精神への深い洞察が、的確に広告表現に反映されていたのであろう。
「チカラ」のある広告は、マーケティングのターゲットであると同時に、日本の社会で生きる生活者とシンクロしていたと考えられる。構造主義の方法を広告論に導入したパイオニアであるレイモアが、『隠された神話』で述べていたように、「現代の神話としての広告」は、日本の深層レベルでの文化価値コードと共鳴していたと考えられる。[23]

精緻にターゲットを定め、利便性や利益を研ぎ澄まして、メッセージを言明すれば、広告に「チカラ」がそなわるのか。そもそも、人間はどれほど、情報を咀嚼し、冷静に合理的に計算する理性的な存在なのか。もうかること、得すること、役に立つことは、生きるうえでのごく一部にすぎないのではないか。むしろ、日本の文化では、言いたいことや説得したいことは露骨でないほうが効果的であり、あまりにも熱心に自分のよさを訴える表現では、引かれてしまう傾向がある。

文化ソフトとしての広告の「チカラ」とは、経済活動でありながら人間的コミュニケーションであることから生まれる。二つの領域の絶妙のバランスのうえに生まれるものであると主張することができよう。

新しい商品やサービスがヒット商品や流行現象として普及していく過程において、ときには、経済性や機能性を超えた人間の「過剰性」「遊び」に訴えかけるものがある。後からみるとなぜあのようなものがヒットしたのか、流行したのかという不可解なことが多々ある。冷静に振り返ると、経済活動といえども、近代の合理的な発想を超えた、ある種、深層に潜む密教的な文化が絡まっているのである。

日本でいえば日本固有の文化は、千年単位なのに対して、明治維新以降西洋の近代文化を取り入れて百数十年である。ましてや、テレビを中心としたアメリカのマーケティングを導入してからは、五〇年単位の時間しか経過していない。

ターゲットを一〇〇%捕捉し、まったく無駄のない効率的な表現が、即「チカラ」を持つのかは、疑問である。マーケティングに大きな影響を与えている、工学的な発想と経済学の思想は、人間が、何に感動し、心を動かされるのか、とは別の次元のものである。ちょうど車のハンドルに遊びが必要なように、人を感動させ、心を向けさせるためには、ハンドルの遊びにあたる次元の違うものを融合させなければならない。

現在、広告の実務の世界では、仕事がより緻密で厳密性が求められるがゆえに、業界的な専門性で人間がとらえられてしまう。人間の心は、マーケティングの枠組みだけでできているわけではない。アカウントプランニングの第一人者であるキャンベルは、その著書の中で、「マーケティング・ハットを脱ぎなさい」といっている。[24] とりわけ、マーケティングの思考に大きな影響を与えている経済学が前提としているホモエコノミクスという仮想=消費者というベネフィット計算者には、人間が本来持っている非合理性/感情/精神の部分がない。人間の欲望・欲求を考えるうえで感情や無意識をとらえなくては、人の心は、わからない。

私は、ブランドとは「製品価値の人間化・人格化」であると考えている。ブランドには、物理機能的価値だけではなく、情緒的価値、精神的価値が必要である。そのためには、ブランド広告表現は、ブランドの持つ本来の精神・スピリッツに感応していなければならない。ブランドの創作者である企業と、ブランドのファンである生活者、そして広告会社（プランナー・クリエイター を含む）の三者が、精神・スピリッツを共有していなければ、理想的な表現にならない。

現在、「メッセージ」という用語は、広告の世界では、やや古い言葉とみなされているが、主張したいことを広告に込めるには、「メッセージ」性が必要不可欠である。人間が文化を生み出さざるをえず、人間独自の精神性、価値に対する深い理解と共感がなければならないはずである。その上で、ビジネスの冷静な論理・計算を土台とした人間的なコミュニケーション、ほがらかなコミュニケーション、人情味あふれるコミュニケーション、人の心を暖めるコミュニケーションが広告となるのではないだろうか。

過去の名作には、本来の企業、商品ブランド広告のパワーがあったのではないかと感じるのは、企業とブランドのファンである生活者、そして広告会社（プランナー・クリエイターを含む）の三者が、精神を共有していたと考えるからである。とりわけ、広告会社は、企業の思い、生活者の思いがクロスするところに広告の起点をおくものである。広告会社は、このクロス・ポイント、無意識の精神を「かたち」にすることができた。両者の無意識を汲み取って、的確な表現にできたのである。

皮肉なことに、ブランド論が盛んになってきた一方、「チカラ」あるブランド広告が少ないように思うのは、私だけであろうか。あまりにマーケティング論、ブランド論、メディア論の機能や専門性ばかりが追求され、逆に広告の文化力を弱めていないか。広告の効率性という視点が強すぎると、操作、コントロール、管理が強くなりすぎ、広告の文化を踏まえた人間的なコミュニケーションにそぐわないのではないだろうか。あるいは、形式性が強くなり、文化の側面を忘れがちになっているのではないだろうか。

このような観点から見るとIMCについても、効率や効果にフォーカスするあまり、手段の統合が中心で、統合の核が何なのかについての議論が軽視されている。マーケティングは、戦略、戦術の箱やインフラを用意するが、肝心な中身については、はなはだ力が入っていないように見受けられる。IMCの内容となる統合的なコンテンツに関するプロデュースをどのように行なうべきかという議論は、いまだに少ない[25]。

「経験価値」「クロスメディア」の時代において最も重要な問題の一つは、統合の内容部分＝コンテンツである。このように議論を進めていくと本質的な意味で統合の判断基準を与えるのは、ブランドの価値であり、統合はブランドのメッセージ＝精神・スピリッツの〈意味〉を伝えるためではないのだろうか。

広告は、文化の視点からは、ドラマや映画、小説、漫画、音楽などと同じコンテンツである。そのように広告を考えると企業側は、プロデューサーであり、広告会社は、制作者である。また、文化とは、長年にわたって蓄積された価値判断の体系であり、価値コードである。文化の表現は、ただエンターテインメントとして存在するのではない。ドラマや映画、小説、漫画、音楽などの形をとるしかない、価値、精神の表現なのである。

このように文化を築くことは、価値判断を下す最終の審級を形成することにほかならない。たとえば、時間に厳格か時間に柔軟かは、文化の価値判断である。色合いの優雅なデザインに優れたクルマの方が価値が高いのか、質実剛健なシンプルで堅牢なクルマがいいのかは価値判断である。価値とは、本来、文脈依存的なものであり絶対的なものではないにもかかわらず、文化によって絶対化されるものなのである。企業や商品の価値は、人為的、自覚的に人間文化の文脈をたどって構築されていく。

広告がブランドを的確に表している文化表現であるためには、このような仕組みや構造を自覚的に理解しておくことが大切である。広告の文化に関する純理論的な探求が、側面からの広告の文化力の復活の一助につながらないだろうか[26]。

それは、文化表現に関して大きな価値、形而上学、哲学を表す精神の探求である。人間に対する作家、詩人、画家、映画監督、ミュージシャンなどの探求と同様の部分をいかに理論言語化し、実践につなげていくのかというテーマである。これは、いってみれば、文化プロデュースを組み込んだ、よりソフトな知識創造的なマネジメントを研究するということである。

広告表現との文化構造上の同型性を前提にして、文化、エンターテインメント・ソフトをどれだけ人間性を殺さずに工学的な管理とバランスよくマネジメントしていかれるかということである。

そこで、今後、広告の「チカラ」を復活させるため文化と知識創造性が重要なテーマとなる。広告のプランニングは、深層レベルの文化価値コードの把握を行い、それを広告に変換していく。広告は、生活の意味を〈モノ〉との関係で形にする。無意識を形にする記号生産活動である。

〈モノ〉と私達の意味解釈のフレームを形成する。そのために有効な方法論が、記号論の創始者パースのプラグマティズムおよびメタ知識論である。

4　文化シンボルの引用と編集

ここでは、カルチュラル・マーケティングの方法の概略について述べよう。[27]カルチュラル・マーケティングとは、ひとえに文化シンボルをどう創造し、マネジメントできるかという点にかかっている。プランナーは、文化シンボルを知識として蓄え、評価できなければならない。

文化シンボルのデータベースが、頭の中にあり、それぞれの文化シンボルの意味と価値を評価できなければならない。アメリカのシンボル・マーケティングの権威ソロモンは、これをシンボリック・プールと呼んでいる。つまり、文化シンボルの意味と力を理解したシンボル・プロデューサーにならなければならないのである。[28]

文化シンボルの設定とインフォメーション・チェーン

ブランドは、それ自体が文化シンボルにならなければ成功することができない。そのためには、ブランドの表現に関連性の物語、関連性のシーン、関連性のシンボル等が必要なのである。ネーミング、パッケージ、PRのエピソード、開発の物語、キーシンボルとなるカリスマが必要なのである。これらが、一つの情報のかたまりとして、編集・加工され伝わらなければならない。なぜなら、商品・製品は、それ自体では文化シンボルになることができず、他の文化シンボルとの関連で文化シンボルとして確立することができるからである。高級感を表す価値のシンボルになるためには、人物、場所、色などのジャンルに存在する文化シンボルと関連づけなければならない。「ハーレー・ダビッドソン」は、製品としては大排気量のモーターバイクである。製品それ自体は、中立的である。しかし、乗り手が革ジャンのアウトロー達であり、暴走族であり、ヘルズエンジェルスと名乗ることで社会への反抗者という価値づけがなされる。そこに、ロックグループの大物で麻薬やスキャンダラスな事件をおこしているローリング・ストーンズが組み合わされることでそのイメージがより鮮明なものになる。お行儀のよいエスタブリッシュメントとは正反対の極に立つ、アンチ主流派である。そこから、走るための二輪の機械が反抗のクールなシンボルとなる。

広告であるかどうかにかかわらず、文化シンボルとの関連づけのもと、商品と一体化してメッセージを発信し続けなければならない。

広告表現の表現要素間にも関連性が必要とされる。シンボルやアイコン間にブランドとの関連性があり、広告のストーリーや世界と強固な関連があることが望ましい。広告表現の中に関連性を構築することは、情報の連鎖＝インフォメーション・チェーンを作り上げることであるといえよう。インフォメーション・チェーンは、価値連鎖＝バリュー・チェーン（意味内容）と象徴連鎖＝シンボル・チェーン（意味表現）によって創造される。

広告表現要素は相互に緊密に関連し合い、象徴連鎖＝シンボル・チェーンに含まれる一つのキューやクルーから関連していき、価値連鎖を表現し一つのまとまったものになっていくのである。ちょうど脳内の神経ネットワークのようにシナプシスが関連し合い、構造化されるのと同様である。生活者の心がネットワーク化され、一つのメンタル・モデルの構築に至る広告表現が効果的であるといえよう。

ブランドは、生活者の無意識のレベルまで、自我に深く関わる。ブランドは、あたかも友人／恋人／家族のようなものである。ラカンによる自我の構造モデルから、物理機能的価値、情緒的価値、精神的価値で構造化されている。精神的価値が異なれば別ブランドである。

また、ブランドは、ブランド価値とその表現の統一体である。日常の生活世界の中で、強力な意味を持つ文化シンボルの連関によって表現を組み立てる。コミュニケーションにどうリンクするかが大きな課題であり、文化シンボルによるシンボル・チェーンの確立を目指す。そして、幅広い意味での日本文化の中で重要な価値を象徴しているシンボルによって、認知のバリアーを超える。そのために価値を適切に表現できるシンボルは少ない。そこで、「マルボロ」のカウボーイや「ナイキ」のタイガー・ウッズのようなビッグシンボルを自分のものにすることが必要となる。

ロングセラーブランドは、中核価値を表現するシンボル・チェーンを持っているから強いのである。「マルボロ」＝赤と白／カウボーイ、「マイルドセブン」＝青と白／スポーツ冒険者、「スーパードライ」＝シルバー缶／サクセスマン、「ポカリスエット」＝青と白／青春タレントなどである。

これらのシンボル・チェーンは、とりわけブランド・パーソナリティ、キャラクターの形成にとって重大な意味を持っている。煙草のブランドを例にとれば、赤は、深い味や強いエネルギーを表すが、青は、さっぱりした味や爽快感につながる。カウボーイは男の自立、強い男、自由な男を表すのに最適だが、仮に広大なアメリカ大陸の土や緑のあるフロンティアではなく、南極の青い空、白い氷を背景にしたらブランドのパーソナリティが変わってしまう。それぞれの性格づけにどんなシンボルやカラーを使うかで、まったく異なった価値連鎖＝バリューチェーンを作り出してしまう。

色、形、音、言葉などのネットワークであるシンボル・チェーンが確立されれば、色、形、音、言葉などどこからでもブランドが連想される。シンボル・チェーンの構成要素を長期記憶化するためには不変要素と可変要素の設計を行ない、ブランドの固有性を主張、認識できるものの中で何を残すものとするのか、それはどんな価値連鎖を表現しているのかを事前に設計しておく。

ブランドは、文化の重要な価値を表現するシンボルになると強い。グローバルブランドである「コカ・コーラ」は自由、若々しさ、「マクドナルド」は家族愛、「マルボロ」は自立、男の強さ、といったそれぞれの価値を表現するシンボルとなっているブランドである。これらの精神的価値の存在しないブランドは、ありえない。現象学の視点からすれば、人間の実存に結びつかないブランドはありえず、広告表現として具体化されなければならないのである。ブランドは、近代的主体と一体の存在であり、選択をけなされると、全人格を否定されたかのように怒ることもある。実存と結びつくブランド＝生活世界の中での商品という思想から「現象学的マーケティング」を提唱することができる。[29]

メルロー＝ポンティの『知覚の現象学』の中で美しく論じられたように世界は、物理的に構成されているだけでない。感情に彩られ、生きることの意味——精神、思想、哲学と深く関わるものである。ブランド構築にあたっては、ハウツーだけで達成するのが、非常に困難な領域なのである。

旧来のマーケティングのブランド論は、この点を決定的に理解していない。モノやサービスの根源を忘れてはならない。アウトレットやモールが人気なのはなぜか。なぜ今、経験価値マーケティングなのか。それは、今なぜインサイトなのかにつながるのか。

〈世界〉に対して、人々は効用だけで生きているわけではない。欲求を満足しているだけではない。価格への合理的な反応だけではない。この生きている時間を豊かな〈生きられる時間[30]〉にするために消費生活も存在している。

したがって、これまでのようにビジネスの世界と芸術の世界を異なった世界と捉えることはできない。企業経営者、マーケターには、小説や絵画、映画やアニメなどのエッセンスを感じ理解する能力が不可欠な時代となった。〈ビジネスの精神〉と文化を形成する〈芸術の精神〉が一つにつながるのである。文化の根幹をなす夢、想像力、美などが、商品、ブランドなどを通じ、生活者の世界へ取り入れられようとしている。

文化シンボルの収集と文脈の解釈

中核となる文化シンボルを発見し、正しくその意味を理解するためには、生活者の世界を深く理解しなければならない。生活者はそれぞれ自分の「意味の世界」に住んでいる。それはただ、言語や情報というレベルだけでなく、自分の身体に関わる次元から形成されている。見たり、触れたり、においを嗅いだり、音を聞いたり、味わったり、五感に関わる側面から「意味」を形成し、自己の「生活世界」に取り込んでいる。

このとき、生活者には総合的なベースとして〈暗黙知〉[31]を含んだ形で、一種の「文化的身体図式」が存在していると考えられる。この五感に関わる「文化的身体図式」を通じて無意識の意味の世界ができあがっていく。私達はこの領域まで踏み込んでマーケティングを考えていかなければならない。

そのためには、第一の視点として、企業人が生活者の文化をフィールドワークする文化人類学者／考現学者（今和次郎の創設した日本独自のフィールド調査学）の視点が必要である。自らを生活者の世界の中までどっぷりと漬けこみ、全身でその文化を体験し感じ取ることが重要である。それは文化のシンボルや兆しを収集し、解析し、その文化のキーとなる意味論的軸を発見することである。

第二の視点としては、数量データに加えてビジュアルデータを重視するということである。数量データは、知覚情報をすくいとることができない。色や形、表情、ときには音、動きがすっかり抜けてしまう。これら五感に関するパーセプショナルなデータを把握することである。

第三に、データを解析するには意味の科学と文化の文脈分析が必要である。たとえば、コカ・コーラ社の「ニューコーク」の導入失敗は、「コカ・コーラ」がアメリカ人のシンボルとなっていることに気がつかなかったところからきた。「コカ・コーラ」のアメリカ文化における意味を分析しなかったために招いた失敗である。

多くのビジネスマン、プランナーが誤解するのは、身をひたし、見て、そしてメモをし、そこでよしと思ってしまうことである。知り、体験し、共感し、感じつつも、その生活世界を構造化してメカニズムを了解しなければ、成功する企画を立案し実行することはできない。そうしなければ、他者に対して、もう一度、その文化を再現することはできないし、ただ身をひたしすぎれば単に現地人になってしまう。名選手が必ずしも名コーチではないように、客観化し、構造化することは実際のプレイとは別である。一度、自分の消費文化の外へでなければならない。このあたかも自文化から外へでて、異文化を分析するかのような認識論的操作がトランス・インサイトである。

誰でも、ビジュアルデータを収集することはできる。ただ、そこからどのように意味を読み取り、〈暗黙知〉の論理を発見することができるかどうかは、それとはまったく別のことである。もう一つは、自分自身の意味感度を高めていくことである。企業人として、いつまでも仕事の中に閉じこもっていてはならない。自分自身が、ビジネスの論理の外にでて、文化シンボル、兆しを選別し、編集できる能力を持たなければならない。その根底にあるのが、文化への「感応力」であり、「教養」の精神である。

これまでの文脈に無意識に依存するという考え、あるいは文脈そのものを読み損なうということから脱却して、文脈の構造を積極的に解読し、再活性化、あるいは創造していくことである。

ところで、自動車や家電製品などの耐久財となると、新商品開発から発売までのタイムスパンが数年以上と長期になることが多い。当然、現在の時代環境がどうなのかということを確実に把握して、自社商品、ブランドの位置づけを時代の文脈にそったものにしなければならない。

建築、デザイン、文学、科学、絵画、音楽などの文化の動きには、時代の中に共通した哲学・思想に基づく特徴的な価値があり、共通の相関関係がある。たとえば、アインシュタインの相対性理論は、ピカソの絵画の革新、フリースタイルのダンス・モダンダンス音楽を生み出した。あるいは、同時発生的なものとして生まれた。商品も当然その影響を受ける。これが時代の文脈である。

文脈とは、「場」「空間」「シーン」「世界」でもある。何と相関するのか、モノなのか、自分の生活空間なのかなどによって生成する意味が異なる。このような複雑で可変的な文脈の構造のもとでトレンドの長期的な予測を行なわなければならない。

そのためには、時代、文化シンボルの分析による文化シンボルのアイデンティティ、コードの抽出を行なう必要がある。人間が世界を認識するのは、その国の文化、伝統にかなり制約されていることはよく知られている。色の言葉の数は、各民族でバラバラである。動植物をあらわす名前も語彙の数がかなり違う。カナダ人の友人にいろいろなキノコの種類を英語でなんというのかと聞いたところ、全部マッシュルームだと答えられびっくりしたことがある。私達日本人にとってはものすごく大きな差だと思われるものが、カナダ人にとってはほぼ同じ、ほとんど差がないというわけである。

このことを、商品やブランドの問題に置き換えると、商品、ブランドの世界は特有の言語世界で規定されていることが多い。この言葉の意味を正確に把握できないと商品、ブランド、広告表現作りが的を射たものにならなくなる。

たとえば、クルマの場合、「高級感のある」といったときに、意味するもの、表現するものの幅は猛烈に広い。ある世代や感覚を持った人にとっては、「高級感のある」という言葉が、「センスの悪いもの」「古いもの」になることもある。時計を例に取れば、「ロレックス」の金無垢に憧れの高級イメージを持つ人もいれば、「パテックフィリップ」のような典型的な地味な黒皮のベルトにステンレスの紳士時計を高級時計だと思う人もいる。

あるいは、「スピーディな」という言葉で意味するものは様々である。F1のレーシングカーをイメージする人からスポーツ感覚の4ドアセダンをイメージする人までである。「運転のうまい人」から「暴走族」までドライバーイメージも様々である。そこで、文化や時代の文脈を知るため意味論独自の概念を導入することが有効である。

そのときに有効に利用できるのが二項対立という概念である。二項対立は、人間が世界の意味を創造し、認識する最も基本的な原理である。たとえば、黒vs.白、左vs.右、上vs.下といったように、二つの項を対立させることで双方の意味を明確化する方法である。人間の消費文化や、商品、ブランド広告の世界は、混沌とした部分を持っている。混沌を整理し、理解できるようにするのが二項対立である。

この二項対立分析からコードを発見する。一連の二項対立のセットが価値評価に結びついていることを価値コードという。

このコードが時代や社会によって転換していく。典型的なのはクルマで、クルマの価値は特にその影響を強くうける。たとえば、一九六〇年までのアメリカのクルマの価値コードでは、高馬力、大型サイズのクルマがよいクルマであった。低馬力、小型サイズのエネルギー消費が少ないクルマは中心ではなかった。

ところが、石油ショックがおき環境問題がでてくると、まったく価値コードは逆転してしまう。低馬力、小型サイズのクルマはエネルギー節約型でよいクルマとなった。そして、このコード転換は、地球温暖化、石油の高騰により、二〇〇七年から二〇〇八年にかけても発生している。

このようなコード分析のためには、様々な文化、消費現象をリサーチし、文化シンボルとなるものを収集しなければならない。文化シンボルの中でも重要な現象を指し示す徴し、あるいは兆しとなる「有徴記号」を発見する必要がある。

具体的な作業としては以下のような手順で行なう。

1．有徴記号の発見＝記号の収集・分析

まず、以下のような領域でシンボル・サインを収集する。

・商品
・店舗
・新聞・雑誌の記事、広告

・テレビ番組、CM
・映画
・漫画
・アニメ
・音楽
・芸術
・生活者のマン・ウォッチング
・タウン・ウォッチング

各シンボル分析にあたっては、それぞれのシンボル表現を構造的に分析する。

まずシンボル表現の中で重要な表現要素を意味の要素として抽出する。たとえば、クルマの広告表現やクルマの記事、クルマのデザインなど様々なシンボルとなりうるものの中で意味を表現する中心的単位を発見する。これを意味素という。たとえばクルマのデザインでは、五〇年代の「キャデラック」のテールフィンは速度を示す意味素である。

意味素が抽出されたら、デノテーションとコノテーションの考え方を使いながら意味がどのように重層化しているのかを分析する。鳥を例にとると、鳩が鳥の種類であるという辞書的なレベルでの意味は、デノテーションである。一方、鳩が平和をシンボルしているというのがコノテーションである。

図4-1　エコカーの「選択」と「結合」分析

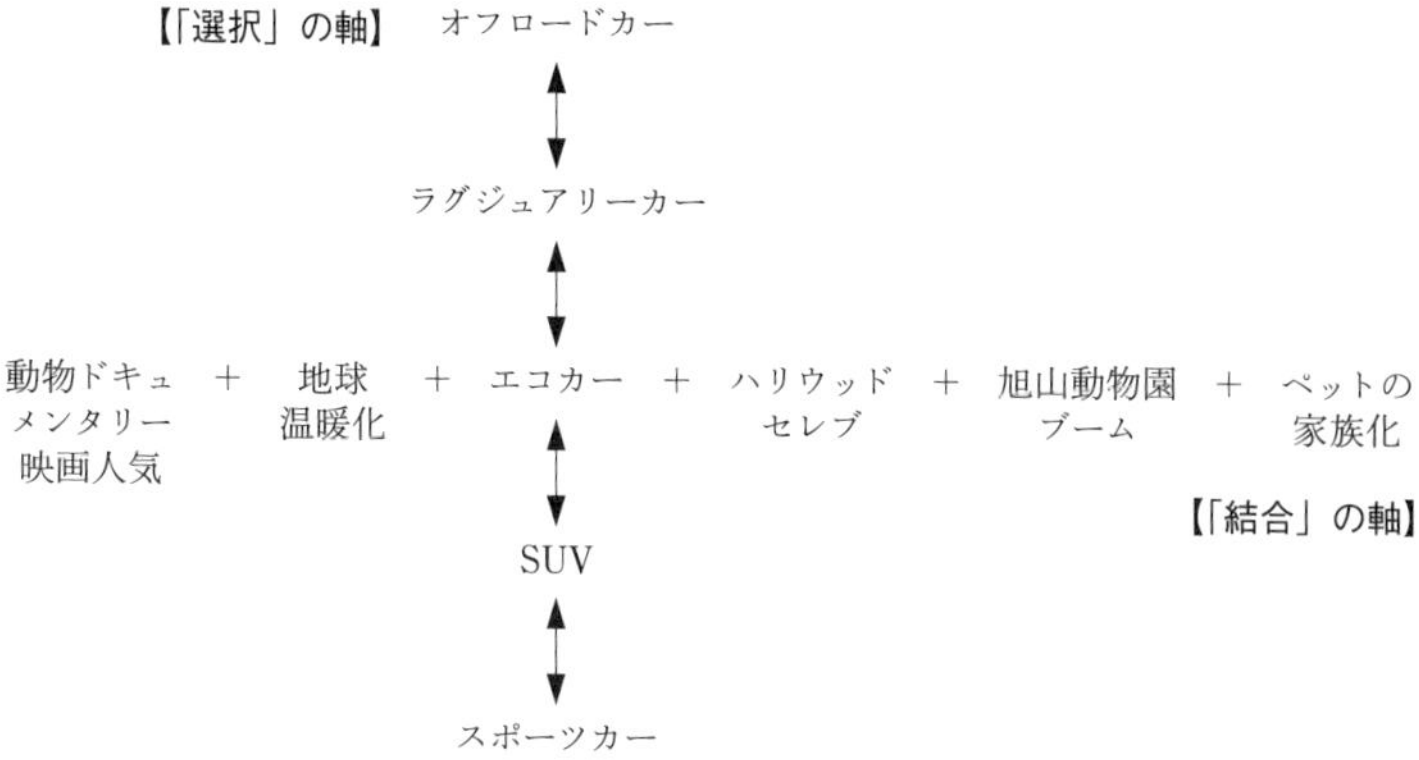

2．選択と結合分析

このように、抽出されてきたシンボル間の関係をみてマクロ的な文脈を読み込むのに適した概念が「選択」と「結合」の軸である。（図4－1参照）

この概念は構造言語学で著名なヤーコブソンの失語症の研究から明らかにされたものである。人間の言語活動とは、頭に貯蔵された言葉から自分が表現したいと思う意味を表現するのに最も適切な言葉を「選択」する。そして、他の言葉と「結合」することによって、より適切に表現するということになる。このように意味を表現するために適切な言葉を「選択」し、他の言葉と関係づけて「結合」していく活動を人間も商品、ブランドを素材にして行なっているのではないかと考えるのである。

図4－1にあるように「プリウス」に代表される環境に優しいエコカーが、急浮上したのにはエコカーと結びつく強力な文化シンボルが登場しているからである。地球温暖化に関してはアル・ゴア元アメリカ副大統領の『不都合な真実』がアカデミー賞の二〇〇六年長編ドキ

ュメンタリー賞を受賞し、アル・ゴア自身もノーベル平和賞を受賞した。

また、「プリウス」は、ハリウッドセレブのエコ・コンシャスを表現する文化シンボルとして大人気である。アカデミー賞授賞式にリムジンや「ベンツ」で乗りつけるよりもクールであると認められている。たとえば、レオナルド・ディカプリオ、ブラッド・ピット、キャメロン・ディアス、ニコール・キッドマン、シャリーズ・セロン、トム・ハンクス、ユアン・マクレガー、スティーブン・スピルバーグなどが乗っている。

そして、人々の意識が人間中心主義から自然と動物たちとの共存へと向かっている。旭山動物園の人気や犬・猫を家族の一員として大切にすることなどがエコカーの定着に効果を発揮している。これらの文化シンボルと結合することで、エコカーは通常の高級車、スポーツカー、SUVよりもクールな存在となっている。

3．有徴記号のマクロ分析

最後に、以上のような分析をよりマクロに比較的にみる分析を行う。時間軸にそった「現在」「過去」「未来」の比較と国や文化による違い、たとえば「日本」「米国」「英国」といった比較文化的分析〈共時的（Synchronic）分析〉がある。同様に一つの文化の中でも「政治」「経済」「科学」「技術」「芸術」「生活様式」といった領域間の相関・歴史的分析〈通時的（Diachronic）分析〉がある。これらの意味を解釈していくときに変形・生成規則分析、創造的触媒、相互作用分析を行なう。

よく言われることは、景気循環と同様に感覚や気分も循環しているということである。精神的なものも拡大期には、生活エンジョイが中心になるが、収縮期には、環境や公共的なものに眼が向けられ、社会性が前面にでてくる。この流れをおさえなければならない。

山口昌男の文化の「中心／周縁」論は、マクロの長期的な流れを読むのに有効な考え方である。文化現象は、中心にあったものは、周縁化し、周縁にあったものは中心化するという繰り返しである。文化の中でスターだったものが没落し、マイナーな存在だったものがスターになる。映画や音楽、テレビの世界ではよくおきる。時には昔懐かしのあの歌が復活ということもある。

現在の昭和ブームは、この中心と周縁理論でも分析することができる。美空ひばり、石原裕次郎、力道山、ジャイアント馬場、山口百恵、ピンクレディー、ルパン三世、宇宙戦艦ヤマトなどといった一連の昭和を彩った芸能人、スポーツ選手、アニメキャラクターが、様々なテレビ番組やCMに登場したり、パチンコCR機にキャラクターとして起用されている。

このような歴史的分析は、商品が時代の中から相関的に登場したことをはっきりさせるのに適している。たとえば、クルマは、生活様式を抜きにしては語ることができない。アメリカの五〇年代のステーションワゴンブームは、今日の日本のRVブームのモデルのようなものだったが、中産階級の増大、郊外族の成立と余暇時間の増大なくしてはありえなかった。彼らは、郊外の芝生のある一戸建てからハイウェーを利用して通勤する。週末は、同じく郊外の大規模ショッピングセンターで一週間分のまとめ買いを行なう。そのためにはクルマにたっぷり荷物を詰めなくてはならない。ガソリン代は安くなければならないし、家には食料品を貯蔵できる大型冷蔵庫が必要というわけである。このような郊外族の生活様式とクルマの価値との間には相関関係がある。

4．ルールを変える／再構築する

日本とアメリカのクルマ作りの力が逆転した歴史的なエピソードとして、「アコード」に乗ったGMの役員が嘆息して「車作りのルールが完全に変わってしまった」といった例があげられる。(32) アメリカにとっては、日本という別の文化のルールによって自動車産業の競争と製品作りのルールが変わったことをこれほど端的に示した発言はない。これは、ヴィトゲンシュタインの言語ゲーム論によるルール・チェンジングである。ルール変更による競争の土俵の変化が生じる。このようにルールを生み出すものこそ、文化である。

商品には文化の結晶である美意識、労働モラル、技術力、経済力などすべてが込められている。文化によって商品の価値評価の基準・ルールが変化してしまった例として、アメリカにはJグレードという言葉がある。日本人は、仕上げと品質にうるさい。そのため、アメリカでは問題なく商品として認められる木材や建材もキズやふしがあるとだめだということになった。日本人の評価基準に合わせていった結果、アメリカ製の木材の品質がとてもよくなったそうである。

近代的な大量生産、大量消費の均質性、等質性は最終的に欧米だけでなくアジア、南米等全世界に普及した。しかし、一見均質で等質にみえる近代のシステムにも文化による差異が発生するのである。最も近代システムが浸透した経済でも差異が生じる。また、それを支える装置としての工場においても、差異が生じる。日本の工場の品質管理は明らかに他の文化と比較して厳しい。

この差異が、逆に言うと差別化になり、世界で評価される源泉となる。つまり、普遍的なシステムに大枠で従いながら、独自性を付加しているということになる。

たとえば、三宅一生、喜多郎、宮崎駿がなぜインターナショナルとなるのか。それは、普遍の文法――意味のフレームにのっとったうえで文化的な独自性を持っているために、世界中の多様な人々にとってもわかりやすいのである。

村上隆は、非常に自覚的にこの作業を行なっている。村上は、価値の源泉、ブランドの本質を「観念」や「概念」であるという。[33] そして彼は、日本文化の差異性をアメリカのニューヨークの現代美術のコードに適合させ合体化した。その結果、アキバに端を発したオタクフィギュアの現代美術版として大成功をおさめ、村上隆は、一作品あたり一億円の価値があるとも言われるようになった。村上隆によれば、「欧米美術史のルールを壊し、なおかつ再構築するに足る追加ルールを構築できている。[34]」という。「ルールの理解と再解釈」に長けていることが欧米の美術界で評価される重要なポイントである。

海洋堂が作るフィギュアも有名になったが、これもまた日本のオタクが創造した、精密で突出したリアルさを持つ商品である。オタクの工芸品とも呼べるもので、細かな職人芸によって創造される食玩＝オマケのフィギュアは、世界に類をみない。そのせいもあって二〇〇一年パリでシャネル財団主催の展覧会が行なわれた。

日本人は、一種の倒錯した欧米人のような者であるから、自分たちがいかに近代化されながら、しかし、高次元な形で無意識に伝統的日本文化を継承しているかにまったく気づいていない。日本のクルマの独自性は、工芸的でありかつエレクトロニックであること、繊細でありかつ優美でありながら、マシーンではなく擬似人格であり、最先端の知能のかたまりということである。このような自文化の独自性を評価し、自分達の美点、競争力であると気づくためには、欧米に認められなければならない。

クルマの世界にあてはめると「ベンツ」や「BMW」がクールでなく、日本車の高級さがクールであるという系譜学的な価値の転倒を行なわなければならない。ドイツの車の価値基準を転倒しなければならない。世界に認められているグローバルな独自の価値の表象としてみられなければならないのである。端的には、ドイツ人が「ベンツ」でもなく「BMW」でもなく日本の高級車を選んでいるという事実が、そういった価値基準の転倒を生む契機となるだろう。ちょうど、浮世絵の美術的な価値が、世紀末のジャポニスムとして欧米で認められてやっと日本でも美術として認められたように。

たとえば、世界に通用する高級車を創造するとする。そこには、日本の高級さのレベルが写しだされる。高級であることを総体として価値づける文化的文脈、「豊かさの生活ソフト」の蓄積、〈生活世界〉〈文化的身体図式〉のすべてが凝縮されている。優雅、優美に凝縮されている。イタリア車＋イギリス車＋ドイツ車＋日本車のすべての美点を総合した、こわれず、先端テクノロジーを上手にもりこんだ、動力性能のよい、文化にまで高まった高級車などはこれまでなかった。同じクルマという現代テクノロジーのかたまりが、文化によって、変形されるためである。

つまり文化とは、〈よいこと〉〈正しいこと〉の「みえるもの」「形」「スタイル」の総体である。

最初は普遍的文法をみんな学ぶ。その修得のあとに新しいものを取り入れる。コピーのままではなく、異質な要素として取り入れる。この行為こそ先に村上隆が言った「ルールの理解と解釈」である。

日本では、同様のことをお茶、能、歌舞伎などで〈守破離〉と呼ぶ。林原美術館館長で茶道史の研究者である熊倉功夫は、「日本では修業のあり方を〈守破離〉という言葉で表わします。まず型を学ぶのが〈守〉。そのあとの飛躍のためにきちんと型を身につけることが目的ですが、現実にはそこで終わりがちでもあります。次に〈破〉。型を破って独創性を追求することです。そして〈離〉。型を離れた自由な境地です。」と言う。[35]

この思想は、〈禅〉の思想を背景としている。主体の消去と主体と客体の一体化を根底において型を学び、自分の身体に血肉化することで、型の持つ息苦しさ、制約から離れ、自然で自由なふるまいへと転化していく。日本の高級旅館のおもてなしや高級ホテルのサービスは、このレベルに達しており、マニュアルをすべて自分の血肉として、臨機応変に対応してくれる。

高級とは文明的なものではない。優れて文化的なものである。文明の進化の尺度であるテクノロジーの先端性も絶対的な尺度ではない。遅れたテクノロジーのクルマが文化的であることは十分にありうる。ポイントは、文明と文化をどうクロスし、結晶化するのかということなのである。ただむやみにハイテクを使うことではない。問題は、どうインテグレートして、どう文化に昇華するのかというソフトの側面なのである。まだ、私達は自覚的な方法論を持っているとはいいがたい。

「レクサス」は、アメリカでは「ベンツ」と並ぶ高級車としての成功をかち得た。その一つの軸は、日本が得意とする「高品質」である。しかし、日本国内では、まだ高級車としてアメリカほどの評価を得ていない。それは、日本とアメリカとでは「高級さ」に対する文化ルールが異なっているからである。日本には、高級さを認める特有のルールがある。日本が高級と認める文化シンボルが「レクサス」と一体化しない限り、日本人は「レクサス」の本当の価値を認識できない。ドイツの「ベンツ」はあくまで道具としての側面を突き詰めたものである。それが高級であるとドイツの文化は主張している。国民文化と一体化している。では、日本は何を主張するのか。高級性の領域で何を国民文化と一体化して世界に向かって主張するのか。その領域での技術の独自の使い方が重要であり、そしてこれこそが文化へと至る道筋を示してくれている。高価ということも高級の価値の一つにすぎない。

先端技術としてのテクノロジーという側面は、文明のシンボルとなりうる。しかし、これだけでは文化とはなりえない。文化になるためには、人々の生活に裏打ちされた独自のテクノロジーの使用に対するソフトが関わってくる。

文明は、近代西欧の観点からすると、野蛮との対比で語られる。進んだ、遅れたという一元的な発想である。しかし、レヴィ＝ストロース以降の文化人類学の発展によって、文化の評価は相対的なものであることが明るみになってきた。ミクロネシアの現地の人々の世界も高度に文化的である。そこにはレヴィ＝ストロースのいう「野生の思考」が存在している。歴史、風土、生活思想から培われた生活の総体としてテクノロジーの使い方も規定する。

5 文化シンボルとしてのヒット商品広告の系譜学的分析

具体的な文化分析の方法として、ドイツの哲学者ニーチェの、キリスト教に影響された西欧道徳の起源に対する系譜学的な分析がある[36]。なぜギリシャの貴族的価値がキリスト教の奴隷的価値に転倒されたのか、そして弱者の哲学がいかにして勝利をおさめたのかを分析している。ホルトは『ブランドが神話になる日』において、ニーチェの方法をブランドの文化における価値転換分析に応用している[37]。

広告には、人々の生活に対する夢や無意識の欲望が投影されている。そして、その夢や欲望が実現されると同時にそれがどれほど熱望されたものか、どんな原点から始まったものかは、忘られてしまう。どんな欲望も無から作り出されることはない。欲望は、文化の中で、促進されたり、逆に抑制・規制されたりしている。新たな商品やサービスは、意識、無意識を問わず、欲望を充足するために作られる。そして、成功すると日々の生活の風景において当たり前のこととなり、夢や欲望の起源や原点を人々は忘却してしまう。私が、これから分析しようとしている広告は、かつての夢や欲望の〈形〉、原型である。どれほど、複雑にみえても原点は、シンプルである。

また、広告は、即物的なものへの夢や欲望だけでなく、生きていくうえでの理想モデルを提供する役割を果たしていた。こんな生活がいいな、こんなものがあればいいな、こんな家庭がいいな、こんな恋人がいたらいいな、などなど、生活の理想的パッケージやパーツを示した。

この点は、日本人の文化、価値観に根本的に関わってくる。文化とは、当然これが常識という思い込みで成立しているものである。キリスト教の影響が強い西欧では、日曜日は安息日であり、商店も休みだった。しかし、グローバリズムの影響で、その習慣も変化しつつあるようである。かつては、不便も常識、当たり前だったので問題なかったことが、もはや便利でないことに耐えられなくなってしまう。人々が求め、憧れる生活の理想像は、このような文化の表現・型と価値コードを変化させてしまうこともある。

そのため、広告は、新たな商品、サービスを提供するとき、人々の生活の基盤となっている日本文化の深層に関わる象徴メッセージを発信する。あるものは、伝統文化の価値観を衰弱させ、あるものは現代的に復活させる。文化の文法に沿って改変するなり、維持するなり、どちらにしろ効果的に働きかけなければならない。

日本人が、水をペットボトルで買うことは、ほんの三〇年前には考えられなかった。日本では、水道水が飲める。水の豊かな国として、和歌、短歌にも多く取り上げられてきた。このような国で水が時として清涼飲料や、果汁飲料よりも高い価格で売ることができるようになるには、大きな価値コード転換がなければならない。

水を買って飲む行為が日常化するためには、これまでの価値コード転換を促す意味が必要である。その象徴的な商品が、「カルピスウォーター」である。カルピスは家庭で水と氷を加えて飲む飲み物で、お中元、お歳暮用の商品であった。そのカルピスが缶やペットボトルですぐ飲める「カルピスウォーター」として発売されて決定的に変化した。

広告は、モノを売り、モノをブランド化するためのイメージ創造とともに現代生活における「生きる意味のモデル」を提供するという役割からも「現代の神話」の一部を担っているのだといえよう。そこで、生活価値観の転換点にたち、戦後の〈ウェイ・オブ・ライフ〉に大きな影響を与えた商品の広告、キャッチフレーズをいくつかとりあげ、私達が何を得て、何を失い、忘却したのかをたどりたい。そして当り前のように存在している商品やサービスの起源と転換を明らかにしていきたい。(38)

カレーというモダン

米ソの宇宙開発競争が激化し、アポロ11号が月に有人着陸する前年の一九六八年、宇宙科学の最先端テクノロジーから世界初のレトルトカレーが誕生した。誰もが知る大塚食品の「ボンカレー」は二〇〇八年に発売四〇周年を迎えた。本来は宇宙食だったが、日本独自のカレー文化の中で花開き、夢の完全インスタント食品として人気を博している。

ただ、定着まで多くの苦労もあった。当時は現在のように流通システムが発達していなかった。商品の性格上、すぐに売れる物でもない。発売当初、内袋は透明フィルムで半年程度しか保存できず、店頭に並ぶころに「賞味期限切れ」というケースも珍しくなかった。

そこで、「大塚食品」はアルミの二重パックにする方法を考案し、二年間の保存を可能にした。その後、新しい技術をNASA（米国航空宇宙局）に「逆輸出」したという。日本の一企業が、アメリカの軍事技術を民生用に見事に転換した。

実は、レトルト食品が「文化」となっていくうえで、広告が果たした役割は実に大きい。女優松山容子を起用したパッケージは「ボンカレー」が単なるインスタント食品ではなく、温かい母の手料理をそのままパックに入れたというイメージを打ち出していた。

日本全国で、松山容子を描いたホーロー看板が九万五〇〇〇枚も張られたという[39]。私が子どもだったころ、郷里である長野県でも、かなりの頻度で見かけることができた。和服の女性が笑顔で白いご飯にレトルトカレーをかけている。幾度も見ていると、お母さんの味のように思えてくる。

テレビCMでは、人気落語家笑福亭仁鶴の「子連れ狼」のパロディー版が大ヒットした。「大五郎、三分間待つのだぞ」「じっとがまんの子であった」が流行語にもなり、記憶している人も多いのではないだろうか。子どもたちにとって、一気に憧れの食べ物になった。

新しい商品が開発されるとき、消費者がどう受け入れていくのか、商品自体の魅力もさることながら、時代に乗り、広告が文化シンボルを活用できるかにかかっているといえよう。シンプルに見える広告やCMを通して、「宇宙技術」と「母の手料理」を合体させたイメージを、人々の脳裏に植え付けた。

当時の発売価格は八〇円で、現在の価格になおすと約六〇〇円という高価なものだった。外食のカレーとそれほど変わりなかった。それでも大ヒットしたのは、最先端技術によるモダンで進歩的な食のスタイルと日本人なら誰もが心の中に持っている伝統的な「母」「父と子」のイメージが、広告によってうまく融合したからである。新しい技術・商品を効果的に広告するために、日本文化の基本にある「原型」シンボルをうまく活用したのである。

日本のカレー文化において、レトルトカレーは、一大勢力となった。有名店のメニューや本場インド、タイなどの海外の様々なカレーを手軽に家で味わうことができるようになった。生産量から推定すると年間約六億食も食べられており、日本が作り出した食文化となった。

アメリカの日本化

コンビニには、様々なお弁当、おにぎりなどの米販類が充実している。今でこそ、老いも若きも、男性も女性も当たり前のように深夜、米販類を買っているが、これが当たり前になるのに広告の力があった。特に、画期的な広告は、「セブン-イレブン」のCM「けいこさんのいなりずし」(一九八五年)である。CMキャラクターの若い女性である「けいこさん」が、突然夜中に「いなりずし」が食べたくなり、「セブン-イレブン」に買いに行くというストーリーである。いかにもおしゃれな若い女性が、伝統的な日本の食べ物である「いなりずし」を食べたいというギャップと真夜中にふらっと買い物に行くという設定が非常に新鮮で話題を呼んだ。

このCMの影響で若い女性でもコンビニで夜中に米販類を買うことができるようになった。コンビニは、時間に関係のない即時充足をあらゆる人に与えてくれた。そのかわり、待つことや、我慢することを忘れさせた。

深夜に明かりと人を求めてふらふらとコンビニに行き、ちょっと雑誌を立ち読みしたり、新商品をチェックしたりして、何がしかの商品を購入して、家に帰る。実際、私が広告会社に勤務していたとき、独身の若手クリエーターは、「あの明かりと人の温もりがないと、暮らしていけません。私は、蛾のようなものです。」といっていた。コンビニにかよってみると店員がたまに、なじみのお客さんと軽い会話を交わしていたり、友人がきていたりと、だんだん地域のお店として根づいてきている。

今年、鳴り物入りでオープンした六本木の東京ミッドタウンに入店している「セブン-イレブン」は、店舗のデザインが一般のコンビニとはまったく違う。木枠に囲まれたウッディで茶系の落ち着いた色合いで、シンボルカラーの緑と赤は外側からみえない。一見するとコンビニとはわからないおしゃれなつくりになっている。富裕層が住む流行のスポットではあるが、コンビニが周囲の雰囲気に違和感なく溶け込んでいる。

コンビニの基本は、便利さであり、所得の高低や出店地域の開発度にかかわりなく、なくてはならないものである。この生活への密着ぶりをみると、私達の家の一部ではないのかとさえ思ってしまう。生活の基本的な消費財を供給するだけでなく、何気ない感情的な絆やくつろぎ、関係性まで提供している。

ジャーナリストの緒方知行は、『セブン-イレブン創業の奇蹟』で日本のセブン-イレブンの創業者鈴木敏行が、アメリカのセブン-イレブン本社（サウスランド社）で交渉をしたときの模様を描写している。

「日米には、国情の違いがある。それなのに、アメリカとまったく同じやり方を持ち込もうとしてもうまくいくはずがない。商品でも、マネジメントのやり方でも、アメリカと異なる土壌に押しつけようとしてもうまくいくはずがない。（中略）コンビニエンスストアのシステムづくりと、チェーンストアオペレーションのノウハウは、原理的に世界共通であろう。しかし、原理、つまり公式は同じだとしても、応用問題の解き方は日本とアメリカでは当然異なってくる。[40]」

店舗で取り扱う食べ物もアメリカのハンバーガー、サンドイッチを日本では、肉まん・あんまん、おにぎりと解釈した。この文化を解釈する能力とアメリカ流の合理的な近代システムの合体が、今日のコンビニの成功の基礎となっている。これこそ、カルチュラル・マーケティングの真髄であり、「文化力」とは何かをシンボリックに示している。

アメリカで生まれた業態ではあるが、日本人との相性は抜群によく、うまく日本的なものに変化させた。広告がキャンペーンした「いなりずし」は、その象徴だったといえよう。

哺乳瓶としてのペットボトル

いつの間にか、仕事の会議で準備される飲み物といえばペットボトルの緑茶が当たり前になった。テレビのニュースで流される重要な政府の会議の場に用意されているのは、「伊藤園」の「お〜いお茶」に代表されるペットボトルの緑茶である。ちょっと意識してみれば、日本人がペットボトルから緑茶を飲むのは、不思議な光景である。古くからある日本文化独自の伝統的な飲料を現代的なパッケージで何の不思議もなく違和感もなく飲んでいる。

ペットボトルは、一九九六年四月まで飲料業界の自主規制によって五〇〇ml以下の小型商品を発売することができなかった。この自主規制が解除されることによって多種多様な商品が発売され、自動販売機で販売される飲料も缶からペットボトルに切り替わっていった。規制解除から数えておよそ一〇年ちょっとしかたっていない。猛烈なスピードで普及したことがわかる。

缶入りの緑茶を世界で初めて発売したのは「伊藤園」で、「お～いお茶」をブランドネームにしたのが一九八九年である。したがって、缶の緑茶を買って飲む習慣が始まってから、まだ二〇年程度の歴史しかない。続いて大ヒットしたのが、二〇〇〇年に発売された「キリン」の「生茶」で、松嶋菜々子のCMも人気をよんだ。「お～いお茶」と比較するとお茶が「生」になり、より味わいや性格が具体的になった。

この「生」を尊ぶというのは、日本の食文化のシンボルである。刺身に代表される「生」には、鮮度がよく、その食材の本来のうまみを引き出すという連想が働く。

そして、「サントリー」の「伊右衛門」では、一七九〇年創業の京都の老舗・福寿園の当主名がブランドネームになった。より、日本のお茶文化の深さを象徴するシンボルが採用された。

CMでは、本木雅弘演ずるところの「伊右衛門」を支える母性的なしっかりものの妻の役を宮沢りえが演じた。CMを開発するにあたって、実施した調査から開発担当者がペットボトルの緑茶に対する生活者の深層価値が「大人の哺乳瓶」であることを発見した。緑茶の入ったペットボトルは、「哺乳瓶」のように成果主義やリストラでギスギスしているオフィスのビジネスマンにくつろぎと癒しを与えた。(41) 宮沢りえは、「伊右衛門」の深層価値を表現するための象徴的な母の役割を担っていた。

CMだけでなく、「伊右衛門」は、伝統的な高品質のおいしいお茶であることから竹筒型の容器をわざわざ開発した。旅や行楽に竹筒にお茶を詰めて携帯するというのは、日本の伝統文化である。プラスチックのペットボトルといえども竹筒型にすることで、日本文化のDNAを継承した。若者にとっても緑茶という古い日本の文化が、親しみやすく新鮮な存在になった。逆にいえば新しいものと古いものが融合し、新たな価値を持つことができるようになったのである。

伊藤園が缶入り緑茶を発売する頃、若者が急須で入れた緑茶を飲まないという問題がでていた。緑茶消費量の低迷の大きな原因だった。それが、缶やペットボトルに入れ、お茶を入れる手間を省いて販売したら大人気となった。

私の議論は、あくまで日本文化のDNA、文化シンボルを用いながら、現代的な形態で便利に使いやすく、買いやすく提供すべきであるというところに主眼がある。ペットボトルのお茶は、日本の新しいお茶文化の展開を促した。日常飲料としての緑茶の復活をもたらした。いわば、「古いシンボル」と「新しいシンボル」が合体したものといえよう。ベンヤミンが『パサージュ論』で見出した、古きものと先端的でモダンなものが合体することで、強い力が生み出される典型的事例だといえよう。

グローバル化したビジネスマン

ビールは、かつてはサラリーマンを癒し、リラックスさせてくれる飲料であった。巨人戦の中継をみながら、ちゃぶ台で瓶ビールを飲み一日の疲れを癒す。典型的なサラリーマンの一日の終わりにビールが、ほっとした気分とともに必ずあった。日本の伝統文化の作家や学者、画家といった文人系の癒しであった。

冷蔵庫がなく、きりりと冷えたビールを飲むことが贅沢であった時代を記憶しているビールファンは、ビアホールの代表ブランドだった「キリン」の瓶ビールをこよなく愛した。家庭に冷蔵庫、テレビが普及し、自宅でナイター中継とセットで冷たい瓶ビールを飲めるようになった一九六五年当時のビール一本の値段は、現在に換算すると約一〇〇〇円だった。けっこう高価だったが、この頃は、ささやかな贅沢と豊かさの実感を瓶ビール一本が提供してくれた。

一九七一年の「どういうわけかキリンです」というヒットキャッチフレーズは、日本的な「あいまいな」広告表現で味も製法も原料も何もいっていない。だが、このあいまいな広告のメッセージは、当時のキリンファンの気分を的確にあらわしていた。「キリン」や巨人は圧倒的なナンバー1で、人々は多様なものよりメジャーなもの、安定して確固としたものを求めていた。巨人戦の中継は、当時コンスタントに二〇%を超えていた。

現在、巨人戦の中継は、一〇%を割り、かつて二〇%あった時期と比較すると半分以下になった。ナイター中継と瓶ビールというセットは、グローバルスタンダード、構造改革、成果主義の導入によって圧倒的なメジャーな存在から今やマイナーな存在になりつつある。プロ野球の一流選手は、アメリカのメジャーリーグに行き活躍している。野茂をパイオニアとしてイチロー、松井、松坂らは、成功したグローバルビジネスマンのような存在である。

一九九〇年代にビールの市場シェアがナンバー1となった「アサヒスーパードライ」のCMは、その発売時から落合信彦をはじめとして国際的に活躍する人々をキャラクターとして採用し続けた。味は「ドライ」で「辛口、生。」と具体的になった。[42] ビールは、あたかもアルコール入りのスタミナドリンクのように意欲、元気、行動を促す飲み物であるとイメージを転換した。パッケージも柔らかい茶色の瓶ではなく、鋭いシルバーのアルミ缶になった。

ビールは、グローバル競争下で日本のサラリーマンが、バリバリ意欲に燃えたビジネスマンに変身し、激務をやり遂げ、成果で年俸を獲得することをサポートしている。「サラリーマンは気楽な稼業ときたもんだ」といった植木等は亡くなり、昭和は遠くになった。

ビールのブランドといえば、大手四社の主力ブランドしかなかった時代はすぎ、ブランド数は、発泡酒等も含めれば九一ブランドがあるという。そのうち、新商品や既存商品のリニューアルが五五品目あるという。[43] 激烈な競争と多様性が求められることにより、欧州の本場のビールと異なった日本独特のビール文化が花開き、アジア各国にも輸出されるようになった。

ビールは、サラリーマンの古きよき時代の癒しのシンボルからグローバル化の時代に沿って多様性と活力のシンボルになってきている。広告は、固定した安定的な価値観を壊し、多様性を促進し、サラリーマンからビジネスマンへの転換を後押ししてきた。文人系の癒しから武人系の挑戦に大きく文化価値を変換した。

日本の美

一九五五年は「戦後経済最良の年」と呼ばれ、好調な経済の中、政治も自民党と社会党の「五五年体制」がスタートした。その年、「花王」が粉末の「フェザーシャンプー」を発売して、日本でも洗髪に石鹸ではなく、ようやくシャンプー使用が本格化した。憧れの欧米生活の実現を目指したささやかな一歩が刻まれた。翌年の経済白書は「もはや戦後ではない」と書いた。しかし、今からは考えられないが、一九六〇年代でも、日本人は、平均五日に一回しか洗髪しなかった。

その後、一九七〇年に「花王」の「メリット」が、殺菌剤・ジンクピリチオンを配合してフケ、かゆみをとる機能性シャンプーの先がけとして発売され、トップシェアを占めた。この当時でも洗髪は週二回程度であった。(44)「メリット」のCMは、髪の汚れを落として清潔に保つことを超えて、髪や頭皮への意識を高めた。

一九八〇〜九〇年代は、「ユニリーバ」の「ラックス　スーパーリッチ」に代表されるハリウッドセレブをCMキャラクターに起用した海外ブランドが大成功をおさめ、「メリット」を抜いてトップとなった。

二一世紀に入りトップを奪われた「花王」は、「アジエンス」で黒髪のアジアン・ビューティを登場させ、巻き返しに成功。その後をうけた「資生堂」の「TSUBAKI」は、SMAPの「Dear WOMAN」をCMソングに、「日本の女性は、美しい」というキャッチフレーズで、発売時のCMキャラクターに仲間由紀恵、竹内結子、広末涼子、田中麗奈、上原多香子、観月ありさといった豪華なメンバーをそろえた。五〇億円以上の宣伝費をかけたともいわれ、シャンプー市場で一躍、四位から一位に躍り出た。(45)これでもかという物量作戦で、同じく「資生堂」の「マキアージュ」と並んでメガブランド戦略に成功したといわれている。

シャンプーのCMキャラクターの変化は、女性の美意識に大きな影響を与えた。茶髪流行りだったのに、だいぶ若い女性の髪の色が変化した。数年前までは金髪の女性もけっこう目立っていたが、今ではごく一部にとどまっている。

金髪に染めることとは、本人の意図とは別に、金髪・ブロンドの外人コンプレックスを連想させる。金髪、白い肌、青い眼への憧れが、シャンプーの世界から消えた。「P&G」「ユニリーバ」等の海外のブランドでさえ、外人モデルやハリウッドのセレブだけでなく、日本人のモデルや一般生活者を登場させている。「もはや戦後ではない」というフレーズから半世紀がたって、やっと美意識の世界で、戦後が終わった。

川島蓉子は、『資生堂ブランド』の中で次のようにいう。

「欧米のファッションデザイナーが日本のストリートファッションにインスピレーションを得てパリコレで発表する、冨永愛や杏などパリコレで活躍する日本人モデルが登場する――これらは美しさの基準が必ずしも欧米だけでないことを指し示す好例と言える。(46)」

「美しい日本」は、政治の世界では一敗地にまみれたようだが、シャンプーの世界では、実現しているようである。背景としてジャパニメーションへの世界的評価、ハリウッド映画への渡辺謙などの日本人俳優の進出があり、『ALWAYS三丁目の夕日』が大ヒットし、昭和ブームが起こったように、日本を見直すようになってきたことがあげられる。そして、人々の価値観は、十人十色、一人十色と言われるが、「資生堂」メガブランド戦略の成功が明らかにしているように、自分を支えてくれる確固とした大きな価値を欲している。伝統回帰や保守化が、大きな流れとして無視できないことを示しているのだといえよう。

機械の人間化

海外旅行に行って困ることの一つは、手軽に飲み物が買えないことである。ヨーロッパでは、カフェにでも入らなければ、飲み物一杯もなかなか飲めない。日本ほど飲み物の自動販売機が普及して、日常生活に密着している国は世界でも珍しいとよくいわれている。

鷲巣力の『自動販売機の文化史』によると二〇〇一年時点で日本は、人口一万人当たりの台数が四三七台に対してアメリカは二六六台と世界一である。しかも「熱い飲み物、冷たい飲み物は望むままに出てくる。硬貨だろうと、紙幣だろうと使える。しかも釣り銭はまず間違いなく出てくる。今日では壊れた自動販売機はきわめて少なく、路上に昼夜置かれていてもなくなることはめったにない。こんな自動販売機の風景は世界広しといえども、日本だけといっても過言ではない。[47]」

日本で初めて飲料の自動販売機を導入したのは「コカ・コーラ」で一九六二年。意外に新しい。この年、戦後の名作CMである「スカッとさわやか　コカ・コーラ」が大ヒットした。CMソングは、長く口ずさまれ、「コカ・コーラ」販売アップに貢献した最も成功したキャッチフレーズの一つとなる。

現在、「コカ・コーラ」の自動販売機の台数は、二位以下を大幅に引き離した一位で、一日約二〇〇〇万人が利用しているといわれている。[48]飲料の自動販売機は、東京の都心部では、三〇人に一台の割合で設置されている。全国でおよそ年間二兆円以上の売り上げがあり、飲料全体の売上高の半分以上を占めている。

私が子供だった四〇年前は、ジュースや炭酸飲料は、特別なハレの日にしか、買ってもらえなかった。家庭で飲むジュースは、粉末ジュース（渡辺製菓から一九五八年に一袋五円で発売された）が主流だった。普段は、学校で遊んで喉が渇いたら、校庭にあった水道の水を飲んだし、家でも同様だった。水と安全は、タダといわれていたが、今では警備会社を一般の家庭が利用し、水もミネラルウォーターをあたりまえのように買う時代になった。

日本は、水の豊富な国といわれているが、実際の雨量でみると実はそうではない。一人当たりの年間降水量は、世界平均の四分の一に過ぎないにもかかわらず、水をいつでもどこでも飲んだりするというこだわりが、日本人のＤＮＡにまで浸透しているのだろう。水をテーマにした和歌や俳句などの文学作品も多く、江戸時代の長屋の井戸端会議など水と日本の文化は、深い関係がある。それゆえ、手軽にいつでもどこでも飲み物を買えるというのが当たり前である。

日本における自動販売機の急速な普及には、日本人の水に対するこだわりと同時に機械への親しみがあげられる。機械が「いらっしゃいませ」「ありがとうございました」と会話しながら販売するのは、「ソニー」の「アイボ」や「ホンダ」の「アシモ」、工業用ロボットを生み出した国だからこそである。ちなみに京都では、音声が京都弁の自動販売機もある。

そして、自動販売機自体が、強力な広告メディアとなっている。街角にある赤や青のカラフルな機械に、様々な意匠をこらしたパッケージが陳列されている。暑いとき、寒いとき、目の前にのどの渇きを癒してくれる魅力的な商品がある。自動販売機は、ショーケースを兼ねている。

「コカ・コーラ」の二〇〇七年のCM「Happiness Factory」編は、自動販売機の中のボトルに「コカ・コーラ」とたくさんの幸せを詰め込み、自動販売機から送り出す楽しい工場（Happiness Factory）が存在しているという幻想的で夢のある物語であり、まさに、「コカ・コーラ」の自動販売機が主人公のCMである。

ハリウッド映画『ブラック・レイン』や『ロスト・イン・トランスレーション』で描かれたような日本のユニークな都市景観の一部として自動販売機は、自然な形で存在している。景観への影響に対する賛否はあろうが、日本の治安のよさゆえに発展した日本独自の消費文化といえよう。

小さくしてよくする

日本オリジナルで圧倒的に世界に影響を与えたものといえば「ソニー」の「ウォークマン」である。「ソニー」の「ウォークマン」は、世界中の音楽好きのライフスタイルを決定的に変えた。携帯型のステレオプレーヤーでいつでもどこでも音楽を聞くことは、音楽好きにとって夢の実現だった。

製品の素晴らしさは当然だが、広告のインパクトも大きかった。日本での一九七九年のデビュー時の広告では、スキンヘッドで落語家のような浴衣姿の老人とローラースケートをはいた赤いレオタード姿の若い女性の外国人モデルが、屋外で「ウォークマン」を聞いて踊っていた。ありえない組み合わせとその対照性が斬新で、一度みたら忘れられず、過激で新しい印象的な表現だった。これまでにない、革新的な機械にふさわしい表現だった。広告の革新性も後押ししてあっという間に「ウォークマン」を聞くことは、「ファッションスタイル」「ライフスタイル」となった。

通常、製品は競争環境のもとでより機能が高度になったり、複雑になったりするものだが、「ウォークマン」は、逆に、機能をそぎ落とし、シンプルに音を楽しむ本質を実現した。小さくしてよくするという技術における日本のお家芸の象徴なのである。(49)

その後の「ウォークマン」の広告の中でも、一九八七年にオンエアされたサルが湖のほとりで「ウォークマン」を聴いているCMは名作だった。「音が進化した。人はどうですか?」「どこまでいったら、未来だろう」というキャッチフレーズでハリウッドのSF名作映画『2001年宇宙の旅』や『猿の惑星』を連想させた。人間の技術の進化と未来性をサルによって見事に哲学的、詩的に表現した。

日本が「ウォークマン」によって世界に向けて音楽を楽しむ新しいライフスタイルを提案し、現在の若者音楽文化を創ったともいえる。しかし、近年は、この座を「アップル」にとってかわられている。

「アップル」は、二〇〇七年、「アップルコンピュータ」から「アップル」に社名変更した。現在、売上高、利益とも携帯音楽プレーヤーの「iPod」と音楽ソフトをダウンロードで販売している音楽配信サービスの「iTunes store」が大きなウェイトを占めている。社名を変更したように、もはやパソコンを販売するだけの会社ではない。「ソニー」の「ウォークマン」が切り開いたエンターテインメント・ライフスタイルをデジタル技術で進化させた。

「アップル」が、日本で行った「iPod」のキャンペーンは、渋谷の駅の壁に「iPod」をカードにして展示し、大きさやかっこよさを実感させた。CMは、シルエットだけの人物が、音楽にあわせて踊るスタイリッシュなもので、すぐれたデザインとあいまって、最もクールなブランドの一つになった。出井社長時代の「ソニー」は、「デジタル・ドリーム・キッズ」というスローガンをかかげていたが、皮肉なことに「iPod」がこのスローガンを実現したともいえよう。

「ソニー」は、先ごろ世界初の有機ELテレビを発表した。ディスプレイの厚さはわずか三ミリである。将来は、紙や柔らかいプラスチックのような曲げることのできるディスプレイが可能になるという。「ウォークマン」の逆襲とともに有機ELのような最先端技術を表現する新しい広告の発信も期待される。

このような、小さくする技術といえば携帯電話である。ちなみに、ケータイの元祖「ショルダーホン」が一九八五年に初めて発売されたとき、重さは三キロ、価格は二八万円ととても個人で購入できる代物ではなかった。でかくて、重くて、高かった。その後、日本のお家芸で携帯の「小型化」「軽量化」は、劇的に進んだ。さらに、価格は下がり、普及していった。(50)

ケータイの使用が本格化する前は、一九九三年のドラマ「ポケベルが鳴らなくて」がきっかけで、若者にポケベルの普及が加速した。翌年、「NTTドコモ」がドラマ「課長・島耕作」に主演した宅麻伸を起用し、中間管理職のビジネスツールとしてケータイを売り込んだ。ちょうど、「アサヒスーパードライ」が、宅麻伸を起用していたのと同時期であった。「アサヒスーパードライ」によってサラリーマンからビジネスマンの飲料へビールのイメージを転換した。キーシンボルとして宅麻伸は使われ、ケータイでも同じシンボル利用がされたのである。

画期的だったのは、このCMと同時にレンタルから買いきりに販売の仕組みを変えたことである。このため、CMとあいまって飛躍的にケータイの普及が進んだ。さらに、一九九六年には、織田裕二がCMキャラクターになり若手ビジネスマンの必携アイテムとして普及した。できるビジネスマンは、ケータイをうまく、かっこよく使いこなすというイメージを広告が創造し、普及の後押しをした。世の中、みんながみんな、できるヤツというわけではないが。

「トヨタ」の「プログレ」という小型高級車のCMで、本木雅弘が夏目漱石に扮したバージョンがあった。「小さくしてよくする」というコピーで、ケータイや俳句などがCMの中で取り上げられていた。日本は幕の内弁当のように小さなところに様々なものを詰め込み、きれいに仕上げるのがうまい。「プログレ」も日本の伝統文化に沿って創られたよいクルマだというのが広告の主張であった。日本の文化ソフト力の根源を自覚的に打ち出したCMとして画期的だった。在庫も、故障率も小さく小さくする。「トヨタ」は日本文化の哲学を守り、近々GMを抜いて世界一のクルマメーカーになることが確実視されている。

また、「トヨタ」の高級ブランド「レクサス」は、アメリカで大成功をおさめているだけでなく、知人によると高級車の本場ドイツで人気を博しているという。日本の緻密さ、丁寧さ、優美さは、世界で間違いなく優れたものとして評価されている。(51) しかし、日本人は自分たちの独自性、強さをなかなか認識できない。認識すると極端に夜郎自大的な傲慢なものになってしまう。歴史を振り返るとバランスよく長所と短所を自己認識できないのが日本の欠点である。

小泉前首相の構造改革で変えることが良いことだという流れができあがったが、何を変えてはいけないのか、何を変えるべきなのかという両サイドの視点での深い探求がなかった。「トヨタ」は、常に慎重で保守的ともいえる姿勢で企業経営、「モノ造り」を行なってきた。守るべきところと変えるべきところをよく認識している。京都の老舗の暖簾を守っているお店は、ブランドの基本を守りつつ、現代の流れを取り入れている。

国の仕組みや実現すべき生活も、日本という文化の根源、ブランドの哲学、精神を変えずに、もっと考えるべきであろう。戦後の日本人は、戦争に負け、何もかも失った焼け跡の中から、一歩一歩、今日の社会を作り上げてきた。構造改革の流れの中で、以前はサラリーマンになって郊外の一戸建てを買い、長時間の通勤に耐え、休日にはマイカーでお出かけ、そんな先の見える小市民的な生活なんてと揶揄されたが、今やそれすら手が届かない。日本は、先がみえない格差社会になってきたようである。結局、派遣社員や臨時社員ばかり増やし、コストカットを優先しすぎると、若者や新たに家庭を持つ層が、これからクルマや住宅を買えなくなる。企業は、国内市場の縮小を加速するという意味で、自分で自分の首を絞めることになる。世界で最も競争の激しい厳しい市場を弱体化させることは、企業の商品開発力や品質の高さを弱めることになりかねない。

クルマだけでなく様々なものを小さくしてよくするのに、政府機構や財政、年金、健康保険、地方自治体などお上にまつわる問題はうまくいかない。地方自治体では、むしろ合併して大きくしている。日本人の小さくしてよくするきめ細かさを発揮できないのは、なぜなのだろうか。日本の商品は、すべて便利で快適な生活を実現してくれる。にもかかわらず、私達は、どうして追い立てられるように多忙になっているのか。家事の主要な部分は電化され、炊事に関しては、やらないという選択肢もあるにもかかわらず。

ここで取り上げた商品、サービスは、本家の欧米を超えた徹底性によって日本独自のものに変化している。日本文化に独特な、何事にも求道精神で徹底する「道」の思想が反映している。日本のクルマ作りにあらわれる、塗装や部品の細部にまでこだわる完璧主義のように、本来アメリカで生まれたコンビニが、よりコンビニらしく二四時間営業でおにぎりや惣菜まで購入できるようになった。

「モノ造り」の文化は、日本の文化の強みが反映したものである。「モノ」への態度、作る行為が「道」になるといった点が、日本の独自の「モノ造り」のソフトインフラとなっている。過剰品質といわれようと、やらずにはいられない。アメリカで「アコード」や「レクサス」が成功した要因である。この点については、後に詳述したい。

日本がバブル崩壊以降、苦しんだのはＩＴ、金融システムの競争力の弱さであって、日本の独自の「モノ造り」が、国際競争において敗北したのではないと私は考える。

また、私達は、近代に確立された理性、テクノロジー中心の産業社会で生きているはずである。しかし、もともとリンゲルに由来するスポーツ飲料が、青春の恋に結びついていたり、クルマが恋愛のシンボルであったり、どう考えても、商品の持つ本来的機能ではない意味づけがなされている。広告を通じて商品には、感情や精神が付加され、意味が拡大されるように広告の「神話性」があらわれている。このような「神話性」が、今の広告では、重視されているとは思えないのである。すぐに効果がでるものを広告に期待している。逆におもしろければいい、目立てばいいというものが氾濫している。カルチュラル・マーケティングによって思い起こされた過去、忘却されていた過去から、新たな日本の生活文化が生まれると私は、期待したい。

6　戦略シナリオから物語シナリオへ

これまでの経営、マーケティングでは、戦いにおける達成の視点から戦略シナリオが作成されてきた。勝利における合理的な戦い方の視点であった。どのように資源、戦力を投入するか、非常に合理的な計算に基づくものであった。

しかし、カルチュラル・マーケティングにおいては、戦略シナリオは物語シナリオとなる。感動と精神的なメッセージをどのように伝えるか、映画の脚本と同じ構造が求められる。企業においては、物語の良し悪しが、社員のやる気や適切な行動を導く要因となるだろう。以下にあげるのは、仕事へのモチベーションや誇りがいかに形成されるかについての小さな物語である。[52]

ある旅人が、小さな村で出会ったレンガ職人に何をしているのか尋ねた。

一人目は聞かれて不機嫌に「みればわかるだろう、レンガを積んでいるんだ。」と答えた。

二人目は淡々と「壁を作っているんだ。」と答えた。

三人目は、誇りを持って答えた。「教会を作っているんだ。」と。

このエピソードが語っているのは、同じ仕事をやっていても目的や意味を理解しているのとそうでないのとでは、やる気や誇りがまったく異なるということである。

企業には、自社の事業活動に関してなぜ行なうのか、どんな企業内英雄がいたのか、苦闘とその成功についてオーラルヒストリー〈口伝〉を語る、語り部が必要なのである。そして、社史は、官僚的に正史として作るべきものではない。感動を呼ぶ深いメッセージを発信する物語として作成すべきものなのである。

そのために、カルチュラル・ブリーフシートを作成し、物語に関して主役／敵役／サポーター、内なる敵／外なる敵、ストーリータイプ等の枠組みを明示してシナリオを組み立てていかなければならない(53)。

このブリーフシートは、ブランディングにおいても大変重要な役割を果たす。物語は、ブランド価値にそって展開されなければならない。また、そのブランド価値にふさわしいタイプでなければならない。

この物語シナリオのマネジメントには、ハリウッドのストーリー・アナリシスの方法が役立つ。ブランドの時代とは、ライフストーリーとブランドストーリーのクロスでブランド価値が生きる時代ともいうことができる。近代における人間は、自由な存在として何者かにならなければならない。そこで、モデルとなる人間、モデルとなるライフスタイルが必要になる。死や生の無意味を忘れさせる楽しみや人生に意味を与える理念を、架空の物語から吸収する。近代人の生きる意味を供給するシステム、宗教的機能を持つ物語が必要なのである。ここでの神話とは、人の住むこの世界の起源と人がそこに生きる意味を万華鏡のように様々なバリエーションによって語るものである。

映画・ドラマの心理的機能においては、人々はそれぞれが、世界を舞台として主役の物語を演じている。しかし、現実の世界では主役にはなかなかなれない。映画・ドラマは覚めながらみる夢であり、現実で満たせないものを仮想世界で満たす。主人公への同一化による認知的幻想／ドリーミングとカタルシスによるストレスからの開放がある。

また、物語とは、不安解消のメカニズムであり、社会の矛盾・対立を解消するものである。二項対立による価値生成は、二項対立＝ライバル物語という形をとってあらわれ、物語の原理としての二項対立＝物語は価値の二項対立から生まれる。善／悪、生／死、光／闇、知識／無知、幸福／不幸、安心／不安、暖かい／冷たい、内／外、右／左、上／下、強い／弱い、善：悪≒内：外、生：死≒暖かい：冷たいなどのように、これらの対立が価値と連結されることで価値判断がコード化されていく。物語の必要条件として、対立と葛藤が絶対必要である。

物語はこの対立と葛藤の克服をめぐるものであり、対立と葛藤の克服のプロセスともいえる。そして、ブランドを求める心理的基盤を作る。

この葛藤には、内的葛藤と外的葛藤がある。内的葛藤とは、主人公の愛をとるべきか、出世をとるべきかという心の中での葛藤である。外的葛藤とは、爆弾爆発まで五分とか、愛する人の命が不治の病に冒されあと一カ月であるという物理的なものである。

レイモアの理論によれば広告は、隠された神話である。[54] 社会の対立・葛藤を解消するものとしての広告であり、二項対立による価値生成物語を提供するのは広告の本源的機能であるとしている。[55]

「コカ・コーラ」のライバルの「ペプシ・コーラ」が、マイケル・ジャクソンを起用し、New Generation をキャッチフレーズに広告したとき、「若さ」「自由」という精神的価値をどちらが奪取するのかで熾烈な戦いとなった。守る側の「コカ・コーラ」は、これまでの「コカ・コーラ」の価値のフレームを維持しようとする。攻める側である「ペプシ・コーラ」は、いかに自ブランドに有利なリフレーミング（E・ゴッフマンが唱えた概念）をおこすかに腐心する(56)。「コカ・コーラ」と「ペプシ・コーラ」のコーラ戦争において、両者は「若さ」をめぐって熾烈な戦いを文化の象徴の次元で行なった。そのとき「ペプシ・コーラ」は「コカ・コーラ」より歴史が浅く、二番手であることを逆手にとった。自分達こそ New Generation であることを。「コカ・コーラ」は、伝統がありナンバー1であることを、「若さ」の観点から古くて挑戦精神のない保守的な意味にリフレーミングされてしまった。

他の例としては、アメリカ文化のエッセンスを自分たちと関係づけするため、善悪の二項対立を強調した物語広告として「アップル」の例がある。すべての表現要素、メディアをアメリカの精神に関連づけるよう計算している事例である。

「アップルマッキントッシュ」の有名な「1984」と題されたCMは、ジョージ・オーウェルの小説『1984』を下敷きにしている。「IBM」をイメージさせる大型コンピュータに統制された未来社会を、「マッキントッシュ」のTシャツを着た女性が救うというストーリーである。まさにアメリカ文化のエッセンスを自分たちと関連づけするため、善悪の二項対立を強調した物語広告である。このCMは、スーパーボウルというアメリカを体現するスポーツイベントでたった一回しかオンエアされず、あらゆるメディアに取り上げられ大成功をおさめた。

現代の宗教的イコンである「ナイキ」の広告は、まさに「神」と呼ばれるマイケル・ジョーダンという存在を中心シンボルとしてコミュニケーション活動を行ない、成功をおさめた。神話構築のためのツールとして、「ナイキ」は本社をワールドキャンパスと呼び、選手の名前のついた施設、選手の名前のついた食事メニューを提供している。人間の文化的な営みの原型を経済活動にうまく取り入れている。会社の経済活動を機能的に行なう場としてとらえているのではない。「ナイキ」の人格・精神の再帰的（リフレクティブな）表象として継続的な「ナイキ」の企業価値を確認する場としてとらえられているのである。挑戦する精神を持つなら、それは表現されていなければならない。

優れた物語といえば、単純に感情に訴え、おもしろおかしいだけではない。多くの人の心をとらえ、感動を提供できるエンターテインメント・ソフトには、精神がある。映画『踊る大捜査線2』は、日本映画の実写映画興行ランキングでトップとなっているが、専門の映画批評家の評価は低い。しかし、刑事ドラマとして異例のヒットとなった根源には、警視庁という官僚エリート集団と所轄と呼ばれる現場とのギャップの中で、登場人物たちが精一杯誠実に職務を貫こうとするスピリッツへの共感があると考えられる。「事件は現場で起きている」というせりふには、現場で汗水たらし、日々仕事に追われて、身を削っている私達の姿が投影されている。毎日の仕事を地道にまじめにやる人間は報われることが少なく、権力や地位やお金がなくとも、いかに素晴しい人間なのかをメッセージしているのである。中高年であろうと若者であろうと普遍的に訴えかける。このストーリーは、一種の大衆の倫理の原型（アーキタイプ）である。

人は、愛や自由、自尊心、家族愛、正義などをエンターテインメントによる文化表現の形であらわすしかない。世代の壁を乗り越えて評価されるのは、根底に人間の精神、スピリッツを表現したためである。すぐれたエンターテインメントは、メッセージ性を娯楽の形にしている文化表現であり、文化表現の集合体がある文化を形成している。

7　ターゲットからパートナーへ

文化発想のマーケティングにおいては、戦争用語であるターゲットという言葉を使うべきではない。顧客は、ねらうべきシューティングの対象などではない。ともにブランドを育てていくべきパートナーである。価値を共有するパートナーとしてブランドを支え、ブランドをチェックする存在である。

その典型的事例として「キットカット」の受験生向け草の根キャンペーンがあげられる。「キットカット」は、もともとイギリスのチョコであったが、スイスの国際的な巨大食品企業である「ネスレ」が買収した。日本では長年、定番チョコとしてポッキーに次いでシェアを占めてきたが、グローバル企業にありがちな、世界で共通のフレームで広告を実施してきた。「Have a break」というキャッチフレーズは、ほっと一息という意味合いでそのままのシーンを広告表現にしてきたが、埋没感はまぬがれなかった。

しかし、近年ブランド再構築が成功し、「キット勝つ」にひっかけて受験のお守りとして人気を呼んでいる。グローバルに使用している「Have a break」というキャッチフレーズを日本の文脈の中で再解釈してメッセージとした。それに際して、パッケージを日本の代表的花であり、受験の成功のシンボルである「桜」を用い、チョコレートを「お守り」とした。日本の受験生にとって「キットカット」は、自分を守り助けてくれるパートナーであり、「キットカット」からみてもターゲットではなく、受験生は友人や同志になった[57]。

これからの文化発想のマーケティングにおいては、ターゲットという用語はその意味合いが不適切である。本来の意味では、戦争における倒すべき敵である。競争相手の企業や商品をターゲットと呼ぶことは納得できても、生活者や潜在顧客をターゲットと呼ぶのは、おかしな話である。「キットカット」の事例のようにユーザー、顧客というパートナーは価値を共有し、ともにブランドとして育てていく存在である。

第5章

日本文化の〈チカラ〉と競争力

1　世界を席巻する日本文化

現在、日本文化がジャパン・クールといわれ、世界を席巻している。とりわけ、サブ・カルチャーといわれる領域において人気を博している。

ポスト・モダンが流行哲学として八〇年代に注目を浴びていたとき、マルクス主義や近代の啓蒙哲学の進歩する歴史という大きな物語は終わったといわれた。しかし、生活者にはそのような物語への欲求はいまだに残っている。ただし、ファンタジーとして。

二〇〇八年において『ハリー・ポッター』シリーズは、小説が完結し、映画が第五作まで作られ、大ヒット継続中である。『ロード・オブ・ザ・リング』『ナルニア国物語』などファンタジー小説を原作とした映画は、世界中でメガヒットしている。

この原点が、『スター・ウォーズ』シリーズである。宇宙に展開される善と悪の戦い、姫を助ける英雄の物語を人々は待ち望んでいた。特筆すべきは、このような物語が最新のデジタルSFXを駆使して作られていることである。『スター・ウォーズ』の新シリーズ第一作・エピソード1（旧シリーズは、エピソード4からスタート）は、ハリウッドの娯楽大作を決定づけた『ジュラシック・パーク』以降の流れを総結集した作品である。今や、最先端のデジタル技術は、エモーションをクリエイトするためのテクノロジーとして活用されるようになってきた。世界中でメガヒットを記録するブロックバスター大作には、古きものと最先端のモダンが合体している。『スター・ウォーズ』への黒沢明映画の影響は、非常に有名であり、新シリーズは特にはっきり美術面にもあらわれている。ヒロインのクイーン・アミダラの髪型は日本髪であり、悪役のダース・モールは歌舞伎の隈取りのメイクであった。

同じく世界中で大ヒットした映画『マトリックス』シリーズにも日本のアニメの影響が随所に存在している。第一作のベースとなった『攻殻機動隊』はいうにおよばず、『AKIRA』『ドラゴンボールZ』『風の谷のナウシカ』『機動戦士ガンダム』などからの引用が、みてとれる。

三浦展は『「豊かな社会」のゆくえ』の中で「ウォークマン」を日本人が初めて作り出した「世界商品」ではないかという。「世界商品」とは、三浦が作り出した造語であり、次のように定義されている。「世界商品」とは、「世界中の国が、それをモデルにするようなプロトタイプ的な商品、さらにはその商品とともにある種の価値観までもが伝播するような商品という意味合いである。あるいは、その製品をつくった国の固有の文化性を感じさせると同時に、世界的に通用する普遍性を持つような商品である。」[1]

「ウォークマン」が切り開いた日本の「世界商品」は、アニメやコンピュータゲームにまで広がっている。これまでにも日本の子供向け特撮アクションドラマ『パワーレンジャー』がアメリカで大ヒットし、ハリウッドでも映画が作られた。世界に通用する日本のソフトとして『ゴジラ』、ファミコンの『スーパーマリオブラザーズ』、アニメの『ドラゴンボールZ』『風の谷のナウシカ』などがある。特にアジアでは『ドラえもん』の人気が高い。今や日本のアニメは「ジャパニメーション」として世界を席巻している。

一九九九年にアメリカで「ポケモン」映画『ポケモン・ザ・ファースト・ムービー――ミュウツーの逆襲』が、日本映画としては初の週間興行成績全米第一位になった。その成功には、日本独自のオタク文化が背景にある。

岡田斗司夫は『オタク学入門』でオタクの目を「粋」「匠」「通」の三つに分類する。「粋の目」とは「自分独自の視点で作品中に美を発見し、作者の成長を見守り、楽しむ視点だ。[2]」「匠の目」は「作品を論理的に分析し、構造を見抜く科学者の視点だ。同時に、技を盗もうと見抜く職人の視点でもある。[3]」「通の目」は「作品の中にかいま見える、作者の事情や作品のディテールを見抜く目だ。[4]」

岡田の主張は、実は、オタク達の職人芸ともいうべきこだわりは日本文化に根差した創造物だということである。

アメリカでセルビデオ（販売用ビデオ）初の全米トップとなった日本のアニメ『攻殻機動隊』の押井守監督は、作画スタッフが非常に大変な作業にもかかわらずどんどん背景の看板を漢字にして、背景にこっていったことをインタビューで明らかにしていた。[5]スタッフ達は、ローマ字の方がずっと楽にもかかわらず、自ら進んで大変な作業に取り組んだのである。なぜなら、その方が、現代的・欧米的な背景に漢字が加わることで映画に無国籍的なより深い神秘的なイメージを与えるからである。

日本のアニメ、ゲーム、キャラクターなどのソフトは、国の保護も支援もなくあくまで民間の草の根で育ったソフトがクールといわれ、世界レベルで魅力的である。

ハリウッドは、この日本のソフトの世界的な人気に目をつけ、ジャパニーズホラーをリメイクしてヒットをとばしている。日本で大ヒットしシリーズ化された『リング』のリメイク版は、初登場週間興収全米一位を獲得し、累計の興行収入が一億ドル突破の大ヒットになった。続いた『リング2』も初登場一位となり、監督も日本のオリジナル版の監督であった中田秀夫監督がメガホンをとった。『呪怨』も初登場一位で、オリジナルの日本版監督の清水崇監督がそのまま監督を務め、映画の舞台も日本であった。更に三池崇史監督『着信アリ』、黒沢清監督の『回路』もリメイクされた。

また、映画だけでなく、ゲームソフトからも映画化が行なわれており、『バイオハザード』はシリーズで三作も製作され『サイレントヒル』など、いずれもヒットしている。

スピルバーグがプロデュースし、マイケル・ベイが監督した『トランスフォーマー』は、もとが日本の変身ロボットおもちゃである。この映画は、全世界で七億ドルの興収を稼ぎ、全映画の興行収入における歴代二八位を占めている。

舞台を日本にした映画では、トム・クルーズの『ラストサムライ』、チャン・ツィイーの『SAYURI』、ソフィア・コッポラの『ロスト・イン・トランスレーション』などがある。ソフィア・コッポラは、本作でアカデミー賞の脚本賞を受賞している。

『Shall We ダンス?』のリメイクでは、リチャード・ギアが主演した。クリント・イーストウッドは、自らメガホンをとり、『硫黄島からの手紙』で第二次世界大戦で敵国であった日本の栗林中将の姿を描いた。『バベル』の菊地凛子は、アカデミー助演女優賞にノミネートされた。

キャラクターでは、「ハローキティ」の人気は、世界規模であるし、日本のアニメは、質・量とも世界一である。宮崎アニメは、二〇〇一年の『千と千尋の神隠し』が第五二回ベルリン国際映画祭金熊賞、第七五回アカデミー賞長編アニメーション映画部門賞を受賞した。二〇〇五年には、映画監督として第六二回ベネチア国際映画祭栄誉金獅子賞を受賞した。

今後公開予定の作品では、黒沢明作品の中で『酔いどれ天使』がレオナルド・ディカプリオ、『生きる』はトム・ハンクス主演でリメイクが予定されている。浦沢直樹原作の漫画『MONSTER』、その他にはSFアニメ『超時空要塞マクロス』『新世紀エヴァンゲリオン』『ルパン三世』もハリウッドが映画化権を取得している。『マッハGoGoGo』『ドラゴンボールZ』『ハチ公物語』『幸せの黄色いハンカチ』『いま、会いにゆきます』もハリウッドでのリメイクが予定されている。

二〇〇七年に米国のヤフーで最も多く検索されたキーワードの四位が、『週刊少年ジャンプ』に連載されている人気忍者漫画の『NARUTO』であった[6]。

このように日本のコンテンツ、ソフトの力は、世界の中でも有数である。このパワーは一夜にしてできたものではなく、私達は、このソフトパワーがどのように形成されてきたかを明確に認識しなければならない。

2　日本人が忘れてしまったもの、失ったもの

日本の名映画監督として世界でも著名な小津安二郎監督のカメラマンであった厚田雄春氏の記念写真がある。(7)（写真1）二枚ともほぼ同じ構図である。そして、かなり重複していると思われるメンバーが写っている。しかし、その姿、衣服、髪型、その場の空気までがまったく異なっている。たった数年とは思えないほど違って見える。驚くべきことは、より古い写真の方が、現代の若者に近い洗練されたスーツ姿であることである。ワイシャツ、ネクタイに至るまで着こなしのうまさがでている。それが、戦争によってたった数年で崩壊している。戦争で失ったものの大きさが、本当に目にみえる。

たとえば、本間千枝子の『父のいる食卓』に描かれた戦前の山の手の生活が魅力的なものに見えるのは、そこに「生活すること」のスタイルと精神が確固として存在していたからに他ならない。現在の私達からみると意外なほど豊かな食生活であり、レジャーライフであった。シチューやポテトサラダが食卓にのぼり、夏の別荘、デパートでの買い物などほとんど近代消費文化の原型ができあがっていた。その上で、なおかつ、生活の時間がゆったりとして豊かであったのである。彼女が繰り返し強調しているのは、このような暮らしが特別な上流階層のものではなかった

写真１　（上）昭和十二年、「徴用」キャメラマンの出発祝賀会、（下）昭和十八年松竹大船技師会の送別会
（出典）厚田雄春／蓮實重彦『小津安二郎物語』P.117

ということである。[8]

あるいは、山脇道子の『バウハウスと茶の湯』に収録されている彼女およびその夫、友人達のモダンな建築、デザインそして、バウハウスに留学中に創作したものの数々がいかに優れていたのかに私達は驚嘆してしまう。現代芸術の巨匠であるワシリー・カンディンスキーの指導によって生み出された山脇道子の作品は明らかにバウハウスという近代ドイツの頂点の刻印がありながら、日本文化の固有性をも示していた。[9]

住宅建築の領域においても一九三〇年代に現代住宅のプロトタイプが存在していた。外観の直線的デザイン、バス・トイレ、リビング、キッチンにいたるまで現在の住宅とほぼ同じである。（写真2）そもそもこれらの芸術や建築が、戦前の日本に存在していたという歴史認識の欠如は、私だけの問題ではないはずである。

川本三郎の『荷風と東京』によると「「断腸亭日乗」を読んでも昭和十一年までは、「暗い昭和」という印象は受けない。まだ物資は豊かだし、軍部の市民生活への圧力も感じられない」[10]と述べている。永井荷風のような美意識にうるさい人ですら、当時の東京は住みよかったとしている。

日本が積み上げてきた生活の美意識や楽しさ、感覚的な豊かさは、第二次世界大戦によって一度完全に壊れてしまったといえよう。廃墟となった東京の焼け野原のように日本が累積してきた生活上のソフト資産を、一度焼失してしまった。私達は戦後六〇年以上をかけてやっと戦前にあったそれなりに日本独自の豊かな生活を取り戻すところまでやってきた。

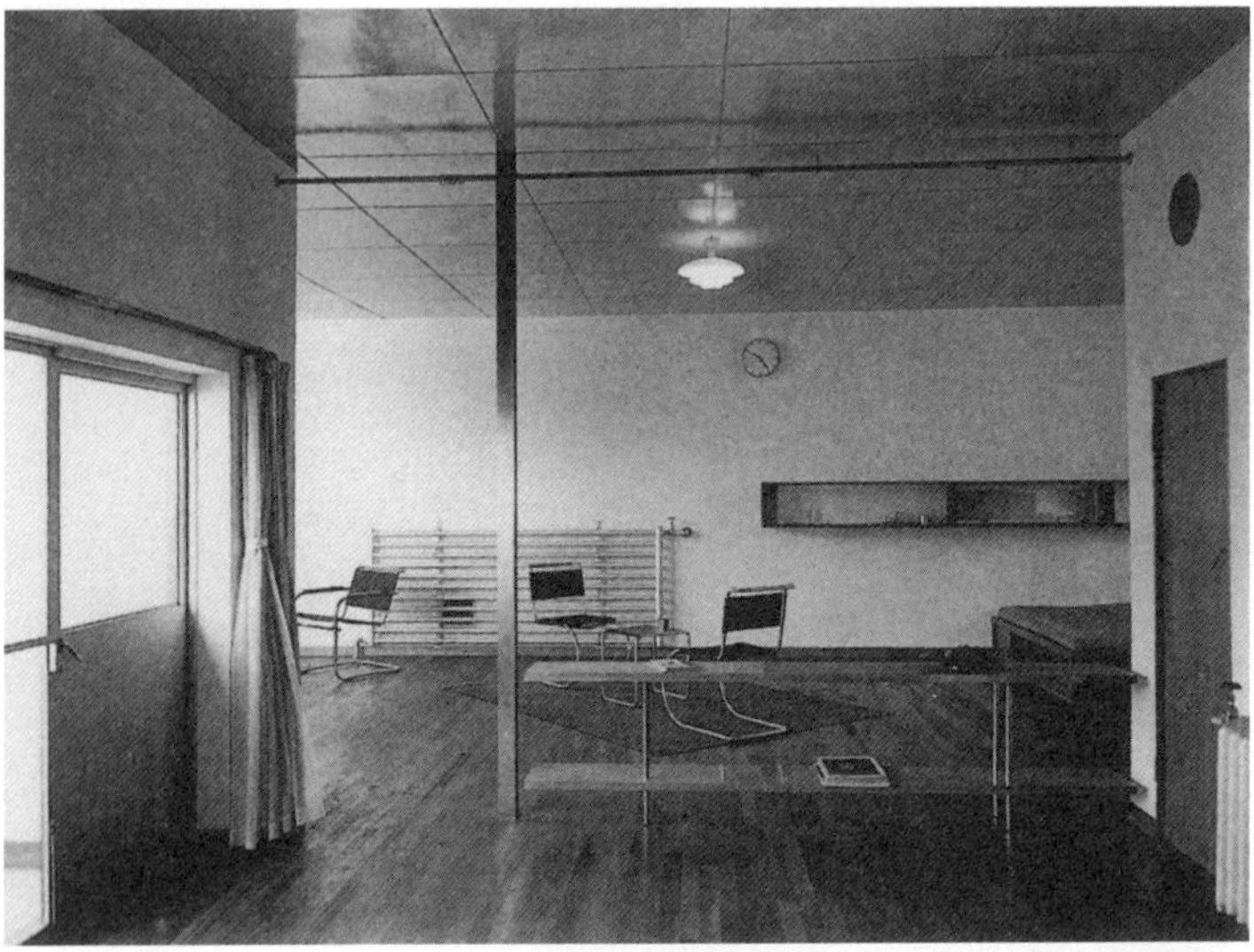

写真2　（上）ミース・ファン・デル・ローエやマルセル・ブロイヤーがデザインした金属パイプ椅子が置かれた駒場・山脇邸のリビング・ルーム（一九三五年頃）、（下）山脇邸一階のアトリエ（一九三五年頃）
（出典）山脇道子『バウハウスと茶の湯』P.141

そもそも、日本の戦後六十数年によって築かれた今日の姿は、本当に日本独自のこれしかないという姿なのだろうか。むしろ戦中から戦後に悪い意味で連続してしまったのは、形をかえた総力主義、富国強兵主義なのではないのか。大きな疑問を感じる。

日本が積み上げてきた生活の美意識や楽しさ、感覚的な豊かさを形成してきたヴァナキュラーなものの起源とはどのようなものか。現代の日本資本主義社会が形成されるまでに数多くの制度や仕掛けが発明され、定着してきた。現在あたかも自明であるようにみえることが、いかに特定の思想による特定の時代からの発明によってもたらされたのか。そして、システムやノウハウだけでなく、非常に精神的な側面までもが一種の発明だったのか。私達の価値観、意識は、いかに形作られてきたのかということが明らかにされなければならない。

その一つが、「江戸」というキーワードである。奥野卓司は、『ジャパンクールと江戸文化』（岩波書店、二〇〇七年）で、ジャパンクールの原点が江戸文化にあることを浮世絵と漫画の関係などを取り上げてダイレクトに論証しようとしている。

江戸時代の経済合理性は、プロテスタンティズムが資本主義を発達させた合理性との共通性を持っている。近年の歴史研究によれば、日本農業、工業、商業の中に、近代化の萌芽が、相当高度なレベルで存在していたということである。その一つの基礎的条件として、経済的自由、通行の自由、取引の自由について、不完全ながら一部が実現されていたということがあげられよう。

江戸時代において、実質町人国家として経済の実権が町方に移行していたことにより、町人国家的枠組みが萌芽していた。江戸時代が単に西欧の封建主義のような後進的な時代というだけではないことは、最近のアカデミックな研究の中でもいわれている。日本の近代化が、いきなり非連続的に達成されたのではないという説が有力になってきた。

歴史学者の尾藤正英は『江戸時代とはなにか』の中で、「秀吉や家康らの支配に人々が服従したのは、その指導のもとに形成された秩序が、むしろ好ましいものとして受け入れられたからこそであろう。そうではなく、もしそれが権力による一方的な抑圧や強制の結果であったとすれば、そののち二七〇年間にわたって国内の平和が維持されたという事実を、どのようにして合理的に説明することができるのであろうか。[11]」といっている。

これまでの歴史学では、江戸時代は、武士階級が農民や商人を弾圧していた前近代的な社会として描かれてきたが、実体的には武士階級による官僚的政治である傾向が強かった。農民や商人は、ただの可哀想な虐げられた民ではない。封建制の一定の秩序の中で商人は、彼らのビジネスにはげむことができた。三井や住友のもととなる豪商が、生まれることができたのである。

歴史学者のスミスは『日本社会史における伝統と創造』の中で「日本の近代化は、伝統的要素と近代的要素のダイナミックな融合であったし、現在でもそうであると、私には思えるのである。進歩にとっての重荷、時間とともに消滅すべき単なる「封建遺制」などではなく、伝統的諸要素は、近代社会それ自身の、ダイナミックな、活力ある、発展する、不可欠な部分である。[12]」といっている。

あくまで基本的なソフトインフラが整い、そこに新しい能力主義が導入されていったと考える方が日本の近代化をうまく説明できよう。

司馬遼太郎の『「明治」という国家（上）（下）』（NHKブックス、一九九四年）に描かれていたように補佐政治はダメという江戸末期の能力主義による封建制の徹底破壊が行なわれた。福沢諭吉の「門閥は親のかたきでござる」という理念は、現実性を持っていたのである。現在の日本にもこのような〈新明治維新〉が迫られているのではないだろうか。

日本の近代革命にも連続性の部分があった例として、幕末の各藩は、一種の企業体として様々な特産物を作り、収入増を図っていた。江戸期に、教育——読み書き算盤——経済合理性に関するソフトインフラのレベルが上昇し、近代資本主義の土台を形成していた。いきなり、何もないところから近代化がスタートしたわけではない。

知識、教育は、一部の都市部だけでなく全国的に高水準であったという。江戸時代には、地方の文人と江戸の芸術家や学者のネットワークが形成されていた。たとえば、葛飾北斎は、私のふるさとである長野県の小布施に何度も招かれ滞在し、多くの作品を残した。(13)

美術史家の高階秀爾監修『江戸のなかの近代——秋田蘭画と「解体新書」』（筑摩書房、一九九六年）によると平賀源内が秋田で小野田直武という若い武士を見出し、江戸につれてきて杉田玄白に紹介し、『解体新書』の挿し絵を書かせたという事実がある。当時において日本の周縁、辺境ともいえる秋田において西欧の遠近法による近代絵画が生まれていたという事実に私達は驚く。近代的な実証精神と合理性に基づいた絵画が、江戸時代に存在していたのである。すでに地方においてですら近代を受け入れる精神的な素地があったのである。

スミスは『日本社会史における伝統と創造』の「大蔵永常と技術者たち」と題された章の中で

江戸時代において多数の無名の農業技術者が存在したことをいう。そして、彼らの技術書が農村において広く受け入れられたという。

「養蚕に関するある本の初刷りは三〇〇〇部であり、また多くの書物がいくつかの版を重ねた。このような農業に関する技術的な文献の隆盛は農村での識字能力の広まりということなしではありえなかったであろう[14]。」

日本は、明治維新期においてヨーロッパ近代システムを翻訳し、日本の文化文脈の中に置き換えた。まがりなりにも接合し、日本の制度へと完成していった。たとえば、山根一眞がいう「メタルカラー[15]」という専門職が成立するのは、日本の工芸の伝統と職人文化が存在すればこそである。

現代建築の始祖の一人であるフランク・ロイド・ライトは、帝国ホテルの建築に携わった職人を評して「ああ、あの日本人の職人たちといったら！　何と彼らは頭が良い人たちだったろうか、そして、何という器用で勤勉な人たちだったことだろう。（中略）日本人の労働者の仕事に対する興味と喜び、その誠実さを証明するものであった[16]。」といっている。

高貯蓄と国民皆保険、銀行と系列、天皇制など日本型といわれるものは、資本主義にも文化の要素が組みこまれていることの実証である。

エコノミストの榊原英資が『文明としての日本型資本主義――「富」と「権力」の構図』（東洋経済新報社、一九九三年）でいっているように教育・試験によって選ばれた「権力」＝サムライ＝制度的エリートというのも日本型であり、「富」＝商人＝権力を持たない存在である。現在の日本でも「権力」と「富」は、基本的に分離している。

大石慎三郎、中根千枝他『江戸時代と近代化』に収録されている「日本的経営はいかに形成されたか」における作道洋太郎の発言によると「「たわけ者」というのは田んぼを分けてしまう馬鹿な奴ということですが、総有の資本を分けるのはバカげたこととされる。ですから主人は管理能力が問われ、その力がなければいつでも交代できる。（中略）つまり、家長の財産所有権というのは非常に弱かった、ということが家訓を通じて分かります。[17]」と指摘している。

同様に由井常彦は、「ヨーロッパやアメリカは相続税が実に緩やかです。なぜかといえば大体プロパティというものは神聖不可侵で、取上げることはできないという考え方が欧米にはあります。[18]」

「江戸時代には公《おおやけ》という存在はたくさんあって、大は徳川ご公儀であり、身近なものとしては働いている先の大きな商家でした。何でも集団がひとつの永続的なものに制度化されると公に転換してしまう。そしてそれはプライベートなものよりも優先される。[19]」という。

水谷三公によれば江戸時代の武士階級は「土地所有から切り離され、藩や幕府という権力組織によって、権力と権威を保証される[20]」存在である。それゆえ、武士は一種の官僚となった。一方、ヨーロッパにとって「所有（Possession）はとり憑く（possess）」であり「ヨーロッパ近代の極限[21]」である。

それゆえ、明治維新のとき、なぜいとも簡単に武士階級が政府に領地を返還したのかわかるという。武士にとって「領地・農民は「自分のもの」ではなく、お上から「預かっている」に過ぎないとされるからでして、それなら明治の御一新で返還の要求がお上から出されれば、かしこまってお返しすることになるのも自然だったかもしれません。[22]」

端信行は『文化としての経済』の中で、「江戸時代の一般武士のあり方は、日本型サラリーマン家庭の原型といってよいほどよく似ているのである。[23]」といっている。

現在、アメリカのルールがグローバル・ルールとなっている。日本の競争戦略上、取り入れるべきルールは取り入れるべきである。しかし、何でもアメリカと同様にすればいいというものではない。アメリカは移民が作った人工国家である。アメリカ人は、多かれ少なかれ「ゴーゲッター」（一旗組）[24]である。「アメリカン・ドリーム」という言葉を信じ成功を夢見て競争を勝ち抜き、地位もお金も手に入れるのをよしとする国である。一方、日本は、一〇〇〇年以上の歴史を持ち、農耕共同体の価値観が定着している。日本はアメリカのサルまねをすれば、どううまくやってもせいぜい二流のアメリカになれるにすぎない。

日本の大多数の国民は、強者ではない。行き過ぎた規制緩和は、アメリカのような非効率を生む。また、階層分裂を生む。ハリケーン・カトリーナのニューオーリンズ直撃による大災害によって明らかになったように、そこが世界で最も豊かな先進国の一つであるにもかかわらず、貧困地域の住民は、脱出のためのクルマも持てず、インターネットにアクセスできない第三世界のような状況だった。

日本は、完全なアメリカ型を目指すべきではない。少なくともアメリカの負の部分から自らを防御しなければならない。日本のこの中流性がいかに危ういところで成立し、そのために多くの努力が積み重ねられてきたかを真剣に吟味すべきである。あの敗戦の苦しさから、左も右も労働者か経営者かも問わず、全国民が豊かさを目指してきた。

近代システムとは、単なる収奪や不当なボロ儲けでなく、誰もが正当で公正な商業・工業活動ができる継続的、持続的なシステムである。ウェーバーが分析したように経営システム／資本蓄積のシステム＝近代性の原点であり、最も効果的なシステムを成立させるマインド的基盤が存在しなければならない。そのような意味から、日本的ソフトインフラは、近代経営の核にある合理性＝資本蓄積の視点からみてすぐれていた。日本文化の経営やビジネスに関して、欧米と基本ソフトが、交換可能だったという解釈が可能なのである。

ただ、欧米と異なっているのは、日本人には現在一貫したライフスタイルが存在しない、という点である。大衆性とエリート性、保守性と前衛性というヌエのような二重性を持っている。そして、階層の理想型が、中間に集中しているというのが日本の特質である。

日本の学校は、低学年時に厳しく基礎教育することが望まれる。それは、基礎学力を平均的に高めるという目的である。ゆとり学習に力をそそいだが、効果的であったとはいえない。逆に、今大学を極端にアメリカ的にしようとしていることにも疑問が生じる。大学がレジャー・センターであることはよいことではないが、社会性や人との出会い、自分自身をみつめ可能性を発見するためには、ある程度のゆとりは完全に否定されるべきではない。

欧米は突出した才能に賞賛を惜しまず、日本人からすると法外ともいえる報酬を支払う。しかし、どんなに優秀な経営者が一人だけいても会社の経営は成り立たない。と同時に、どんなに優秀な労働者だけでも会社は機能しない。両者が存在しない限りはどうにもならない。

一九四〇年体制との連続性という問題を含みながらも、日本の戦後の歩みは資本の本源的蓄積システムにおいて非常に優れたグランドデザインであった。飢餓と物質の欠乏に対処する生産優位のグランドデザインとしては優れたものであった。マルクス主義+ケインズ+官僚の計画にそった産業構造育成がなされた。同時に、アメリカのニューディール左派の理想が憲法をはじめ社会システムの中に入り込んだ。それゆえ、貧富の格差が非常に少ない法人株式会社組織システムができたのである。

貧富の格差の少なさは上場企業の社長と平社員との年収格差の少なさにはっきりとでており、累進課税によってそれはもっと是正される。このシステムを支えるのが、中間階層の強さだった。これらの仕組みがあるからこそ、日本は今日の経済大国となった。「豊かさ」は労働の質に依存するという意味で日本において労働価値説は正しい。厚みのある中間階層こそこれまでの日本の強さの源泉であった。他に日本は何も持たず、唯一文化として確立していた様々な日本的特質を現代経済と合体させることができたからこそ、そのような社会が実現できたのである。

問題は、この特質を破壊する構造改革ではなく、文化の時代にふさわしいレベルアップなのである。アニメもファッションも映画もアートもフィギュアもオタクもジャパン・クールと呼ばれたものは、すべて戦後のシステムから生まれた。そこには、アメリカのハリウッドもウォール街もソーホーも何もない。この点をよく踏まえて、日本の経済競争力、ブランディング力を高めていかなければならないのである。

3　日本の消費文化史——日本型文化遺伝子とは

続いて、ミクロなレベルでの日本の消費文化について考察したい。体制としての経済レベルでの文化ではなく、個々の生活者が具体的に消費生活を営むレベルでの消費文化である。消費文化においても生物学的遺伝子をメタファーとした文化的遺伝子があるといっていいだろう[25]。日本の消費文化的遺伝子を考察するにあたって前提として、ここでは、日本の消費文化の変化をたどってみよう。

日本の近代化という問題を歴史的パースペクティブのもとでみるなら、

明治維新を第一の近代化

←

第二次世界大戦後を第二の近代化

←

現在が第三の近代化

という消費文化論からの歴史認識が可能であろう。

第一の近代化である明治維新では、欧米諸国の技術力、軍事力、経済力の圧倒的優位を知り、国家をあげて文明化を推進した。その帰結が、天皇制による軍事独裁型の国家社会主義である。

第二の近代化は、敗戦によってアメリカ型の近代化を全面的に受け入れたものである。民主主義と自由、モータリゼーションと電化を推進した。

現在の第三の近代化は、グローバリゼーションとコンピュータ・ネットワークによる世界的な規制緩和、競争激化によるものである。あらためて振り返ってみるとそのすべての発火点は、アメリカである。黒船来襲から第二次世界大戦の敗戦、そして冷戦終結にともなうアメリカをスタンダードとするグローバル化である。米国と日本の関係は日本の近代化にとって決定的な重要性を持っているといえよう。

歴史的パースペクティブからみると現在の状況は、連続的でかつての第一、第二の近代化のような著しい切断と不連続性は感じられないが、日本はグローバリゼーションの波の中で大きな変革のときをむかえている。

そして、常に日本は自分達の歴史を忘却してきた。近代化の過程にともなって、自らの消費文化の特質を忘れ、かつての優れた遺産や実績を忘れた。

川勝平太の『日本文明と近代西洋』によると、一七世紀初頭の西欧において盛んに中国・日本磁器の輸入がなされた。ドイツのマイセン、オランダのデルフト、フランスのセーブル、イギリスのチェルシー、ウスター、ダービー、ウェッジウッドはその模倣によって創造された。[26]

日本は、室町時代において、趣味のスタイルを完成し、食の原型を形成していた。[27] したがって、醤油の自給は香辛料の輸入不要の原因となっていた。それに対して、近代西洋は多くのものを輸入せざるをえなかった。江戸時代の鎖国は、政治的な強制の他に、経済的に自給自足の体制が完成していたことも影響していた。つまり、日本の江戸期の生活様式の完成度は高かったのである。

それでは、第一、第二の近代化のときになにが失われなにが残ったのかをみてみよう。江戸から東京へと変わったとき、東京の変容とは西欧と同様の近代都市化であった。

江戸時代には自然と美が一体化していた。緑豊かな田園都市であった。都市と自然が一体化し、江戸全体が緑豊かであった。幕末のイギリスの公使であるオールコックは、江戸滞在記である『大君の都』の中で緑豊かな都市であると評価していた。(28) ベルツも同様のことを日記の中で述べている。(29)

しかし、現在の東京にそのような評価はない。環境に対する繊細な審美眼や狭い空間をより快適かつ機能的に組織化する伝統は、日本がもともと持っていたものである。狭い長屋暮らしを快適なものにするため軒先に朝顔、菊などを植え鑑賞する。すでに、江戸時代に英国のガーデニングと同様な感性、楽しみを持っていた。日本では、茶の湯から花を愛でる伝統が生まれ、一般庶民にも浸透している。岡倉覚三こと天心は『茶の本』で次のようにいう。「茶道の影響は貴人の優雅な閨房《けいぼう》にも、下賤《げせん》の者の住み屋にも行き渡ってきた。わが田夫は花を生けることを知り、わが野人も山水を愛《め》でるに至った。(30)」

花見を楽しむことも一般的に行われていた。江戸全体が田園都市であり、園芸都市であった。また、意外にも江戸時代には身分にかかわらず、趣味を持つことが当然で「趣味のよい生活」「趣味」教育が当たり前のものであった。江戸時代には、武士も町人も日々の生活にある程度の余裕があったために各々趣味を持つことができたと考えられる。[31]

江戸期は、武家の文化ではなく、町人文化が発達した。消費文化は、同時代のパリやロンドン以上に発達していたとまでいわれている。

現代的な意味での流行も存在していた。神野由紀の『趣味の誕生』によれば江戸時代の盛期においては衣服の流行も変化し、人気役者や評判の芸者等がその標本となっていた。近代モードの原型が江戸時代に存在していた。[32]役者絵、浮世絵などによって伝えられた役者や芸者のファッションが模倣された。メディアによる流行現象が確立していたのである。田中優子の『江戸の想像力――一八世紀のメディアと表徴』（筑摩書房、一九八六年）にもいきいきと描写されている。

このような背景の中で、九鬼周造が研究した「いき」という美学が発達した。城一夫『色彩の宇宙誌』によると、色一つでも俗に四十八茶百鼠といわれるように微妙な色彩が発達した。[33]このような伝統が三宅一生やケンゾーの色彩感覚につながっていく。江戸に蓄積された文芸、浮世絵や焼き物はのちの一九世紀末の印象派、アール・ヌーヴォーに大きな影響を与え、現代の日本を代表する国際的なファッションデザイナーのベースとなっている。

労働スタイルといえば、日本人が国際的に有名になった「過労死」するほど働くのは江戸期には少なくとも文化としては存在していなかったのである。四日働いて三日休むというどちらかというと享楽的な労働スタイルであった。宵越しの銭を持たないというのは、一種の江戸ラテンとでもいうべき精神性が存在していたということである。

また、働くことをやめ隠居することが、文化的正当性を持っていた。日本だけでなく中国文化

から老いることの深さ、意味を教えられ、それが日本でも定着した。東洋の知恵というべきものである。(34)

リサイクルとエコロジーも徹底していた。蝋、油、灰、紙、肥料にいたるまで無駄なく再利用されていた。それぞれの回収の専門業者が存在し、古紙や人糞などを長屋にまわり買い付けていった。

歴史学者のハンレーの『江戸時代の遺産』によれば「木綿が普及してからは、ほとんどすべての古着が様々な用途に使用することができた。すなわち、おしめや雑巾といった家庭用品である。明らかに、日本の衣服は、江戸時代に発達する際に、乏しい資源を最大限に利用した。(35)」

彼女は、日本の消費文化を総括して次のようにいう。

「モノが溢れかえっていることよりは、むしろよいデザインのなかに、美や喜びを見出す社会であった。(36)」続いて「「近世」の物質文化は、そのルーツを少なくとも中世にまではもどることができる。しかし、注意しなくてはならないのは、物質文化の進んだ方向が、東照宮や狩野派の絵画のような華麗さではなく、書院作りや水墨画といったシンプルなものであった、ということである。統治者や豪商は、西洋のどんな金持ちにも負けないほど浪費したが、しかし、物質文化が進んだ方向は、乏しい資源を浪費する方向へ向かってしまった場合よりも、より多くの人々を高い生活水準や文化水準の恩恵に浴させたのであった。(37)」

同時代のイギリスやフランスの貴族の生活に比較すると、日本の武士階級の生活はかなりつつましく、庶民との生活格差が小さかったようである。

公衆衛生も発達していた。特に排泄物の処理と入浴に関しては、西欧の同時代の都市よりも優れていたようである。再びハンレーの『江戸時代の遺産』によれば「日本ではかなり昔から「汚いもの」と「清浄なもの」についての観念がきわめて強かった。（中略）日常レベルでは、どのようなものであっても、地面から離れている床に上がるときには、絶対に履物を脱がなくてはならなかったし、トイレの後には手を洗わなくてはいけなかった。先にも述べたように、頻繁に入浴する習慣が江戸時代に広まり、さらに、庶民が定期的に洗濯することも、木綿が広く用いられだした頃に始まった。」[38]

江戸学の第一人者西山松之助の『甦る江戸文化――人びとの暮らしの中で』（NHK出版、一九九二年）によると、土地は借りるものであるから、店賃は安く一日の労働の日当が三〇〇文に対してひと月一〇〇〇文程度であった。住居費に四苦八苦している現代の私達とは大違いである。西欧とは別種の非常に高度に洗練された都市型生活様式としての江戸が確立していた。

総じて快適さや楽しさに対する貪欲さを、江戸の人々は持っていたのである。現在からみても魅力的な一面が存在していた。現代の日本人には、もっともっと快適さ、楽しさが必要なのである。

江戸の歴史を知れば知るほど戦後六〇年の方が日本の歴史の中で異常な時期なのではないかと思える。日本は、敗戦によってあまりに過去を忘却してしまった。今こそ、日本の歴史的遺産や文化的遺伝子を総合的に見直すときであるといえよう。

産業化にいそしみ、富国強兵を急いだ明治時代でも日露戦争に勝ち一息つくと、末期に江戸趣味ブームが登場する。その中心的役割をはたしたのが三越であった。流行会という学者を組織した研究会での江戸趣味研究を基礎として「元禄」ブームを創造した。神野由紀の『趣味の誕生』によれば明治三八年前後に空前の元禄ブームが生じた。「伊達模様」と「元禄模様」が和服の模様の中心となった[39]。「元禄下駄」や「元禄傘」「元禄何々」という商品が続々売り出された。「新しさ」という価値観を具体的な商品レベルで「見せる」機能を三越が担っていた。三越の宣言にも「わが文化を向上」「社会福祉」「国民外交」「学俗協同」という言葉がみられる。たとえば、三越の店内でのコンサートなど「時代の美意識を創出する」[40]デザイン活動のメディアとして店舗空間を活用していた。

三越を改革した高橋義雄は茶人であり、並んで著名な益田鈍翁の茶もまた明治期から大正期にかけて発展したものである。当時の財界人には、日本文化の保護が明確に意識されていた。益田鈍翁は売りに出された貴重な仏教美術を小田原の自宅に収蔵した。明治のような最も富国強兵色の強い時代であっても現代よりも強い文化意識があった。多くの産業人には、茶の精神が流れていた。

商品デザインにしても現在の私達からみても相当高度なものだった。思いきって若手を海外に留学させ才能を発揮させる場を与えるということをしていた。三越のポスターをデザインした杉浦非水がその代表例である。日本のアール・ヌーヴォーは、世界的同時代性の中で日本に入ってきたのである。

再び神野由紀の『趣味の誕生』によれば「非水の作品の最も大きな特徴となっているのは、日本画の要素とアール・ヌーヴォー、セセッション、ドイツの商業美術などを巧みに融合させた、〃日本的セセッション〃あるいは〃日本的モダニズム〃とも呼べる非水独自の様式を生み出した点である。しかも高級感のある彼の図案こそが、普通の人々にとっては受け入れやすいモダニズムであった。[41]」のである。

明治・大正期はおもにヨーロッパからの深い影響があった。思想とライフスタイルが、取り入れられたのである。白樺派やマルキシズム、キリスト教諸派の影響は、生活様式とわかちがたく結びついていたのである。

本章第2節で取り上げた本間千枝子の家では、まるでイギリスの詩人ワーズワースの「Simple living and high thinking」が実践されていたようだった。「家族」を大切にするという主義は、日本の当時の時代の中では、かなりリベラルな考え方であった。女中と一緒に主人一家が食事をするということが進んだ考え方であった。「家」と異なった家族という概念は日本の近代史の中では、伝統ではない。家族を大切にし、家族団欒を楽しむのはモダン、近代生活なのである。ちゃぶ台も実はこの時期に普及したものである。それ以前は、一人一人が箱膳で別々に食事をしていた。

谷崎潤一郎の『痴人の愛』(新潮文庫、一九四七年)で主人公はシンプル・ライフに憧れる。大正期には「文化」という言葉が大流行する。当時は、文化住宅、文化鍋と文化という言葉が流行していた。おもしろいことに、大正期においては、文化という言葉は文明に対して土臭い生活臭のある言葉だったのである。現在、文化という言葉にはそのような意味がなくなり、ハイソな気取った言葉になってしまった。

世界的同時代性ということでは、日本の一九二〇年代は、アメリカのジャズ・エイジと同様に爛熟した都市文化が成立していた。本章第2節にあげた山脇道子のまわりでは、ドイツのバウハウスのモダンデザインが生活に取り入れられ、現代のシステム・キッチン、リビングルームを持ったコンクリートの家まで建てられていた。現代の住宅のプロトタイプが戦前に存在していた。

あるいは、評論家の江藤淳の父親は銀行員だったが、ゴルフや乗馬をしたりしていた。

「父は大して出世もしなかった銀行員にすぎないが、私の今の年齢には親譲りの家に住んでゴルフをしたり、謡をうなったり、薔薇《ばら》をつくったりしていて、夏になると私を避暑につれて行った。避暑地のホテルで父は私にベビーゴルフを教え、私が遊んでいるところをパテのシネカメラで撮《と》ったりした。私は父の乗馬姿を見たことがないが、以前は馬にも乗ったらしく、戦災で焼けた大久保百人町の家には拍車《はくしゃ》のついた長靴《ちょうか》があったのを覚えている。(42)」

スポーツでもラグビー、ボクシング、テニス、野球などをみるだけでなく実際に楽しむ層が存在していた。

日本全体は貧しく、農村と都会の格差は大きかったが、少なくとも生活のゆとり、豊かさ、時間を豊かにすることについて様々なインフラ、ノウハウが蓄積されつつあったことは間違いない。戦後には、これらの明治、大正、昭和初期まで蓄積されてきた様々のものが忘れさられていく。ほとんど完全な忘却といっていいだろう。戦後の東京の建築をみると、西欧とまったく違う形で復興がなされたことがよくわかる。残念ながら日本においてヨーロッパ的なるものは、大衆レベルでは根づかなかった。

ただ、監督小津安二郎の審美眼、美学は、この時代に青春を送ったから形成できたのではないだろうか。小津の作品によって戦後の映画の中に失われた記憶のようにヨーロッパ的な成熟した美学が定着したのではないだろうか。

人がスタイルの創造能力を持つのは北山晴一『おしゃれの社会史』によれば「なぜなら、人は幸か不幸か、衣服が暖かく、快適なだけでは満足できないからである[43]」ということである。

昭和初期まで残っていた豊かさは、三越、阪急の偉大なる消費文化創造能力によってその大きな部分が支えられていたのであった。そして、神野由紀『趣味の誕生』の副題が「百貨店がつくったテイスト」とあるように百貨店がテイストの価値判断を提供した。よきテイストとは何かを。ボン・マルシェ、プランタン、ハロッズから三越が取り入れたものとは、百貨店が大衆にスタイルを提供する機能であった。小林一三の阪急も同様である。しかし、現在、近代的百貨店が持っていたスタイル提供能力がおとろえている。

もちろん江戸の人々の暮らしは、第二次世界大戦後の日本の暮らしと異なる。明治維新後の人々と第二次世界大戦後の人々とも異なる。ただ、それぞれの暮らしはそのままこれからの日本に引用されるのではなく、遺伝子として新しい生活・消費文化の源泉となるはずである。果たして日本は、これからどんな日本型生活様式を生みだすのか。

日本の江戸から近代への流れをみていくと、消費文化の遺伝子からするとむしろ戦後の六十数年間の方が異なったタイプであると感じられる。日中戦争、第二次世界大戦中を通じての貧しさが日本を規定していた。日本らしさや日本の伝統、日本的「豊かさ」が隠れてしまったと感じられるのである。

日本人自身が現在の日本の都市や暮らし、生活様式を自明のようにみなしているが、それは一種の自己誤認ではないだろうか。物産複合によって日本が様々なものを取り入れた豊かさは本来世界に例をみないもののはずであった。日本の文化を形式化し、なおかつもう一度暗黙知へと繰り込まねばならない。日本は自身の消費文化を再発見し明確に形式化すべきなのである。

制服による均一性、ドブネズミスーツが日本の伝統と思ってはならない。これも一九四〇年体制が生み出したものの一つなのである。

野口悠紀雄の『一九四〇年体制』によると、「四〇年体制の特徴として第一にあげられるのは、「生産優先主義」である。つまり、生産力の増強がすべてに優先すべきであり、それが実現されればさまざまな問題が解決されるという考え方である。戦時経済においてこれが要求されることは明らかである。ここで注目したいのは、戦後の高度経済成長においても、この考えが支配的だったことである。つまり、経済が成長すればその成果として人々の生活が豊かになるはずだし、生活を豊かにするにはそれしか方法がない、という考え方がコンセンサスを得ていた。「消費は浪費であり、したがって悪徳である」、「生活の質の向上などは、怠け者の要求」という通念は一般的であった。[44]」ということである。日本の文化の中にある生活を楽しむこと、生活の質の向上を追求することは、一九四〇年体制の確立によってすっかり忘却されたのである。

4　アメリカ消費文化による影響

戦後のアメリカ消費文化の影響は圧倒的である。現在の日本の消費文化は、アメリカの影響下にあるといって過言ではない。日本だけでなく、人間の消費文化史においてアメリカモデルが果たした役割は大きい。世界的な影響力という点で、いまだ、このモデルを凌駕した現代の消費文化モデルは生み出されていない。

奥出直人の『トランスナショナル・アメリカ』によると、アメリカの消費文化の起源をたどれば、二〇世紀初頭プチブル―アングロサクソンの文化危機からそのスタートがきられた。建国当初は、ボストンの清教徒の倫理が中心に存在していた。しかし、世界中からの移民による様々な民族の混合が進行するにつれてアバンダンス（消費的な豊かさ）の文化がヘゲモニーをにぎり、清教徒、ピューリタンのモラルが背景にしりぞいた。かつてアメリカは私達が思う以上に宗教的な規制の強い国であった[45]。たとえば、信仰の自由すらもルーズベルトの時代にやっと明文化された。ただし、神を信じない自由は認められなかった[46]。

近代消費文化の成立とは、生産／流通のシステムの成立である。それは、生産者＝消費者が、高度化・成熟化したときに成立する。消費者の欲求、品質・サービスに対する厳しさが、よい商品を作り出す。生産者サイドからみれば、消費者が厳しければ厳しいほど、売れる商品を作るためにクオリティに気を付けることになる。

日本は、大量生産・大量消費に関してアメリカをモデルにしてきた。「コカ・コーラ」は、「コカ・コーラ」であって大統領も庶民も同じものを飲むのがアメリカ消費文化である。本来、アメリカは、ワスプやプレッピー、ヤッピーなどの階級・階層が存在し、日本よりもはるかに階級・階層格差は明示的である。アメリカの階級・階層格差の消費文化を、日本人である私達は明確に知らぬまま、ある意味では純粋なまま導入したのだといえよう。

第3章第1節で登場したイーウィンの『欲望と消費』の中で、東欧からアメリカに移民してきた女性アンナが、憧れの缶詰を買うことで幸福感を味わうエピソードが紹介されている。[47]

ロシア大統領のエリツィンがアメリカを訪問したとき普通のスーパーマーケットにあまりに豊富に商品があるので、この店を利用できるのはどんな高い地位の人かとたずね、一般の庶民が利用できると知って驚いたというエピソードがある。[48] 今でこそ、このような感覚はなくなっている。ロシア大統領ですら驚くほど一般レベルでアメリカが豊かになってしまった。しかし、ひるがえってロシアを反面教師にすれば貧しい時代の中で大衆にとって有名ブランドの食品を買うことが、どれほど深い満足を与えたかがうかがえる。

ヨーロッパが基本的に貴族、ブルジョアを中心としたハイ・カルチャーであるとすると、アメリカはあくまで大衆中心のマス・カルチャーであった。大量生産・大量消費に基づくマス・カルチャーは、ラジオ、テレビ、新聞、雑誌、映画というマス・メディアの発達と不可分である。アメリカンドリーム、マスヒーロー、テーマパーク＝ディズニーがメディアの発達とともに確立していった。[49] 娯楽も制度的なものとして成立した。夜のナイトクラブでの楽しみはこの時代に発達した。

また、アメリカは、郊外生活者を生み出した。『レインマン』でアカデミー賞を受賞したバリー・レビンソン監督の『わが心のボルチモア』が描いていたように都市のダウンタウンから郊外の一戸建てへ住み替えていくためには、高速道路と自家用車とスーパーマーケットがセットになっていなければならなかった。郊外でこそ、〈アメリカン・ウェイ・オブ・ライフ〉の形成がなされた。

三浦展『「豊かな社会」のゆくえ』によると意外なことに第二次世界大戦後「当時の郊外住宅はアメリカでも「ウサギ小屋」（The Rabbit Hutch）と呼ばれ[50]」ていたそうである。アメリカの郊外住宅というと広い芝生の庭に数台の自家用車というイメージがあるが、このようなスタイルのイメージができたのは五〇年代に入ってからのようで、アメリカの歴史の中でもそれほど古いものではない。

また、郊外住宅のライフスタイルに欠かせない自家用車は、アメリカの精神、価値観を象徴していた。アメリカの大衆にとっては自家用車を持つことが、夢であった。モノの所有に非常にこだわったのだといえよう。著名なエピソードとして当時の車の所有家庭の三分の二にシャワーがなかったことがあげられる。[51]

柏木博は『デザインの二〇世紀』で、「いいかえれば、アメリカが生み出したデザインは、フォード主義とケインズ主義を背景にした、工業的なヴァナキュラー（土着）なものである。[52]」と批評している。つまり、アメリカの風土とアメリカの精神によってT型フォードが生み出されたということである。広大な土地とフロンティア・スピリット、自由独立の精神によって、誰もがどこでも使える安価な車を実現したのはヨーロッパではなくアメリカである。

奥出直人『トランスナショナル・アメリカ』にその経緯が詳細に語られている。五〇年代には、新中産階級が、アメリカで大量に発生した。彼らは、他者志向で他人にいかによく自分を印象づけるか印象管理術に熱心に取り組んだ。柔らかい自己として他者に対していたのである。そして、いつまでも若くありたい、という志向から成熟を拒否したため若者文化が中心を占めていた。アメリカの消費文化とは、若者文化である。日本の隠居の文化が衰退したのもアメリカの若者文化への同一化に他ならない。

そして、プロテスタントの禁欲からアバンダンス（消費的な豊かさ）へ移行することによって、「消費スタイルがものの所有から趣味の表出へと変化したのである[53]」。また、映画という媒体によって「スターの日常の生活における消費スタイルへ熱い視線が注がれ、観客はハリウッド・スタイルを模倣する[54]」ようになった。

日本における松竹蒲田、大船のスタイルも先端的であった。厚田雄春と蓮實重彦によれば、日本を代表する名監督小津安二郎は、磯釣り、バーベキュー、スキーをやったりしていた。持ち物は、「ダンヒル」のライター、「ベンソン」（懐中時計）の鎖など一流ブランドを集めていた[55]。小津にとって「ネイビーカット」「スリーS」「ウェストミンスター」など輸入ブランドは、日常的な存在であった。[56]

小津監督のカメラマンであった厚田雄春は「ラッキーストライク」を「これは、労働者の煙草だから」[57]といわれてもらったことがあるという。また、小津監督と女優の井上雪子などと横浜のチョコレート屋によく食べにいっていたということである。よほど昭和初期の映画人のほうが、現代に比べてモダンである。

ソフト帽を愛用していた小津安二郎の言葉に「もっと生活は映画のようにならなくてはならない。」というフレーズがある。そもそも、小津安二郎は、アメリカ映画のルビッチ、ワイラー、フォード、作品では『風と共に去りぬ』『市民ケーン』などをシンガポールでみたうえで戦後の小津調といわれた純日本的美学を体現した名作を創造した。余談だが、大正、昭和初期の独自の日本文化の遺産・遺伝子のもと、私達も小津安二郎という優れた先達を見習うべきではないのか。日本において消費情報と消費財の絡み合いという意味で、戦後のはじめからアメリカの影響があったともいえよう。

ユーウェンの『浪費の政治学』によるとアメリカデザインは「スタイルの陳腐化[58]」を制度化した。「スタイル産業の世界では、「日常生活の形成」の基本前提となっていたのは、生活は毎日目に見えて変化する、という仮定であった。[59]」ヘンリー・ドレファス、レイモンド・ローウィは、その代表的デザイナーであった。そして、流線型がその進歩する世界の象徴的なデザインとなった。[60]

このアメリカデザインの最も忠実な弟子が日本というわけである。ニューヨークの博覧会で展示されたゲディスの「フューチャラマ」に登場したスーパー家電生活は、日本においてかなり実現された。家電化こそ戦後第二の近代化の主要なテーマであった。

文芸評論家磯田光一の『戦後史の空間』（新潮選書、一九八三年）によると、終戦後になぜか、日本の住宅の狭い家の中に大きなピアノと百科事典があった。同じく磯田は、『思想としての東京――近代文学史論ノート』（講談社文芸文庫、一九九〇年）でその謎について一つの回答を与えている。それは、大きなピアノは、アジア的心性を物語っているようだというものである。文明開化とは、アジア的物語であり、大きなピアノは第二の文明開化の象徴物であると。

住宅公団の思想は、近代主義の現実化であった。日本人にとって、農村的なものへの〝恥〟の意識が存在していた。アメリカの住宅、ライフスタイルは、日本の家屋の土間という外との連続性を消失させた。現在、大衆が購入するマンションの一室と帝国ホテルの客室の差が、縮小してきた。

村上春樹の小説には、ビール、サンドイッチ、ジャズが必ず登場する。日本というよりアメリカの都市により近い世界を描いている。磯田が引用している森茉莉の小説『贅沢貧乏』の一節は、コップを洋盃と表記するように欧風化の名残を色濃く残している。

「魔利亜《まりあ》の好きな華麗な夢は、寝台《ベッド》の足元の卓つくえの上にひっそりと置かれ、又重ねられている洋皿、紅茶茶碗、洋盃《コップ》なぞの中にも、あった。黄金色《きんいろ》の文字とマアクの、薄青の紅茶の缶、暗い紅色に透る、ラズベリイジャムの壜。[61]」

磯田は「これは森茉莉氏が戦後文化の新しさに従うのとは逆に、日本の近代初期の欧風文化を保守していることを意味している。[62]」という。

明治における近代化、戦後の近代化、現在の第三の近代化は、それぞれ違うモダンの内容を持っている。はっきりしていることは、残念ながら戦後の〈アメリカン・ウェイ・オブ・ライフ〉からは、いまだに日本のグッド・テイストの創造は十分にはできていないということである。

5 消費文化からみた西欧に対する日本の影響

実は、日本の西欧文明化と同時に西欧世界の近代消費文化に対して日本文化からの強力な影響があった。それは、一九世紀末においてジャポニスムとして花開いた。では、一九世紀末においてなぜ日本文化への敬意が存在し、現在の物質文明のジャポニスムは、十分な敬意を払われないのだろうか。

一九世紀から現代に至るまで海外で認められ、西欧の芸術文化に大きな影響を与えた日本文化は私達が思っている以上に多い。とりわけ浮世絵と建築、工芸品に多くみられる。

レヴィ＝ストロースは、「西欧が日本の芸術を知って以来――それはフランスではわずか十八世紀以降のことですが――私たちはいつも、たんにその美しさだけでなく、仕事の完璧さ、完成度に感嘆してきました。その完璧さは私たちにはまったく比類のないものにみえますし、それは現在も、日本のカメラ類、電子機器などに受け継がれています。」と高く評価している。(63)

しかも、単純に素材や形態といった側面だけでなく、思想や哲学に至るまで大きな影響を与えている。たとえば、ウィーン工房のヨーゼフ・ホフマンは講義において「日本人のように」仕事をすべきであると述べ、「外面および内面の品の良さを求めようとする」ならば、「日本人の軽や

かで神経の細やか」な点＝「日本人という規範」が徐々に力を及ぼすようになるとしている。(64)

ゴッホも同様のことを述べている。ゴッホが称賛した日本の生活芸術のさりげなさは次のような手紙の文面にあらわれている。

「日本の芸術を研究してみると、あきらかに賢者であり哲学者であり知者である人物に出会う。彼は歳月をどう過ごしているのだろう。地球と月との距離を研究しているのか、いやそうではない。ビスマルクの政策を研究しているのか、いやそうでもない。彼はただ一茎の草の芽を研究しているのだ。(65)」

「いいかね、彼らみずからが花のように、自然の中に生きていくこんなに素朴な日本人たちがわれわれに教えるものこそ、真の宗教とも言えるものではないだろうか。日本の芸術を研究すれば、誰でももっと陽気にもっと幸福にならずにはいられないはずだ。(66)」

ゴッホが賞賛した日本の生活と芸術の一体化は、江戸期のものである。

美術史家の大島清次の『ジャポニスム』によれば「芸術の精神性を逆に生活の中に繋ぎとめおく方途《ほうと》はないものか。生活空間の中で、物とかかわるかかわり方のうちに、精神的意味を充実させてゆく方向は考えられないものだろうか。現実の物そのもののなかに精神をこめてゆくやり方。なんのことはない。それが日本人の伝統的やり方だったのである。(67)」「比較的純粋芸術に近い絵画ですら、江戸時代の日本人は、これを生活化させて、自分とかかわらせていた。(68)」ということである。

たとえば、床の間の掛け軸を四季おりおりにかけ、長屋の軒先の花を憩いにしている。また花見は、日本独自の楽しみ方ということである。生活が芸術になり、芸術が生活に取り入れられる。また、フランク・ロイド・ライトは、日本の浮世絵、建築から大きく影響をうけ、不要な物の排除、自然と建築とのインテグリティなどを自分の作品に取り入れた。オープンハートのネックレスで日本の若い女性に人気の「ティファニー」を創業したチャールズ・ルイス・ティファニーは、アメリカのジャポニスムの代表的芸術家である。[69] ゴッホの場合も、浮世絵からの影響がかなり認められ、実際に模写もしている。そして、これらが後期のゴッホ独自のスタイルの基礎となっている。

偉大な芸術家にみられるように、異なった文化の異種交配は、文化の引用、編集、組合せによる触媒効果が働くが、完全に本質的な創造行為においては別の物へ変質している。創造者独自のものへと生まれ変わるのである。

優れた芸術家に刺激を与えた日本文化にはかつて次のような伝統があった。

・環境との調和・バランス

・自我の極小化

・自然との一体化・同一化

しかし、第二次世界大戦以降この伝統は背景におしやられている。日本の伝統から発想していけば本当に快適で気持ちがよいのは、非合理性をも含んだメタ合理性なのである。日本の伝統的住空間への考え方は、高島平の高層アパート、人工的な筑波学園都市のような機能主義と一体となった一九世紀西欧による近代主義、モダニズムの住空間とは対極にある。

ムダと思えるものをもう一つ上の視点からのぞくことでより快適な住空間を創造できる。そのためには、文化で蓄積されたノウハウを抽出し、具体化していくことになろう。つまり、以下の四点である。

・自然への接し方
・パッケージング
・装飾
・手の感覚

緑があればリラックスし、四季を楽しめば能率が高まる。オンとオフがはっきりできる。一見ムダだが、機能的なのである。

日本の文化とは、襖、屏風、障子など軽さ、簡便さ、フレキシビリティ、マルチファンクションを実現している。美しさ、楽しさ、安心、わかりやすさ、安らぎが存在している。茶の湯にはこころの癒しの機能がある。ただし、私達が行うべきことは、純粋日本へ回帰することではない。西欧化された日本、日本化された西欧という混在化されたことになろう。

日本文化の造型性、機能性に関わる源流とは何かというと、様々な文化シンボルに表現された加算型とは別のマルチファンクションである。たとえば、

・和室＝シンプルだが、居間にも食堂にも寝室にもなる。
・坪庭＝凝縮することで自然をそのまま再現。人工的、幾何的削ぎ落しを感じさせない。
・幕の内弁当＝一つでバランスよくエレガントにアレンジされ、パッケージ化されている。栄

養の面でも過不足なくまとめている。

・能＝一つの微細な動きで象徴的に一〇を語る。

・風呂敷＝一枚の布があらゆる大きさに対応できる柔軟性を持っている。

といったように多様なものをバランスよく機能させることである。

西欧の機能主義は、機能という目的達成のため合理的な削ぎ落しをしていく。それは、割り切り、切り捨てである。物と人間、道具と人間という二元論、主＝人、奴＝モノという切り離しの結果の最適化である。したがって、自然はあくまで征服の対象である。

日本は、最大限それぞれの特性を取り入れ、生かすことを目指す。見て楽しみ、さわって楽しみ、かいで楽しむ、聞いて楽しむ、そして人とモノとの一体化、関係としての最適化、様々なモノを生かす、優雅で繊細なマルチファンクションなのである。そのための知恵、工夫、匠は、称賛に値する。細部へのこだわり、洗練といった点に日本のテクノロジーの源流がある。本来日本のテクノロジーはエモーショナルな部分を損なわずにファンクションを追求し、そこに一つの美を築く、柔らかい、優しいテクノロジーなのである。

日本の伝統文化からテクノロジーを自然に展開していくと日本的美のあるべき姿が定まる。このように考えていくと、ウィリアム・モリスの理念は日本の江戸期に実現されていたと言えるのではないだろうか。

美術史家のラバーンは『ユートピアン・クラフツマン』の中で、モリスに端を発したアーツ・アンド・クラフツ運動について日本との関わりを述べている。彼が著書のタイトルでユートピアン・クラフツマンとしているように、日本の工芸をあるビジョン、理想像を実現する存在としているのは示唆的である。[70]

食器や住宅、インテリアデザインについても日本の西欧に対する影響は、大きな位置を占めている。日本は、もっと自信をもって固有性を打ち出していいはずである。もっと、自分達自身を明示的に知るべきである。そのためには、伝統的な日本文化を取り入れ、真摯にジャポニスムを研究すべきであろう。

フランク・ロイド・ライトは帝国ホテルの設計にあたって次のような言葉を残している。

「西洋の新しい未知の生活を全く無分別に受け入れるのをやめて、精神的にも健全な美しい日本人の生活を活かしながら、かつそのパターンだけを合わせてゆくことができれば、彼らが失うものをより少なくすることができると私は考えた。[71]」

「私が心から愛し敬意を表している日本古来の偉大な文化が今までの文化と全く無関係な新しいものへと移り変わるときにあたって、私なりに日本に貢献する役割を果したいと願った。[72]」

明治期、猫も杓子も西欧をモデルとして欧化に血道をあげていた頃「アジアは一つ」で有名な岡倉天心は『茶の本』の中で印象的な文章を残している。日本が平和な文芸にふけっていたころ、欧米は日本を野蛮国呼ばわりし、満州で多くの血を流すようになったら文明国と呼ぶと皮肉っている箇所である。

岡倉天心によれば茶とは、「茶の原理は普通の意味でいう単なる審美主義ではない。というのは、倫理、宗教と合して、天人《てんじん》に関するわれわれのいっさいの見解を表わしているものであるから。それは衛生学である、清潔をきびしく説くから。それは経済学である、というのは複雑なぜいたくというよりもむしろ単純のうちに慰安を教えるから。それは精神幾何学である、なんとなれば、宇宙に対するわれわれの比例感を定義するから。それはあらゆるこの道の信者を趣味上の貴族にして、東洋民主主義の真精神を表わしている。[73]」ものである。

そして、伝統と新しさのダイナミズムについても次のようにいう。「茶室はある個人的趣味に適するように建てられるべきだということは、芸術における最も重要な原理を実行することである。芸術が充分に味わわれるためにはその同時代の生活に合っていなければならぬ。それは後世の要求を無視せよというのではなくて、現在をなおいっそう楽しむことに努めるべきだというのである。また過去の創作物を無視せよというのではなくて、それをわれらの自覚の中に同化せよというのである。[74]」

このような融合は過去と現在そして未来という時間軸だけでなく、遠い異郷の地という空間軸でもおこりうる。一九九〇年に開催された『ポーランドの〈NIPPON〉展』をみるとジャポニスムが西欧のモダニストと結び付いていることが非常に鮮明にわかる。最も遠いもの同士の結合が行われている。展覧会で展示された作品群は、みるものに奇妙なめまいをおこさせる。

浮世絵や甲冑が新しい西欧絵画のコンセプトや技法の開発につながった。江戸期の封建体制の中で発達した表現が、西欧の現代芸術をインスパイアした。はるか遠くの東洋の小さな島国の古きものが、西欧の新しきものへとつながっていくとは。西欧、東欧の芸術絵画における現代性を日本の江戸時代の浮世絵などが準備するとは不思議である。

アール・ヌーヴォーも、日本の江戸の浮世絵から大きな影響を受けている。ユーウェン『浪費の政治学』では、アール・ヌーヴォーは「理性的なモダニズムは、冷たく距離をおいた目に訴えかける。それは、綿密な計算の産物である。それに対しアール・ヌーヴォーは、味わいや肌触りや香りという、より親密で挑発的な感覚をよびおこす。[75]」と評価されている。

モダニズムというデザインの一様式に対抗するアール・ヌーヴォーがインスパイアされたのは日本の江戸文化である。鉄とガラスとコンクリートによって失われた感覚的なものとは、日本が持っていた花鳥風月、四季、自然への繊細な感性なのである。しかし、現在その本家本元がそのことを忘れている。しかも、アール・ヌーヴォーの試みは、柏木博によればデザイン原理としては、「近代のプロジェクト」である。なぜなら、『デザインの二〇世紀』の中で柏木は、「アール・ヌーヴォーは一国に限られた装飾の流行ではなかった。それはヨーロッパ全体に広がった、いや、さらにはアメリカや日本にまでも広がったいわばインターナショナルな装飾であった。しかも、それは家具や食器など個別のものだけに見られるのではなく、生活空間全体を覆い尽くしていくような装飾として広がった[76]」からだと主張している。

近代化の中でデザインの様式としてのモダニズムを超える視点を提供したのがジャポニスムである。そして、過度に工業化・近代化され、窒息しかかった人間の感覚や自然との一体化を復活せしめたのである。

一九世紀ヨーロッパには、生活をデザインの変革から再編、改善していく動きが盛んとなった。ウィリアム・モリスの「アーツ・アンド・クラフツ」、ウィーン工房のウィーン・ゼツェッション、フランスに端を発したアール・ヌーヴォー、ドイツではユーゲント・シュティールが一九世紀末に相次いで花開いた。また、ドイツではモダンデザインの「ドイツ工作連盟」（ＤＷＢ）が設立された。その中心となったムテジウスは「さまざまな装飾様式が氾濫している中にあって、固有な「様式」の必要性を主張し、様式こそ文化の表明であるとまで考えた。」[77]のである。共通することは、生活環境の変革をデザインという手段で行おうとした点であり、そのような意味で「近代のプロジェクト」であった。

柳宗悦「工藝文化論」もこの文脈の中にある。工芸や民芸という概念はすぐれて近代的なものである。反近代でもなければ、ポスト・モダンでもない。単純な伝統回帰などでも決してない。なぜなら、柳は『工藝文化』の中で民衆的工芸の性質を以下のようにいっているからである。

「一は一般民衆の生活のために作られる品物だということ。二はどこまでも実用を第一の目的として作られるということ。三には多くの需要に応ずるために多量に拵《こしら》えられるということ。四つには能《あと》う限り低廉を旨として出来るということ。五つには作る者が職人たちであるということ。これらの性質こそは民衆的工藝の欠くべからざる基礎なのである。[78]」

モダンがドメスティックなもの、ヴァナキュラーな特質とまじりあうという一種の混合が起こっている。これは、クレオールというコロニアルなもの、西欧と現地土着との混血と構造的に相同である。たとえば、資生堂のアール・ヌーヴォーの採用とその成功は、そもそもオリジナル自体が日本にインスパイアされたものである。なぜなら、アール・ヌーヴォーはジャポニスムから発生したものだからである。それゆえ、日本でも理解され、高く評価されたのだといえよう。

この問題意識の流れの中で小津安二郎の映画が世界的な評価をなぜ得るのかということを論究しなければならない。彼の映画は、表現技巧の究極的な姿である。「禅の精神」による究極の技巧によって親子間の関係を描いた。父親との確執と和解／母への愛情、これらを自己の作品の核と置く。

持続する志を持ち「恥ずかしくない映画を撮っていきたい」と言った小津の言葉に私達は感動を覚える。日中戦争の悲惨さの中にこそ、社会ではなく人生、人間を本質的にとらえた小津のすごみがある。小津が中国で従軍したときの経験に「戦争の風景の中で死体のそばで赤ん坊が無心に遊ぶ、その後ろの背景に菜の花がある。兵士は赤ん坊をさけて二つにわかれて行進していく[79]」というものがある。非常に悲惨な現実の中に美しい映画的構図があらわれる。セットを組んで照明をあてる虚構の空間よりも最も過酷で厳しい現実の中に美があらわれる。

小津は、エッセーの中で「蓮の花」の美しさを描くことで泥の存在と役割をはっきりさせる映画の方法を論じている。「泥中の蓮……この泥も現実だ。そして蓮もやはり現実なんです。そして、泥は汚いけれど蓮は美しい。だけどこの蓮もやはり根は泥中に在る……私はこの場合、泥土と蓮の根を描いて蓮を表わす方法もあると思います。しかし逆にいって、蓮を描いて泥土と根をしらせる方法もあると思うんです。[80]」

小津は、過酷な戦争を実際に経験しているにもかかわらず、戦前に比較すると戦後のほうがブルジョア的と呼ばれる生活を中心に描いている。明らかに戦後のほうが左翼的社会的映画を撮りやすい環境であったにもかかわらず、『晩春』にみられる古きよき日本文化を表現の中核にした。

戦後の性急な伝統日本文化否定の流れの中で、小津にとって変わらないものこそ新しいものであった。文化への真摯な態度、姿勢など小津から学ぶべきことは多い。

世界は劇場であり、人々は自己の生において主役である。人々の人生の〈意味の連鎖〉＝〈価値連鎖〉とは、よいこと＝よいもの＝よい生活＝よい気分＝よい趣味という生活の流れの中で連鎖的に実現されていくものである。

若者における浴衣《ゆかた》の流行の魅力にみられるように、これからの流れは〈ハイ・カルチャー〉から〈生活文化〉へ、そして〈トレンド〉から〈伝統と新しい文化の融合〉への移行であるということができる。

日本は、なぜ、自分達の商品が世界の中で受け入れられているのかに自覚的になるべきであり、何がよく、何が悪いのかをもっと明確に言語化すべきなのである。

たとえば、世界の自動車作りのルールを変えたのは、日本車である。

- オプションを基本性能化し、有機的に一体化する
- 操作が容易
- 高品質で故障率が低い
- 電子部品の活用
- カローラのようなベーシックな車の完成度の高さ

日本人の美質であり、今日の成功を導いたものである。山根一眞の『メタルカラーの時代』に描かれている職人芸的な技術者の世界は、日本の伝統工芸から受け継がれてきたものである。

したがって、日本車のデザインやテイストが無個性であるという評論家の批評は、一面的である。まさしく、高い品質と信頼性、そして手頃な価格こそ日本文化の遺伝子を受け継ぐものであり、消費文化の一つの形である。お客様は神様だという精神にのっとることは、なんら恥じることではない。むしろ誇るべきことである。このような日本独自のヴァナキュラーな価値を冷静に構造化すべきである。世界に向かって自らの言葉で理論化すべきである。

日本が特殊であるという論理のためではなく、世界に普遍的に通用する独自の価値を構築するため文化を論究していくべきである。アメリカの「マクドナルド」や「ナイキ」「コカ・コーラ」がアメリカの消費文化でありながら世界中の若者に受け入れられ評価されているように、日本の独自の文化によって培われたものが受け入れられる。「ウォークマン」や「カップヌードル」など世界商品になっているものは、日本独自であるからこそ世界的市民権を得ているのである。

『うなぎ』や『HANA‐BI』『東京夜曲』『萌の朱雀』『千と千尋の神隠し』が国際映画祭で受賞し、『Shall weダンス?』が全米で日本映画の実写部門での最高配収記録を更新した。『攻殻機動隊』はセルビデオで全米一位に輝いた。先にふれたようにジャパニーズホラーのリメイク作品は、全米興行収入一位を週間で何度も獲得している。もちろん、コンピュータゲームの世界では、圧倒的に日本がシェアトップである。「ハローキティ」や「ドラえもん」は、日本のキャラクターとして大人気である。ソフトの世界でも世界商品が生み出されつつある。

現在日本は、戦後六十数年を経て大きな変革期にいる。様々な問題が噴出している。これまでの仕組みや体制を大幅に変革しなければならない。消費、マーケティングについても当然変革は求められている。変革を行なうということは、これまでの確立されたルールを変えなければならないということである。とはいっても、その変更しなければならない既存のルールとは何かを十分に知らなければならないだろう。

しかし、そこではただの精神主義に戻ってはならない。「豊かさ」を味わい、より深めていくためには、安易な倫理主義や精神論ではなく、モノに具体化されるノウハウや使いこなしの技術といったソフトインフラが非常に重要なのである。私がここで問題にしたいのは、「豊かさ」がただの倫理や精神論ではなく、モノに具体化され使いこなすノウハウや技術が蓄積され、十分に浸透しているのかといったことである。

現代消費社会に批判的な人々は、私達の社会が物質的に飽和し、あるいは、現代の物質文明の行き詰まりであるとよく批判する。しかし、阪神・淡路大震災や新潟県中越地震などの災害支援やフォローをみる限りまだまだ私達の物質的な豊かさの水準などはたかがしれているとしか思えない。ヨーロッパに旅行して様々な街をみれば日本の豊かさはまだまだの水準だということはすぐわかる。戦後六〇年以上を経過しても蓄積した生活ソフト、インフラは、貧弱である。

本書で強調したいことは、近代が行き詰まってすでに機能していないという考え方、あるいは、近代が生んだ豊かさは、飽和点に達しているという見方への批判である。哲学における批判理論の創始者であるアドルノ、ホルクハイマーのいう呪うべき「野蛮としての近代」でもなく、その反対に楽天的なバラ色の近代でもない。私が、是が非でも伝えたいことは、近代を全面的に乗り越えた大きな思想、パラダイムや、その具体的なデザイン、設計図は登場していないということである。フランクフルト学派の継承者であるドイツの哲学者ハーバーマスのいうように近代は「未完のプロジェクト」なのである。[81] 宮台真司のいう、退屈な「終わりなき日常」の中で、一つ一つ課題を辛抱強く着実に解決していく地味な思想、システムなのである。[82] ある日突然、超能力や革命的なヒーロー、全能の独裁者によってすべての矛盾が一挙に解決するようなものではない。[83]

また、近代化ということで私達がイメージしたのは、超高層ビル、高速道路、大規模コンビナート、大型ダム、音速を超えるジェット機、宇宙ロケット、ロボットなど楽天的な科学技術の進歩に取り囲まれている均質化した無機質なコンクリートとガラスの世界である。実際、日本の元旦の新聞でよく描かれる典型的近未来世界とはそのようなものであった。その身近なシンボルの一つが日本の高層団地であり、近代化＝非人間的とまでもいわれるようになった。近代化のネガティブな側面が現在では大きく取り上げられ、マスコミの言説では反近代やポスト・モダンの方が力を持っている。

このような一般的なステロタイプと化したイメージに対して、近代は完全に均質ではないはずだというのが本書における私の主張である。これまで、私達は近代化を一面的に固定化して考えていたのではないだろうか。世界の国々それぞれの近代化があるはずであり、同様に日本独自の近代のあり方があるはずだというのが私の確信である。

本書の中でキーワードである「ヴァナキュラー・モダン」という耳慣れない用語を使用したのもこのような問題意識によるものである。「ヴァナキュラー」とは、大雑把にいえば「土着の」

という意味である。先鋭的な現代社会批判を展開する哲学者イヴァン・イリイチが『ジェンダー』の中で使用した概念である。

イリイチによると「〈ヴァナキュラー〉とは、家でつくられたり、家で織られたり、家で育てられたりしたものであって、市場用に定められたものではなく、家庭においてのみ使われるものを意味している。[84]」

「ヴァナキュラーは、インド・ゲルマン語系の語源をもち、その本来の意味は「根をおろすこと」(Verwurzelung) および「居住地」(Wohnsitz) である。[85]」

建築の世界では比較的よく使用される専門用語である。なぜなら、家屋はその国の風土や環境に大きく影響されその固有性が最もでやすい領域の一つだからである。しかも、家屋の中で営まれる生活は、まさにその土着性が総合的にスタイルとして組織化されている。

この用語をわざわざ採用したのは、民族性やナショナリティという イデオロギーに汚染されるのを避けるためである。土着の具体的な生活文化の中から固有の近代性が生まれるという思いを込めて使用したものである。

山脇道子の著書のタイトルが『バウハウスと茶の湯』とあるように「バウハウス」と「茶の湯」には造形に対する共通の理念や思想が存在していた。それは「シンプルかつ機能的であることを良しとし、材質の特性をできるだけそのまま生かそうとする[86]」という思想に集約できる。

同じく彼女は、バウハウスから茶の湯と同様「感覚と理論と技術の裏付け[87]」「素材の性質をあらゆる感覚を通して理解する[88]」ことを学んだといっている。あらゆる感覚を通じた美意識と技術の合理性が融合したものこそ「ヴァナキュラー・モダン」によるエステティクスであると定義できる。

　彼女は、バウハウスに留学する前に特別に美術・建築の専門教育を受けていたわけではない。しかし、茶の湯の世界に親しんでいたためにすんなりとバウハウスの教育に入っていくことができた。茶の湯の世界を自らの体に自然なものとして受肉化し、感覚的に共通の基盤を持っていたために、ドイツの近代デザイン運動と深い共鳴ができたのだといえよう。

商品の選択の自由に関しては、日本はすでに欧米の先進国を超えている。大量生産大量消費、アバンダンスの本場アメリカは、意外なことにプロテスタント、ピューリタンの伝統が残っている。特に地方では、質素な暮らしをしている。

私自身、一九八九年の記号論とマーケティングの国際会議に出席したおり、インディアナ大学ホテルのバーでジャックダニエル、I・W・ハーパーを注文したところウエイトレスが両方とも知らなかったのでびっくりした思い出がある。

英国でも日本のような大規模なマスでのブランド消費はない。イギリスの質素さ、反消費主義が影響しているのだろう。またドイツでも日本のような大規模なマスでのブランド消費はない。フランスのパリとアメリカのニューヨークのみが日本・東京に比肩しうる都市である。その中でも、東京の速度と規模は群をぬいている。

6　日本を生かす

このような事態に対してただその影の部分に焦点をあて全否定すべきではないと私は考える。たとえば、セゾングループの元オーナーで詩人・作家である堤清二の『消費社会批判』(岩波書店、一九九六年)でのべられているような「本当の消費」とは、消費に関するロマンチックな観念なのではないだろうか。現代のブランド消費を記号の消費にすぎないという批判は、本来高度大衆消費社会では成立しないはずである。なぜなら、記号をソシュールの概念で用いる場合、記号とは意味するものと意味されるものの結合したものであるから製品やサービスは、そもそも記号にならない限り商品、ブランドとして認知され、社会的に存在したことにならない。記号という社会に流通する言葉にならない限り意味を持った社会的存在になることは、不可能なはずなのである。

すぐにモノが飽和した、過剰だ、無駄だというのはステロタイプの発想ではないだろうか。私達が獲得したささやかな物質的豊かさを単純に全否定してはならない。しょせん日本には、欧米で定着している毎年の長期バケーションすらない。とても豊かさの飽和に達しているとはいえない。

しかも、グローバル経済の中で、もはや、一般の民衆の消費の欲望をおさえることはできない。中国やインドでも消費の欲望は離陸し始めている。欧米、日本において成立した高度大衆消費社会を全否定することはできない。

文芸評論家の磯田光一は、『戦後史の空間』で武田泰淳の『森と湖のまつり』(講談社文芸文庫、一九九五年)を論評しながら次のようにいう。

「われわれは高度成長の結果として、公害その他の問題に直面し、かつ政財界の推進した「近代化」がローカルなものを滅ぼしていったことを知っている。しかしそれが物理的事実であったとしても、その物理的事実が心理的事実として浮上してくるためには、「近代化」を達成したという心理的安心感が、その前提として必要なのである。「近代化」の必要性とその困難に直面している途上国にとって、達成の安心感などもともと持ちようがないのであって、そういう地点からみるとき、「近代化」への疑問を語る知識人のほうが、はるかに特権化した据傲に安住し、かつオプティミスティックな存在かもしれないのである。[89]」

現代の知識人が唱える日本の消費文化への批判論は、あまりに現実から遊離している。たとえば、現代消費批判者、マルクス主義者やエコロジスト、オールド・レフトなどは、オウムとディズニーランドを比較し同一の次元で論じたりする。多くの批判論者が暗黙に前提としているのは、現在が「間違っている」「誤っている」、自分たちの方が「よりよい」「正しい」ということである。そして一足飛びの完全な解答を彼らは求める。

私達が欲しいのは、近代や近代消費文化への全否定ではなく、どのように変革するのかという見取り図や具体的な方法である。本当にそれを納得させるには、一般の人々にもわかるように具体像として示さなければならない。不可視のユートピアを主張し続けることは、前近代的な宗教と同じである。具体的にどのように実現していくのかについて設計図と道筋を示さなければならない。

そもそも、マルクスが法学、哲学から経済学へと移行していったのもこのような問題意識からである。日本においてどのような像が望まれているのかを論究した批判論者は少ない。

社会主義、共産主義はユートピアを目指したが、現時点での失敗は誰の眼にも明らかである。イデオロギーの優劣は具体的な生活に実現され、その結果として判断すべきである。その意味では、公害を克服するのは生活者の批判、情報と近代科学技術そのものである。全否定的批判ではなく、現実の結果、実務から批判すべきであろう。

現実化できることはなにか、現実をとらえているかどうかは、現実の結果から明らかになる。そのような意味で、私達の思考法は近代的なものである。近代否定派が決定的に弱いのは、共感を呼ぶ説得的でリアリティのあるノウハウがないためである。どのようにして現実化するか、具体化するか、そして、そこの部分に取り組む人間が能力的にも量的にも必要なのである。

私達は、今の生活を当然のように思う。しかし、ふりかえってみれば、これほど電気製品に囲まれ、便利な近代生活を送ってきたのは、テレビの本格的普及から数えてわずか約四〇年程度に過ぎない。日本は、ライフスタイルのアメリカ化に関して、非常に優秀だった。私達の現在の生活様式もアメリカが構想し、開発したライフスタイルの延長にある。本家のアメリカですら、ゲディスのフューチャラマから六〇年かかってこのようなスタイルを完成した。

柏木博の『家事の政治学』(青土社、一九九五年)によるとアメリカの消費文化や生活様式のグローバルな普及には、第二次世界大戦後のアメリカと旧ソ連の冷戦が大きく影響しているという。政治イデオロギーの競争が、生活様式や消費文化に多大の影響を与える。旧ソ連の書記長であったフルシチョフがアメリカを訪問し、当時のアメリカ副大統領のニクソンとかわしたシステム・キッチン論争がある。フルシチョフは、すべての人に一つのシステム・キッチンを平等に普及というのが共産主義であると主張した。ニクソンは、資本主義、自由主義、民主主義では、多様なシステム・キッチンを選ぶことができるということこそ、共産主義に対する優位であるといった。

その後の歴史をみれば、どちらが、生活者に選ばれたかは、明白である。私達は、共産主義ではなく資本主義、自由主義、民主主義を選択したのである。

しかし、一見飽和しているかのような近代は、実はまだ完成されていない。近代の脱構築を目指すことはありえても、脱近代、反近代は難しい。人々の欲求は経済成長を求め、かつそれを前提に実現できるものを求めているからである。一人一人の暮らしがよくなるということ、そしてそれを実感するということは、一般の生活者にとって実に切実な問題である。

近代の経済体制におけるマクロ的な選択は定まったが、日本の近代はイギリスやアメリカ、ドイツとは異なったものである。日本の中でも、微細にみると均質ではない。

ヴァナキュラーなものは、日本にも生きている。考古学的、民俗学的に死んだものではない。映画『幻の光』の舞台であった奥能登のような土俗的な場所は、日本の中に無数にある。日本の土俗的世界を背負ったまま、多くの人々が都会にでてくる。

文化を探求することが独自性とともに自己のオリジン・起源とアイデンティティを探すことになる。グローバルな文脈では重要なポイントであり、優越、優位であり、弱点でもある。メガ・コンペティションの時代だからこそ自己の文化について明晰に把握しなければならない。今こそ日本は熟年となり自分たちをみつめ直すべきである。成熟することに真剣に、取り組む時期ではないのか。ゆっくりとあせらずに、できるだけ冷静に自己の強みを把握する時期ではないのか。

グローバル・ルールの中で勝ち抜くためにも、自らの強さになりうるものを意識的に把握していくべきなのである。でなければ、アメリカを中心とするアングロサクソン型の資本主義には対抗できない。彼らのルールの中で独自性を出すことこそ強みになる。まったく同質化してしまったらどう頑張っても二流のアメリカ人になるしかない。

スポーツの世界を例に取ると、かつての日本は共通のルールの上で独自性を創造し、一時代を築いた。バレーボールの全盛期には、この点がうまくいった。時間差攻撃や各種のアタック攻撃を開発し日本独自のチームプレイによって頂点を極めた。

ラグビーの元日本代表監督宿沢広朗の持論に、日本と海外の間にはラグビー選手の体格差やパワーの差が基本的に存在している。それを克服するためには日本独自のチームプレイが必要だと彼は説いている。同じ戦略や戦術では、パワーに勝る外国チームには敵わないという。(90)

野球は、アメリカから輸入され日本独自のベースボールになった。ルールは共通であるが、戦い方や選手のチームプレイ、練習方法に大きな違いがあった。もちろん、大リーグが優れている側面も多数ある。しかし、ジョンソン元監督やフィルダーは、日本のチームプレイや変化球の打ち方などを技術として取り入れ成功した。

また、イチローが語ったエピソードによれば、大リーガーは、グラブやバットなどの用具を大切にしないという。イチローが大切にグラブの手入れをしていたら、なぜそんなことをするのかと言われたという。古くなったら新しいものに替えればいいのだそうである。レッドソックスへ行った松坂投手も同じ経験をしたという。モノをモノとしかみない文化と、モノに魂が宿ると考える文化の違いがある。そして、用具の手入れの中に一種の「禅」の修業の反映を感じる。(91)

今ではすっかり忘却の彼方となってしまったが、日本が世界を席巻していたとき、アメリカは日本的経営や製造方法、品質管理法を学び、自分達の中に取り入れていった。特に、アメリカの自動車産業におけるビッグスリーの復活のキーとなったのである。

今、日本は自信喪失に陥っており、何でもグローバルスタンダード病になっている。だからこそ、本書では日本の自分自身のよいところ、悪いところを見つめ直し、私達は一体何者かを明らかにしなければならない。

7　日本文化のソフト面での特質——「道」というソフト

先に述べたように「モノ造り」の文化は、日本の文化の強みが反映したものである。「モノ」への態度、作る行為が「道」になるといった点が、日本の独自の「モノ造り」のソフトインフラとなっている。過剰品質といわれようと、やらずにはいられない。アメリカで「アコード」や「レクサス」が成功した要因である。この点について詳細を論じたい。

人間は、特定の社会の内部で一定の思考論理のもとにある。その特性を探り出すため、マルクスとウェーバーを取り上げる。

マルクスは社会を全体（ゲシュタルト）としてとらえ、法的、政治的、経済的なおのおのの領域が、有機的に連関していること、そして、ある特定の社会が成立するのは、生産力と生産様式によってであると考えるのである。そして歴史の相のもとでの、社会体制の発生と移行とを明らかにしようとするのである。その簡潔な定義は「経済学批判」の序言にくだされている。

「人間は、その生活の社会的生産において、一定の必然的な、かれらの意志から独立した諸関係を、つまり彼らの物質的生産諸力の一定の発展段階に対応する、生産諸関係をとりむすぶ。この生産諸関係の総体は、社会の経済的機構を形づくっており、これが現実の土台となって、そのうえに法律的、政治的上部構造がそびえたち、また一定の社会的意識形態は、この現実の土台に対応している。物質的生活の生産様式は、社会的、政治的、精神的生活諸過程一般を制約する。人間の意識がその存在を規定するのではなくて、逆に人間の社会的存在が、その意識を規定するのである。社会の物質的生産諸力は、その発展がある段階にたっすると、いままでそれがその中で動いてきた既存の生産諸関係、あるいはその法的表現にすぎない所有諸関係と矛盾するようになる。これらの諸関係は、生産諸力の発展諸形態からその桎梏へと一変する[92]」

このマルクスの分析は、多くの示唆をもたらす。私達の意識は、自分自身によって規定されるのではなく、現存する社会によって規定されているということ、そしてその社会を形作るのは、マルクスによれば「生産力」と「生産様式」である。つまり、現在の私達の精神は、私達自身によってではなく、歴史の相のもと、経済的物質的過程によって規定される。精神を表現とみなせば、その制作者は経済的、物質的過程の論理であるということができよう。

マルクスにとっては、私達を背後で規定している、見えない諸力、深層の構造を明らかにすることが主題である。晩年のマルクスはその作業を『資本論』へと結実したが、その通路となった、若きマルクスの著作『経済学・哲学草稿』は、もっと私達にわかりやすく、マルクスがどうしてこのような論理を見出せたのかを明らかにしてくれる。

マルクスの『経済学・哲学草稿』の第三草稿「貨幣」の中で展開している議論の着眼点は、貨幣の「意味されるもの」についてである。人間と人間の間に取りかわされる諸関係に、どのような影響を与えるのか。それはどのような影響を、私達に与えるのか。マルクスはゲーテとシェイクスピアの章句を引用した後に、次のように解釈する。

「貨幣によって私のためにあるようになるもの、私が代金を支払うもの、すなわち貨幣が買うことのできるもの、それは、貨幣そのものの所有者たる私である。貨幣の力が大きければ、それだけ私の力も大きい。貨幣の諸属性は私の――貨幣所有者の――諸属性であり、本質諸力である。したがって私がそうであり、またそうなしうるところのものは、けっして私の個性によって規定されているのではない。私はみにくい男である。しかし私は自分のためにもっとも美しい女性を買うことができる。だから私はみにくくない。というのは、みにくさの作用、人をぞっとさせるその力は、貨幣によって無効にされているからである」(93)

マルクスはこの後、邪悪で不正直な、不誠実な、才智のない人間が、貨幣の所有者であるがゆえに、尊敬され善良であるということになることを述べている。マルクスは、貨幣はある個体の持つ、意味されるものを打ち消す意味作用を持っているということを、分析したのだということができる。そして貨幣がそのような意味作用を持つのは、ある特定の文化の中でのみである。この意味作用を分析するには、対象的世界の中での、貨幣の役割=意味にたずねればよい。

「実存しつつあり活動しつつある価値の概念としての貨幣は、一切の事物を倒錯させ置換するのであるから、それは一切の事物の全般的な倒錯と置換であり、したがって転倒した世界であり、一切の自然的ならびに人間的な性質の倒錯と置換である」(94)

この分析は、貨幣の文化の文脈においての位置を明らかにする。マルクスはここで「下部構造」に眼をむけ、貨幣がどうしてそのような力を有するのかを探究した。しかし、道はもう一つある。マルクスが「上部構造」と呼ぶところのもの、言語によって主に表現される領域である。なぜなら、貨幣の存在が正当化されるには、それを指示し、理論化する言語がなければならない。私はここで、ウェーバーに眼を転じよう。

マックス・ウェーバーは、マルクスが「上部構造」と「下部構造」の連関、それも経済的過程に注目したのと違い、「上部構造」の内部での移行と変革に注目したのである。したがってウェーバーは、より意味というものに近づかねばならなかったといえよう。マルクスが貨幣の意味作用を、貨幣を生み出す「生産力」と「生産様式」からみていったのに比べ、ウェーバーは貨幣によってもたらされる行為からみていこうとした。

つまり「理解社会学に特有の対象とみなされるのは、任意に選ばれた「内面状態」や外的行動ではなくて、行為[95]」なのである。これは三つの点から規定される。

「1．その行動が他人の行動と関連する場合には、行為者が主観的に考えている意味に従って行なわれ、

2．その行動が行なわれていく途中で、それのもつ意味の関連の仕方によってもまた規定され、したがって

3．この（主観的に）考えられた意味から理解可能な形で説明しうる、

そうした行動のことである[96]」

このとき、この意味という概念は、心理学で取り扱う個人の意識の内にとどめられる価値より

も、もっと広いものであるということができる。というのは人間が、ある行為をなすとき、性格が違い、感覚、知覚が違おうと、別々の経過から同一の結果にたどりつくことがある。この場合には、私の説明は、心理的なカテゴリーでは有効ではない。そこである一定の位相において、説明する原理が必要となる。

なぜ、個体の心理的な差異を越えたところで人間が同一の行動をとり、何らかの文化を作りあげるのか。

「すなわち、一見直接に目的合理的に生み出されたように見える諸現象が、実はまったく非合理的な動機によって歴史的に創出され、そしてその後で、生活諸条件の変化がそれらに対して高度の技術的「整合合理性」を附与したために、「適合的な」ものとして生き残り、またときには世界的に広まった、という事実である[97]」

ウェーバーは、このような認識をもとに、意味を形成するものとしての宗教に着目したのである。歴史の相のもとで、人間のある一定の理念、あるいは精神は、宗教の倫理から形成されるのではないか、と考えたのである。

ウェーバーの主題は、最も基本的な包括的な形で「宗教社会学論集」序言に、次のように述べられている。

「いったい、どのような事情の連鎖が存在したために、他ならぬ西洋という地盤において、またそこにおいてのみ、普遍的な意義と妥当性をもつような発展傾向をとる——と少なくともわれわれは考えたい——文化的現象が姿を現わすことになったのか、と[98]」

文化の特性を形成するものとしての理念とは、どのようなものかを分析することによって、この問題は解かれるのではないか。ここでその具体的な分析を追ってみよう。

ウェーバーは「プロテスタンティズムの倫理と資本主義の精神」において、まず「歴史的個体」(ein historisches Individuum)を措定する。「歴史的個体」とは、ウェーバーによれば、「歴史的現実における一つの複合体」「歴史的現実における諸関係を、その文化的意味の角度から、みあわせて、一つの概念に構成する」[99]ことによって成立する。言い換えれば、この作業は、歴史の相のもとでの理念型の抽出であるといえよう。

ウェーバーは、近代資本主義がある特定の理念のもとで成立したと考える。しかし資本主義の根幹をなす「利潤追求」という行為は、近代資本主義に特有なものではない。なぜなら「利潤追求」行為は、中国・インド・日本においてもみることができ、西欧の歴史においても、ギリシャ・ローマ、中世を通じてみることができるからである。利潤追求＝富への欲望とおいたとき、確かに文明の歴史において、どこにでもみられる心理的範疇である。しかしウェーバーはここで、利潤追求＝富への欲望という図式の下に、別の意味を読もうとしている。

そのときウェーバーは、カルビンの説に着目する。西欧の歴史の中で、プロテスタントはカルビンによって、利潤追求を神の承認のもとで行なうことができるようになった。カルビンの説とは、富の大きさが、神に選ばれたる民の尺度へと間接的につながるというものである。このときから利潤追求の行為は、ただ単純に、個人の消費の欲望を満足させる手段ではなく、神への道と関連するという聖なる性格を持った。ここにおいて、中世の富への欲望とははっきり異なった理念、あるいは精神が生じる素地が成立したといえよう。そして「プロテスタンティズムの倫理」は、「現世内的禁欲」を特徴とする。つまり、神への道を間接的に確認するためには、プロテスタントはなるべく富を増やさなければならない。そのためには、富を消費するのをおさえ、利潤拡大のための投資にまわさなければならない。それゆえ、「現世内的禁欲」が要求されるのである。中世の意味づけからすると、「利潤追求」とは、欲望の解放以外の何ものでもなかった。それゆえ、とても禁欲などとは考えられず、まっこうから対立したものと、とらえられていたのである。

プロテスタンティズムは、利潤追求行為に対する西欧中世の意味づけを一八〇度転換したのである。そしておのれの行為が正当化され、自らの存在に理由づけを行なうことができたプロテスタント資本家は、最も効率的に利潤を獲得するための方法・条件を案出する。おのれの蓄積した富の量を正確に計算するため、貨幣額によって計算することが行なわれ、表記法が開発され（貸借対照表・損益計算書など簿記と呼ばれるもの）、家政と経営が分離される。したがってこれらの新しい経営様式は、効率性すなわち最も合理的であるということを目標にして行なわれたものである。これはウェーバーによって「形式的合理性」と命名された。私達が持っている「合理性」を尊重するという価値は、このプロテスタンティズムの倫理から発生したものである。これが宗教的倫理から、ある経済体制の「精神」への移行の簡潔な描写である。[100]（図5－1）

ドイツの社会学者ゾンバルトが『恋愛と贅沢と資本主義』で論じていたのは、主に需要サイドである。ケインズの有効需要に対応し、いかに贅沢品が欲望され、そして流行となって浸透していったのかを示している。ウェーバーが、大量生産を可能にしたエートスを明らかにしたのに対して、ゾンバルトはいかに大量消費が大衆化するのかの消費文化ソフト面を論じたのだといえよう[101]。（表5－1）

私はマルクスを導きの糸として、ウェーバーの問題設定に近づいた。そしてマルクスの分析から、ウェーバーの分析へと至ったのである。私自身はウェーバー的主題をとろうと考える。そこでウェーバー自身が的確な要約を行なっているので引用してみる。

「西洋、なかんずく近代西洋における合理主義の独自な特性を認識し、その成立のあとを解明することが問題となってくるのである。そうした解明の試みは、すべて経済の持つ土台《フンダメント》としての意義に応じて、何よりも経済的諸条件を考慮するものでなければならない。しかし、また、それについては逆の因果連関も見逃されてはならない。というのは、経済的合理主義は、合理的な技術や合理的な法ばかりでなく、その成立にさいしては、特定の実践的・合理的な生活態度をとりうるような人間の能力や素質にも依存するところが大きかったからである。このような能力や素質が、何らかの心理的障害物によって妨げられているばあいには、経済における合理的な生活態度の発展も、重大な内面的抵抗に遭遇せざるをえなかった。生活態度の形成にとってもっとも重要な要因は、過去においては、つねに呪術的および宗教的な諸力であり、それへの信仰にもとづく倫理的義務の観念であった[102]」

私は西洋を日本におきかえて考えてみる。そして日本において、日本の精神の独自性を形作ったものとして、日本の中世の思想を考察していきたい。そしてこの考察に役立つその他の方法論を見出していきたいと考える。その最初の方法論として言語学の方法を取り上げる。

ウェーバーは「価値」「意味」という語を用いていたが、言語学が何かをもたらしてくれるか、を探っていこう。

言語学の歴史は、ヤーコブソンによれば、一九世紀から始まる。そしてそれは、「外的経験に盲目的にしきりに執着する、もっとも素朴な形の感覚的経験主義が根をおろしていて、当然、言語活動の精神的側面は、意味は、表意作用の世界は直接的に知覚可能な、手でふれうる経験、つまり言語活動の物質的側面、音素材に比べて影がうすかった[103]」。そこでは少壮文法学派と呼ばれる学派が主流を占め、第一次世界大戦前までは、中心的な位置にあった。そこで「彼らは言語現象の起源を探し求めたが、しかし現象の目的はあくまでも無視した。言語活動がどんな文化的要求を満足させるのかを知ろうともせずに、言語活動を研究していた[104]」のである。そしてヤーコブソンは続けて、その時代のエピソードを紹介する。

「もっともすぐれた少壮文法学派の一人は、せっせと研究したばかりのリトアニア語の写本の内容について聞かれると、当惑してこう答えることしかできなかった。《内容には注意しませんでした[105]》」

このような傾向を打破したのが、現代言語学・記号学の祖ソシュールの「一般言語学講義」なのである。ソシュールの「一般言語学講義」では、言語学が「意味」の問題を取り扱うこと、そして体系として扱うことが提唱されている。

言語学の問題設定では、「言語学者のつとめは、言語をして記号学的事実の総体のうちで特殊

図 5-1　経済システムを支えるソフト

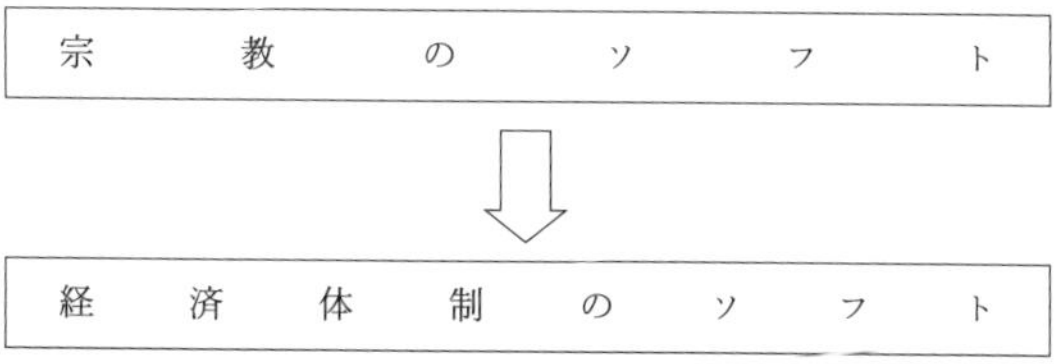

表 5-1　文化ソフト面からみた資本主義

	需要サイド	供給サイド
研究者	ゾンバルト	ウェーバー
経済システム	消費システム	生産システム
駆動力	恋愛	プロテスタンティズム エートス
生み出されたソフト	ぜいたく 流行 ファッション	計数管理 財務諸表
経済学	ケインズ 有効需用	マルクス 生産諸力／生産関係

の体系たらしめるものを、定義することにある。[106]」そして「言語は観念を表現する記号の体系であり、そうとすれば、書とか指話法とか、象徴的儀式とか、作法とか、軍用記号とかと、比較されうるものである。ただそれはこれらの体系のうちで最も重要なものなのである。そこで社会生活のさなかにおける記号の生を研究するような科学を想像してみることができる[107]」。

そこでソシュールは、言語の研究における時間的区分、共時言語学（linguistique synchronique）と通時言語学（linguistique diachronique）を唱える。[108]これは言語を研究するものにとって、静態的な時間区分と、進化的歴史的な時間区分の、二つが存在するということである。そこで言語をとらえてみるなら、一般的な原理としてソシュールは、言語記号が結ぶものは「概念」と「聴覚映像」であるとする。これを図示すると、図5-2のようになる。たとえば、ラテン語のarborの意味を求める場合と、ラテン語が「樹」そのものを意味する場合と、二つの場合を図示してみた。

この法則が、所記（signifié）と能記（signifiant）の結合によって、言語記号が成り立っているということを表わしているのである。[109]

私はこれを、「意味するもの―意味されるもの」という用語を用い、次のようにいうことができるのではないかと考える。ウェーバーは、利潤追求の歴史上での意味の転換を考察したとき、利潤追求の「意味するもの―意味されるもの」の構造を明らかにしようとしたのではないか。それはちょうど、歴史の「統辞論」（シンタックス）ではなかったのか。そして、何らかの行為の意味とは、歴史の「統辞論」によって形成され、逆転されうるものではなかろうか。ちょうど、

「ある言語を話せるという能力は、その言語について話せるという能力を意味する」[110]。つまり、「語、あるいは慣用句、約言すれば、最も高いレベルにあるコード単位は、コード単位の等価的な組み合わせによってのみ、つまりこのコード単位そのものに関説するメッセージによってのみ、十全に解釈されうる」[111]といえよう。私達が意味を持つ行動をとることができるのも、それを支える言語が存在するからである。そしてウェーバーの分析が正しいとすれば、それが宗教の言語だということなのである。そしてそこにも構造が存在するはずである。

私はここで、チョムスキーの用語を借用することにしよう。それは「深層構造」（deep structure）と「表層構造」（surface structure）である。これは、「前者は、文の意味解釈を決定

図5-2　所記（signifié）と能記（signifiant）

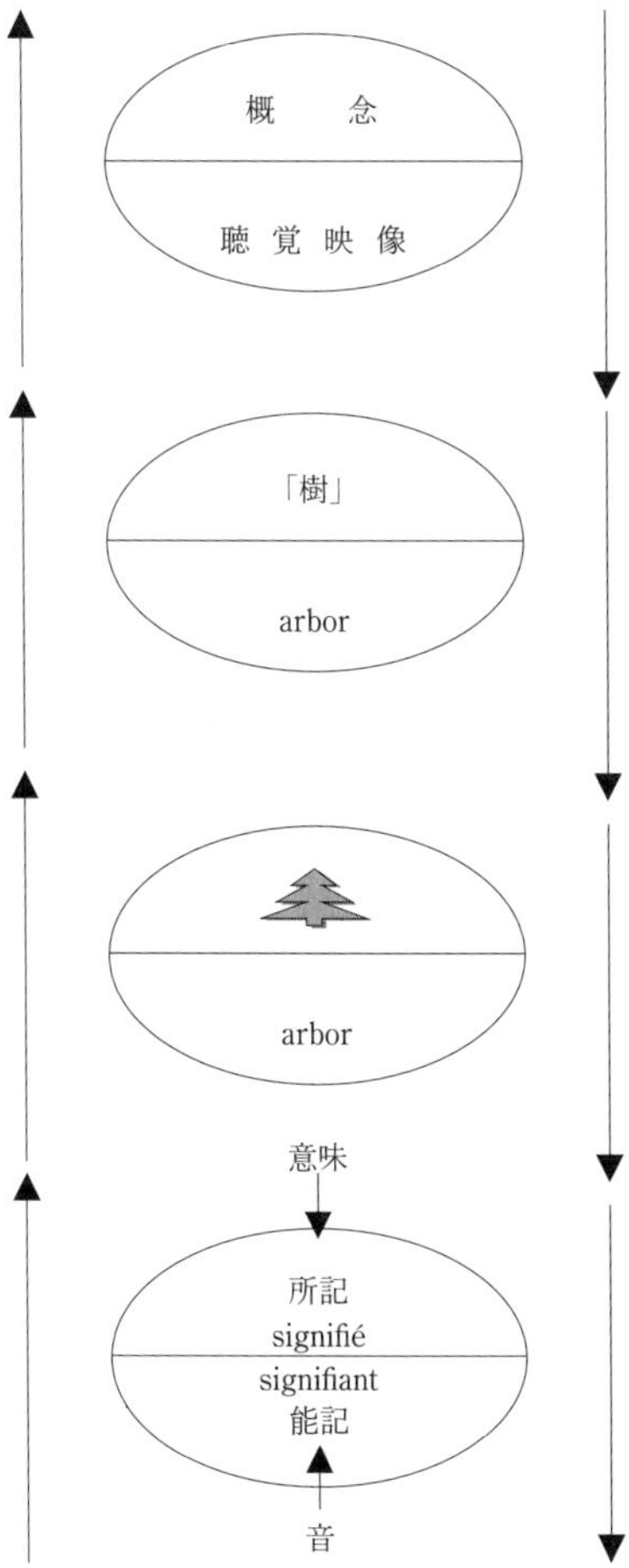

（出典）F・ソシュール、小林英夫訳『一般言語学講義』P.96～97より作成

するところの抽象的な構造であり、後者は音色解釈を決定し、現実的発話の物的形式、その知覚される、ないしは意図された形式に関係する表面的組織である」[112]と定義される。

私はこれを、歴史の上に当てはめ「深層構造を生成する基底部体系（base system）とこれらを表層構造へと写像する変形体系（transformational system）[113]」が、日本の歴史の中では何に当るのかを、論じたい。

日本において、解釈学的方法を使用した代表的な哲学者は、和辻哲郎と九鬼周造である。私にとって解釈学的方法をわかりやすく紹介してくれたのが、和辻哲郎の『人間の学としての倫理学』の第二章の16「解釈学的方法」である。

和辻哲郎は、「解釈学（Hermeneutik）はもと文学の地盤から生じた」という。

「ベェク（August Boeckh）によれば、文学とは、人間の精神によって生産せられたものを、すなわち認識せられたものを、さらに認識しようとする学である。だから文学は、すでに与えられた知識を前提し、それを再認識する。[114]」。

そして和辻哲郎は、解釈についてその起源から問うのである。

「元来Hermeneutikの名は、神の名Hermēsと根源を同じくするhermēneiaから出ている。ヘルメースは、神々と人間との間の仲介であり、神の思想を人間にあらわにする。すなわち無限なるものを有限なるものに、神的なる精神を感覚的なる現象に、翻訳する。だから彼は「分かること」（Scheidung, Besonderung）の原理を意味し、従ってまた「分からせること」（hermēneia Verständigung）に属する一切のもの、特に言語と文字の発明者とせられる。言語文字は思想に形を与える、すなわち人間のうちの神的なもの無限なものを有限な形態にもたらす。それによって内なるものが分からせられるのである[115]」

ここまで述べた和辻哲郎の紹介は、文学的認識の問題に限定されたものである。彼は次に歴史的認識の理論として、ディルタイの「解釈学」を論述する。

「ディルタイによれば、外から感覚的に与えられた「しるし」によって、内なるものを認識する過程が、理解である。それは根本的には、表現とそれにおいて表現せられたものとの関係にもとづいている。さてこの理解の種々の段階のうち、最高なるものは天才的な理解である。これが技術に化せられると「解釈」になる。持続的に固定せられた生の表出の技術的理解、それが解釈である[116]」

そしてここが、私の中心的な問題であるが、続けて次のように和辻哲郎は語る。

「ところで精神生活は言語においてその十分な、客観的把握を可能ならしめるような、表現を見いだす。だから右のごとき理解の技術は、文書の内に保存せられた人間存在の遺物の解釈をその中心とすることになる[117]」

ここから私は言説の用語を用いるのである。ミシェル・フーコーの discour「ディスクール」に対応したこの言葉は、テクストの中にある意味を形成する実体である[118]。

和辻哲郎は解釈学の方法によって、倫理に対して種々の定義を下しているが、それらは私の導きの糸となってくれる。というのは、日本の文化の言説構造について取り扱うにあたっての、予備考察となるからである。また私に着想をも与えてくれるからである。和辻は、「倫理」という語の定義を次のように進めていく。倫という語は「「なかま」を意味」し[119]「「人倫」という言葉が、人間共同態の意味を持ちつつしかも「人間の道」あるいは「道義」に用いられる[120]」として「道」に通じていることを明らかにする。そして「理」について「理は「ことわり」であり、「すじ道」である。だから、それが人間生活に関係せられれば、理の一語のみをもって、すでに道義の意味を持ち得る。人間の理は、人間の道である[121]」

私にとって倫理は、宗教の言説によって形成されるものである。ウェーバーの分析から私達は、宗教倫理が社会体制を創出する動因となり、意味を形成することをすでに知っている。そして日本の文化にこれをあてはめたとき、どこに対応するのか。それは、この後の私の主題に対する核心である。

私は次に、なぜ日本の中世が歴史として問題になるのか、中世思想の意味を明らかにしていきたい。

和辻がいう意味での倫理、ウェーバーのいう意味での倫理が成立する基盤は、古代においてはありえなかった。何よりも古代の民衆は、肉体の官能を享受することに関しては、ほとんど宗教的な言説によってしばられることはなかったということができよう。仏教は民衆に対しては伝達されていなかったのであるし、本質的に徹底したお抱え宗教、官製宗教であった。民衆にとって宗教は壮麗な大伽藍を備えた寺院であり、金色の優美な仏像でしかなかったはずである。一方支配階級である貴族に広まった仏教とは、本来の教説とはかかわりのない迷信、ものいみ等の呪術的なものとなってしまった。支配階級に対しても被支配階級に対してもその精神をおおい、世界観、人生観を決定づけるだけの浸透は示していなかったのである。それでは民衆の間に広がり、支配階級にもおのれの精神的支柱として受け入れられた仏教とは何であったのか。鈴木大拙は「霊性の日本的なるものとは何か。自分の考えでは、浄土系思想と禅とが最も純粋な姿でそれであると言いたいのである」(122)と述べている。私は鈴木の指摘を手がかりとして禅の持つ思想を検討していきたい。

私は和辻の倫理という概念が人間の道を定義されていることを論じたが、この道という言葉は禅宗に対応し、道元の「正法眼蔵」の言説によるのである。歴史上では「道」という言葉は、文芸の専門化現象からはじまっているが、そもそもは道元の「正法眼蔵」第九巻、発菩提心に次のような言説が書かれている。

「おほよそ心三種あり。一ハ者質多心《しつた》、此方《しほう》ニ称ス二慮知心一ト。二ハ者汗栗多心《かりた》、此方ニ称ス二艸木心一ト。三ハ者矣栗多心《いりた》、此方ニ称ス二積聚精要心《しゃくじゅしょうようしん》一ト。このなかに菩提心をおこすこと、かならず慮知心をもちゐる。菩提は天竺の音、ここには道といふ。(123)」

私は併せて、寺田透の解説を引用してみる。「すなわち道心をおこして修行するものが獲得すべき窮極、最上の知慧であり、それをうることによって修行者が仏になるとされる当のもの——菩提、それが道」(124)だということである。つまり「ある領域は、その領域独得の法を持ち、それによって規律され、それを習得し、それに従って自己を練磨することによって、その領域に入ったひとはいよいよその世界で卓越した存在になる」(125)という了解が、道の成立基盤にあるということなのである。これはまず領域の意味で道の語が生まれ、ついでさらにそこを律する法の意味での道がそれに重なるという二重性が、道の基底に見出される。ここにおいて道という言葉が、規範的な意味を持った。そして道は、規範的言語のシンボルとでもいうべき意味を合わせて持ったのである。

あらゆる意味において、日本人がある一つの言葉によって規定されるスタイルを持ったのは、この道という言葉においてである。武道・芸道というように、この言葉は仏教の道だけでなく、芸術・武術百般にわたって採用されることになる。鈴木大拙は『禅と日本文化』において、次のように語っている。

「禅以外の仏教各派が日本文化におよぼした影響の範囲は、ほとんど日本人の生活の宗教的方面に限られたようだが、ひとり禅はこの範囲を逸脱した。これは意義深い事実である。禅は国民の文化生活のあらゆる層のなかへ深くおよんでいる[126]」

無印良品、ヒューレット・パッカードの「ZEN」パソコンなど世界のデザイン、商品、ライフスタイルにもZENとして大きな影響を与えている。「レクサス」が大規模なリコールを迅速に完璧に行なったとき、「タイム」誌は「レクサス」のリコールを「禅と自動車メンテナンスの極意」という言葉で表現した[127]。

また、この道の最高の到達はどのようなものか。

「得道の事は心をもて得るか、身を以テ得るか。

教家等にも「身心一如《いちにょ》」と云ツて、「身を以テ得《う》」とは云へども、なほ「一如の故に」と云フ。正《まさ》シく身の得る事はたしかならず。

今我が家は、身心倶《とも》に得ルなり。その中に、心をもて仏法を計校《けきやう》する間は、万劫千生《まんごふせんしやう》にも得ベカラず。心ヲ放下して、知見解会《げゑ》を捨ツル時《と〈き〉》、得るなり。見色明心《けんしきみやうしん》、聞声悟道《もんしやうごだう》ノごときも、なほ身を得ルなり。

然れば、心の念慮知見を一向すてて、只管打坐《しくわんたざ》すれば、今少し道は親シミ得るなり。然レば道を得ル事は、正《まさ》シく身を以て得ルなり。是レによりて坐を専ラにすべしと覚ユルなり。[128]」

この文章では、悟りの道は「身を以て得ルなり」という結論となっている。しかも「心の念慮知見を一向すてて」となっている。ここには徹底して「認識すること」「分析すること」への反対の立場が貫かれている。道への通路は、身体に向かって開かれている。それゆえ「法」「道」とは「形」「相」そのものであり、言＝ロゴスではない。もうひとつ道元がそれを述べている個所があるので引用しよう。

「身現相は仏性なりと。大千界には、ただ提婆尊者のみ道取せるなり、余者はただ仏法は眼ニ見・耳ニ聞キ・心ニ識ル等にあらずとのみ道取するなり。身現は仏性なりとしらざるゆゑに道取せざるなり。[129]」

西嶋和夫の訳では、「ありのままの身体を現わしている姿は、真理体得者としての性質をそのままむき出しにしたものである[130]」とデーヴァ尊者はいったことになっている。このパラグラフは、道元の身体観と真理観をあらわしているが、彼はこの身体観と真理観を一つのものとして結合している。真理は身体の相によるものである。この思想が、後の「道」の成立に際して「たちいふるまい」や「作法」を重視せしめたのである。

禅の基本的な修業である坐禅によって、身体を素材として真理をあらわす。満月をもあらわすことができるのである。そのとき私達は「心の念慮知見を一向すて」なければならない。

寺田透の『道の思想』の中には、ヘリゲルの弓道修行の話が紹介されている。そこでは意識したり作為したりすることは一切禁止されている。そこでは自己を無にし、矢そのものが的を目指して飛んでいくまで、あくまで同じ修行を厳密な作法を守って行なうのである。最終的に道を究めた師は、分析すること、認識することを一切行なわず、つまり的が見えない状態で、見事に的に矢を命中させるのである。

認識することでもなく分析することでもなく、ひたすら坐禅をくみ、瞑することによってのみ悟りへと到達する。それゆえ修行という概念が出てくるのである。現在日本のスポーツ界において、特に高校レベルでの練習は修行というにふさわしいものである。頭で覚えさせるのではなく、体で覚えさせるという。この思想は日本人固有のものである。道元は、「およそ「仏性とは現在の分別や感覚であろう」と考えている誤りから目覚めていないために、有仏性という言葉にも、無仏性という言葉にも通達するいとぐちを見失っているような状態である。みずから表現しなければならない、と努力する人もほとんどいない。よく知るがよい。このような頽廃は仏道修行が根絶しているためである[131]」といっている。また、「古いむかしから、おろか者は認識の主体をもって仏性となし、本来人としている。まことに笑止千万である[132]」ともいっている。

このような思想は主観・意識というものに対して、ほとんど価値を与えないものである。したがって内面的自由とか主観的価値という観点は一切生まれてこない。意識に重きをおくのではなく、身体による表現に重きをおく。それはどうしても、先天的に拘束される法のもとでなくてはならない。なぜなら、意識の自由のもとでは、おのれ自身によって行動・思想などを判定したり紡ぎ出すことができるが、それを認めない思想のもとでは、逆に意識したり意図的に解釈することがネガティブなものとなるからである。無念無想という言葉は、ここから日本人にとってポジティブなものとなる。そして思想の言葉による構築よりも身体による表現のほうが、より崇高なものとして尊ばれる。言葉の意味の重みより、身体の意味のほうが重いのである。日本人が思想に対してその有効性を認めるのは、おのれの身命をかけることによってのみである。そして身命をかける行為のほうが先行されるのであるから、思想の意味内容や言語表現はどんなものでもよいということになってしまう。なぜなら思想は、その論理そのものによって判定されるのではなく、身命をかけることによってのみ意味を認められるのであるから。

私達の文化は、この禅の道の思想を肉体のレベルで表現するのであるから、心と身体は対立することはない。また思想のベクトルとして、一切の思想・知・言説を解体する思想であるということに気づく。ここから発生した倫理は、言葉によって伝達されるにもかかわらず、一切の言葉を拒否するという二重性を持っているのである。したがって私のいう深層の意味は、無意味ではなくて非意味たらんとする意味であるといえよう。

日本の過剰品質とも思える潔癖さ、自動車の仕上がり、部品の精度などの背景は、このような文化的背景から形成されている。この「道」という文化ソフトは、必ずしもすべての面でポジティブというわけではないが、日本人の勤労意識＝エートスや品質に対する規範意識のバックグラウンドとして機能してきたといえるだろう。

道の思想は、道元の思想から形成されたものである、ということができる。私は、日本の深層構造と表層構造との関係で両者の思想を論じたい。

宗教の言説は、一般の民衆に受け入れられるとき様々な異解をともなう。しかし宗派の細部では多くの相異を持ちながら、宗教は基本的な論理を保ち続けることになる。宗教を受容した側は、生活態度・生活様式を教義に合わせていくようになる。宗教の教義が生活に根を張ったとき、教義は道徳・倫理に転化するのである。もしある宗教が共同体全体の内で受容されたとしよう。するとその共同体の成員の共通の価値の源は宗教の教義しかないのであるから、それは不可避的に共同体のルールとなる。そうすると何年もの間に洗練され、言語化され、掟という形でいろいろの事件に具体的に対応できるような形をとる。そのような時間的推移の中で、信仰を持つことによって初めて共同体全体のコンセンサスを得ることが可能であったものが、信仰を抜きにして共同体の成員を拘束できるような形へと、転化していく。これは文化全体に根を張り、一つ一つの言語・習慣・風習の中に、しみとおるのである。そして倫理すらも、いつか一つの経済社会体制の精神へと転化していく。いつしか私達は、自分たちが持っている価値や習慣がどのように発生し、本来は何であったのかということに、気づかぬようになっていくのである。ウェーバーの宗教社会学が、まさにそうである。

私が最も重点をおきたいのは、言葉の思想・身体性の存在論である。吉本隆明が論じた、転向を見る側に目を向けてみたい。

中野重治の小説『村の家』には、転向して村に帰った主人公が、平凡な地方の小役人である父親からこう言われる。「それじゃさかい、転向と聞いた時にゃ、おっ母さんでも尻餅ついて仰天したんじゃ。すべて遊びじゃがいして。遊戯じゃ。屁をひったも同然じゃがいして。竹下らアいいことした。死んだことア悪るても、よかったじゃろがいして。今まで何を書いてよが帖消じゃろがいして。（中略）あかんがいして。何をしてよがあかん。いいことしたって、してりゃしてるほど悪なるんだや。あるべきこっちゃない。（中略）本だけ読んだり書いたりしたって、修養が出来にゃ泡じゃが。お前がつかまったと聞いた時にゃ、お父つぁんらは死んでくるものとして、一切処理してきた。小塚原で骨になって帰ると思うと、万事やって来たんじゃ[133]」

この言葉は見事に、日本人の民族の哲学、それも生活の中からつかんだ哲学が語られている。ここに表現されている思想は、まさしく道元のモチーフである。思想の善性、現実性は、身命をかけることでしか有効性を持ちえない。それは「修養」につながり、「いいことしたって、してりゃしてるほど悪なるんだや。あるべきこっちゃない」となるのである。これこそ言葉の解釈や個人の意志よりも、実践性――坐禅、との一体化の中でしか、思想は評価されえないという観点である。

一方この言葉には、もう一つの重大な側面が示されている。それは一揆における指導者の死を暗示している「小塚原で骨になって帰る」という言葉に込められている。江戸時代の農民の姿へと時間と空間を超えて一気につながるこの言葉こそ、日本人の特質を示しているものであると思う。

江戸時代の日本では、かなり頻繁に農民の一揆が起こっていた。しかしこれらの一揆は、西欧でいう革命とは無限に隔っている。ルース・ベネディクトは、この点を明晰に要約している。

「しかしながら農民の主張に対して幕府が判決を下すだけでは、日本の法と秩序の要求は満たされなかった。（中略）たとえ決定は彼らに有利であったにしても、彼らは主君に従うという最も大切な法を破ったのであって、これはどうしても見のがすわけにはゆかない。そこで彼らは死罪を申し渡された。彼らの動機の正しさはこのこととは何の関係もなかったのである。農民たちもこれは避けがたい運命とあきらめていた。死刑を宣告された人びとは彼らの英雄であった。（中略）しかし処刑そのものは彼らがそれによって生きる階層的法律の本質的要素として是認した」(134)

体制に対して抗議をすることは、自らの命をもってせねばならない。そして一揆は常に抗議の域を出なかったのである。

絶対的悪に対しても自らの命をかけること、これこそ悪すらも相対化するという思想の、極限の表現である。このことは道元の「道」からしか考えられない。積極的能動性と絶対的受動性の一致点は、ここにあらわれる。悪は不可避的に善に転化する契機を持つし、善は不可避的に悪へと転化するという契機を含むという認識。仏性は行においてのみあらわれるという認識。これこそ日本的なるものの本質である。西欧流の絶対善対絶対悪という認識から、何と大きく隔たっていることであろう。

日本人は神という絶対者を必要とせず、価値や内面なるものを必要としない。西欧は神を必要とし、道徳や内面なるものを必要とする。まさしく西欧的自我というものはこの点から発する。内なる神によっておのれの善悪を判断する。その神は聖書の言葉＝ロゴスから導き出される。ここに主体の擬制的な神格化を見ることができる。主体は個々に神の言葉を媒介にして、おのれの道徳・倫理を判定することができる。したがって「私」という自我は、自ら神の言葉を読み、解釈することによって神の判断を手に入れることができる。この時「私」は行為を行なう主体性でありながら、同時にそれの善悪を判定するという二重性をもってあらわれてくる。この点で個人は内面的自由を手に入れることができるが、行為を行なう度、自分の行為を善か悪かどちらかに判定しなければならない。そこでこの個人は自己を善へとおく傾向が強くなり、絶対性へと走っていく。個人は恣意的に言葉を解釈し、そのことによって自らを正当化するという傾向がでてくる。

一方道元には、自分自身が善悪の判定者となる、言葉の解釈という観点はほとんどない。むしろ個々の判断の彼岸に、その論理・思想を打ち立てているといってよいであろう。道元は徹底して個人の思想的善の実践性を無化しているといってよい。

悪と善の二元性は肉体のレベルにおいてもあらわれる。

「肉体と精神という二つの力が、各人の生活において覇権を獲得するために、たえず闘っていると考える西欧の哲学を根底からくつがえす。日本人の哲学では、肉は悪ではない。可能な肉の快楽を楽しむことは罪ではない。精神と肉体とは宇宙の対立する二大勢力ではない。そして日本人はこの心情を論理的に押し進めて、世界は善と悪との戦場ではないという結論にまで持っていく」[135] ここから日本人独特の倫理が発生するのである。続けてルース・ベネディクトに言葉を借りよう。「日本では人間の性質は、生まれつき善であり、信頼できる。それは自己の悪しき半分と戦う必要はない。それが必要とするのは、ただ心の窓を清らかにし、場合場合にふさわしい行ないをすることだけである。もしそれが「けがれた」としても、けがれは容易に取り除かれ、人間の本質である善が再び輝きだす。仏教哲学は日本では他のいかなる国よりも徹底したものであって、人間は誰でも仏となる可能性をもっており、道徳律は経典の中ではなく、悟りを開いた清浄無垢な自らの心のうちに発見するものの中にあると説く。自分の心のうちに発見するものに対して、どうして疑惑を抱く必要があろうか。悪は人間の心に生来そなわったものではない[136]」。このベネディクトの指摘は基本的には正しい指摘であると考えられる。悪を相対化する観点を持つ国民が、いかにして知識人の転向に厳しく問いかけを行なうのであろうか。

人間は何らかの集団に属さねばならない。それは集団内のルールに従わなければならないということを意味する。どこかの集団に属し、不可避的に個人のささやかな禁欲や意志を超える悪縁を得ざるをえない。そんな民衆が正義として認めるのは、思想の重みや論理の正しさによってではなく、身命の重みによってである。そしてどんなにくだらないかのように見える思想、行動でも、背後には長い年月と幾多の人々の命と、最高の知性による生涯をかけた思索が込められている。それが深層の構造となって、現在の私達の生活・社会・人生を規定しているといえよう。

私はウェーバーの設定した問題は、あらゆる文化に対して適用することができると考える。マルクスのいった「生産力」「生産様式」が、文化そのものの枠を決定づけるのとほぼ同じように、文化が内包している世界認識、精神、哲学がそれらを限定づけている。そこで西欧が高度な資本主義経済を創造しえたのも、キリスト教それ自体に含まれている論理からであるといえよう。そしてアジアが世界史の中では、先進的文化を最も早い時期に持つことができたにもかかわらず、西欧にはるかに遅れをとったのも、アジアの持つ宗教の論理によるのではないか。しかもアジアの内部でも、国ごとに資本主義経済の進み具合は異なっているのである。

日本が中世において封建体制を確立してから、最も長期で安定した徳川の支配体制まで含めると七〇〇年近い期間封建体制であった。そして、アジア諸国の中でも、資本主義から最も隔たっていた。その日本が、なぜ五〇年足らずのうちに高度な資本主義経済へと移行できたのか。なぜ中国ではなく、インドでもなく、日本でなければならなかったのか。この設問に答えるためには、西欧の論理に対応する日本の論理が必要である。日本はキリスト教国家ではないし、風土も異なっており、その歴史の歩みも異なっている。にもかかわらず、西欧と同程度の生産力を保持しえたのは、日本文化に内包されている論理であると私は考えたい。

ウェーバーは西欧の近代資本主義への転回点を、宗教改革とプロテスタンティズムの出現であると考えた。ウェーバーのように、私が日本の近代資本主義への転回点を求めるならば、明治維新しかない。しかしここには何ら国民を覆う世界観、精神はないし、宗教的な革命もない。西欧を受け入れる際には、あくまで日本の特殊性である二元性を発揮し、日本的であるものはほとんどそのまま保持したうえで、資本主義を受け入れたのである。

西欧の形式的合理性に対置できるような日本特有の文化的ソフトの一つが、「道」という言葉に集約できる。この文化的ソフトは中世において、思想が宗教としてあらわれざるをえなかった時代に、考えられる限りの非呪術的な論理的骨格を持った。それは支配層と被支配層に受け入れられ、空間的にも時間的にも十分な広がりとインパクトを持ったのである。

人間は現世内において何らかの形で生きていくために、人生・世界・死に対して無意識的、意識的な論理化を行なう。この時背景となるのは、多かれ少なかれ現にあるこの世の状況性であるが、あらゆる惨苦と悲嘆の中での暮らし、あるいは日常的でだらだらした退屈な生活に耐えさせるのは、この人生・世界・死に対する論理化である。人は悪をも論理化し、正当化でき、殺人すらも意味付けできる。そしてここでこの論理化を、抽象的・象徴的に言語表現するのが宗教である。私達の現世における生活のすべてを背後で支え続けているのは、文化の深層構造の中で何百年もの間朽ち果てることがなかった思想なのである。民衆の多くは無意識的にこの思想を実践し、生涯の中でその核心をおぼろげながらつかみ取っていくのだといえよう。

第6章

文化起点の価値創造

1　二一世紀の日本――ヴァナキュラー・モダンの完成

　では、日本型消費文化のよい点を残し、なおかつグローバル競争時代に対応する現代的な形にするにはどうしたらいいか。具体的な消費文化の検討に入る前にマクロレベルでの日本の経済体制、経済システムの特徴について考察しよう。

　経済体制についていえばヨーロッパ、アメリカにおける資本主義がそれぞれの国の特有の文化によって影響を受けてきた。アメリカに特有の株式市場の発達、頻繁に行なわれるＬＢＯ（Leveraged Buyout）や弁護士、経理のスペシャリストに与えられる高い地位、社長に与えられるストック・オプション、四半期の利益への異常な関心などは、ヨーロッパから発展したものではない。それゆえ、アメリカのルールは、ヨーロッパで純粋に通用するとは考えられない。

　モノを作り、生産する側面でも、各国は異なっている。たとえば、ドイツのクラフトマンシップやギルドの性格は、アメリカにはあまり存在しない。逆にイギリスには、ドイツと同様のクラフトマンシップの伝統が存在している。

　消費の側面も異なっている。フランスがアメリカに先駆けて新聞の広告化、ファッションの商業化、百貨店を発明したということができるが、そのような観点からみればフランスの特質は、消費の側面に存在する。高級ブランドに関しては、フランスが世界の中でもトップクラスであり、アメリカ、日本ももっぱらフランスの高級ブランドを輸入し消費している。

では、日本の特徴とはどのようなものか。かなり、崩れてきたとはいえ、よく言われるのは、

・雑種・混合化の文化
・伝統の破壊のはやさ
・中流の国／階級がない
・教養水準が平準化している。全国新聞として読売新聞や朝日新聞が存在し、一億人を超える国が全体としてシンガポールのようなレベルの高さにある
・近代化が、日本の宗教的・社会的骨組みに何ら深刻な影響を与えていない。様々な国で経験されている伝統宗教との深刻な価値コンフリクトがない

といった点である。

文化記号論の観点からは、フランスの記号学者バルトが『表徴の帝国』で指摘したように、

・中心の不在
・メタ的な枠組みをもっている

ということがあげられる。[1] 全体として誰が権力者なのか、どこで意思決定がなされるのか不明である。小渕首相（当時）が倒れたときも、この国においては特に混乱もなく後継者が密室の中で決定された。

また、日本資本主義発展の要因として儒教を指摘したファーレフェルト[2]とともにフクヤマ[3]が述

べていたように、

・経営者の低収入（ディズニーのマイケル・アイズナー元会長の報酬は二億ドル(4)）

・弁護士の少なさ(5)（二〇〇五年）

日本　人口　約一億二七八〇万人　弁護士　五七九二人に一人

ドイツ　人口　約八二四〇万人　弁護士　五九七人に一人

アメリカ　人口　約三億人　弁護士　二八九人に一人

・法的ルールではなく、調和的に紛争そのものを避ける

・ロジックのコストは低い

・契約書があまり登場しない

といった特徴がある。

日本では、終身雇用に関する取り決めが契約書として存在しているわけではない。実際、広告業界でも広告の取引にあたって契約書は一般に使われないし、広告会社とメディアの間にも契約書はあまり登場しない。

ビジネスの世界でも日本は、内部の人間に対して非常に「信頼」が高いのである。それゆえ、海外旅行で多くの日本人旅行者がカモにされる。このようなことは、一面では悲しいことだが、逆にいえば、日本人社会の誠実さと相互信頼性をもっと誇ってもよいと考えられる。人々の「信頼」への「信頼」が、文化として定着しているということである。

約束を守るという意味での信頼と倫理の高さは生産の現場においても保たれている。中小企業、

メタルカラーにおいても現場倫理は非常に高い。山根一眞の『メタルカラーの時代』シリーズで取り上げられているようにホワイトカラーでもなくブルーカラーでもない生産現場の労働者が独自のノウハウを持ち、与えられた仕事の枠を越え、改良・改善を行なうことができる「メタルカラー」が存在しているのが日本の特徴なのである。

また、日本の消費社会は、徹底してウルトラ民主的である。

・大卒のライフスタイルも高卒もそれほど変わりはない
・経営者も管理職も若手社員もそれほど変わりない
・平等主義が徹底している。ブルーカラーもホワイトカラーも、経営者も一般社員も同じ職場で働き、同じ食堂で食事をする。
・消費の平等化――あらゆるものを手に入れるのに身分等の制限はない

普通のOLや女子高生・女子大生がヴィトンやシャネル、グッチを日常的に使う国は日本ぐらいである。そこでは大塚英志が指摘するように「キティとシャネルが等価」な国なのである。[6]

その一方で

・すべてに永遠性が一見ない
・伝統を保護する力が弱い
・趣味の論理が階級や生活様式に結び付かない

中国、朝鮮などのアジア的文化的要素とフランス、イタリア、アメリカ、イギリスなどの欧米の文化的要素を含む様々な様式の混在といった日本独自のメタ的な様式の中で、日本人である私達は煩わされない。したがって、どんな様式でも取り入れてしまう。このような雑種性とは、禅の伝統にある無・空＝自我を空っぽにすることに通ずるものがある。

日本人は、個人の自我を殺して組織における仕事を自己実現の機会と考える。アメリカのようなパワーエリート達とは異なった思考回路である。企業の中で立場を越えて経営に対する一体感を持つことがエリート層、労働者層両者に存在している。生産現場を持つメーカーでは、ブルーカラーもホワイトカラーも企業の一員であって階級対立が生まれない関係を育ててきた。しかも、ブルーカラーといえどもトヨタで実行されているような「カイゼン」によって会社に貢献すべく自己成長をとげていくのである。

デザイナーの奥山清行は、『フェラーリと鉄瓶』の中で「トヨタの成功は、ブルーカラーの人たちがクリエイティブクラスになったからだ」と指摘している。[7]

また、著名なアメリカのモータージャーナリストであるケラーの『GM帝国の崩壊』によれば「トヨタの秘密がついに秘密でなくなり、歴史のようにおなじみのものとなってみると、それはホワイトカラーにもブルーカラーにも敬意をもって接し、彼らに自主的に考えることを奨励して、決定権を与え、重要な試みにかかわっている気持ちにさせることだったのだ。そのような企業文化にすぐれた自動車と良質の部品が結びつけば、どんな結果になるかは明らかだった。[8]」と「トヨタ」の成功の秘訣を分析している。

村上春樹の『アンダーグラウンド』（講談社、一九九七年）を読むと地下鉄サリン事件で被害にあった多くの人たちが、会社に出勤しようと苦闘している。身動きできない過酷な通勤電車の中で、サリンにおかされながら会社へたどりつこうとする人々の姿は壮絶である。サラリーマンを「社畜」と呼ぶ評論家がいるが、私達はこのような労働倫理、モラルをあざけり、侮蔑することはできない。日本のような資源のない国が豊かに暮らす基盤がここにある。時間通り、契約通り、設計通りに物事が進む社会であることが、日本の強さの秘訣の一つになっている。

フランスの経済学者アルベールによるとドイツやスウェーデンのようなライン型資本主義の方が、

・公共的インフラへの投資は二元論の解消だけでなく、企業競争力をも高める
・ライン型の方が経済的効率もいい
・安全、治安、社会的安定性が高い

そのため、「厚みのある中間層」が形成される。

したがって、

・資本主義も文化によって異なった形になるヴァナキュラー・モダンが存在している
・アメリカ型が資本主義の唯一の形ではない

という結論になる。(9) 福島清彦は同様の内容を『ヨーロッパ型資本主義――アメリカ市場原理主義との決別』(講談社現代新書、二〇〇二年)の中で精緻に分析している。

近代システムも完全に均質というわけではない。当然、各国の文化による違いはでてくるのである。それは、各国の風土や土着的な伝統に影響され基本設計が同一でも最終的には違ったものになる。私達は、これを先に定義したように「ヴァナキュラー・モダン」と呼ぶ。近代システム

のタイプの違いを土着的な伝統＝ヴァナキュラーによって規定している。

山本雅男の『ヨーロッパ「近代」の終焉』（講談社現代新書、一九九二年）のようにステロタイプな議論を展開し、近代が終わったということにはできない。事はそう単純ではない。それほど簡単に近代を終わりにすることはできない。ハーバーマスがいうように近代とは、「未完のプロジェクト」なのである。北側の知識人は、すでにある程度実現され守られた地点から不平、不満、批判をしている。しかし、そのような批判、言論の自由ですら命がけである国が世界には多数存在している。政治的な自由が十分に守られている国は少数である。多くの国で近代化と市民という非常にベーシックな部分すら満足に実現していないのが世界の現状なのである。

日本の資本主義体制の特徴である経営者に対する配分の低さは、マネジメント・コストのエリート主義ではなく、平等主義からもたらされたものであり、そういった考え方がかつての日本の強さの源泉になっていた。そして、日本的資本主義こそ近代の「自由・平等・博愛」を徹底して〈現実化〉したものではなかったのか。所得格差を少なくし、最も多くの中流を生み、集中的な権力を防ぐ。そして、富の集中を防ぐのが日本のマクロ的特質だった。

日本文化、企業文化を維持、強化していくためには、強固なコミュニティが必要である。この点に関しては、日本型のマクロシステムは、効率的であった。非常に文脈共有の高いハイ・コンテクストな社会、仕組みであったため、ノウハウや知の高いレベルでの共有が容易であった。アングロサクソン型の競争社会に単純に構造改革すれば、この強みを失ってしまうことを決して忘れてはならない。

2　これからの日本が目指す消費文化とは

これからの日本が目指す消費文化を考えるにあたって、モノ対精神の二元論を避けなければならない。私達は、こころの豊かさとモノの豊かさをつい対立するものととらえがちである。最も避けなければならないのは、安易な通俗的「清貧の思想」である。

私達が今後目指すべき消費文化について考察するとき、あくまで生活文化との関わりの中で実現されるべきものだという前提を置いている。生活様式総体としての文化ととらえなければならない。

文化を私達は広義のものとしてとらえた。したがって、文化は文学や音楽、絵画など狭義の文化である芸術的な意味ではなく、日々生活するところに築かれる文化の意味である。ただ、私達が今後目指すべき生活様式にとっては、生活の美学的な側面は重要だといえよう。そもそも、一九世紀イギリスにおいてモリスによって提唱された美しい生活＝生活の美学は、近代消費文化において避けられない重要なキー概念である。

柏木博の『デザインの二〇世紀』によれば、モリスは、「彼はデザインがわたしたちの生活世界の感性や思考にかかわっていることに気付き、デザインによって生活世界の変革をしようという、まさに「近代のプロジェクト」を実践した最初の人物のひとりであった[10]」。

同じく柏木博の『現代デザインの源流』でも「ウィリアム・モリスは、趣味のよいものによって、人々の生活をよりよいものにするとともに、社会全体をよりよきものにしようとしたユートピア思想家であった。[11]」と述べられている。モリスは、デザインによる生活のインテグリティ(尊敬すべき一貫性)を求めていたといえよう。モリスが「生活の芸術化」というとき、生活と芸術の接点の中で実現しようとしたのである。芸術が生活の現実を無視して支配的になろうとしたのでは決してない。

ゴッホが日本人のように暮らしたいというときも、モリスと同様芸術と生活の接点を考察していたのだと考えることができる。「暮らし方」という生活実践が、基本骨格としてゴッホの芸術活動に存在していた。この点が現代芸術と決定的に異なっているところである。

山崎正和は、『近代の擁護』の中で「現実の仕事は、たとえそれがどんなに私的なものであっても、実用性と効率性をめざさねばならない以上、一つの意味の文脈に組み込まれています。家事は、日常生活の快適のためという意味から見て有効でなければならず、そうである以上、作業そのものを自己目的にすることはできません。[12]」といっている。生活の基礎の上に芸術的なものが築かれると考えるべきである。

柳宗悦は『工藝文化』の中で繰り返しこの思想を語っている。

「美の方向は、生活との結合にあると思える。既にその必要はさし迫って来たのである。生活圏内に美術をも摂取すべき時期は来たのである。ここで美術の工藝化に新しい意義が盛れ上る。[13]」「美と生活とを結ぶものこそ工藝ではないか。工藝文化が栄えずば文化は文化の大きな基礎を失うであろう。なぜなら文化は、何よりもまず生活文化でなければならないからである。[14]」

柳宗悦は、通常の芸術の美に対しても疑義をさしはさむ。「近代の人は平凡を嫌悪した。だから美もまた非凡な美でなければならないとした。卓越するという性質には異常さがなければならない。普通のもの、並のものに、深い美があろうはずはない。美しいというからには、何か一般のものを越えたものでなければならない。[15]」柳はこのような一般の通念に対して臨済の「無事」の美を無上のものだという。「尋常の美、無事の美こそは美の美だといわねばならない。[16]」

天野正子は『「生活者」とはだれか』の中で三木清の言葉を引いている。「芸術家が芸術作品をつくるのと同じように、我々は我々自身と我々の生活とを作るのである。すべての生活者は芸術家である。[17]」

天野によれば「生活者という言葉で三木が表現したかったのは、平たくいえば生活の「質」という表現でいわれるもの、つまり生活の実質において本当に自分にとって「意味のある生活」がどうすれば可能なのかを模索し実践する民衆の姿である。[18]」

純粋なこころの豊かさを追い求めるがゆえのモノの軽視は、人々の生活を灰色にしてしまう。たとえば、毛沢東時代の中国の共産主義である。毛沢東の共産主義のユートピアは灰色に見える。ブルジョア主義、物質文化への対立を主張するがゆえにあまりに生活に色がない。国民服や人民服のようなものが単一の色とデザインで必ず登場する。今日、日本において、このような共産主義的なユートピアを一般大衆が受け入れるだろうか。戦時下の日本でも同じイデオロギーがあった。現在でも、時として反物質主義が多くみうけられる。

たとえば、一時期の中国において花はプチブル的なものとして追放された。[19] しかし、花には人間の情緒に訴える力がある。阪神・淡路大震災のとき、作家で精神科医の加賀乙彦はリュックに花束を持って精神病院を慰問した。なぜなら、花には体感温度をあげる力があるからである。暖房のない病棟に花の持つ力は偉大だったということである。[20]

もともと、環境のアメニティに関しては、日本は、江戸時代にかなり発達していた。同時代の中で比較すると、世界一の園芸都市であったといわれている。武家屋敷が九割を占めていたため、広大な庭園が整備され、江戸は緑豊かな都市であった。英国式ガーデニングと同様花を楽しむ習慣は、すでに庶民レベルに浸透していた。川勝平太は日本がガーデニング国家として今後進んでいくべきだと提唱している。[21]

江戸時代の「粋」による色、形、デザイン、生き方についての美意識は、非常に高度なレベルに達していた。それは近代それも第二次世界大戦の戦時下から戦後六〇年における第二の近代化の中で忘却され、時には否定されてきたものである。

英国、フランス、ドイツの三カ国の公園は、一般の人々が就業後に憩い、リラックスするために非常に整備されている。彼らは楽しむことのハードおよびソフトを持っている。特に、敗戦国であるドイツが、戦争によって破壊された建築の復興、住環境の重視によって伝統を残しつつ近代化に成功したのに対して、日本はあまりに江戸・明治・大正を捨て去った。ドイツのニュールンベルグ、ハイデルベルグ、ミュンヘンなど中世の面影を残した緑豊かな美しい都市をみると東京との違いを実感する。

ドイツの各都市の第二次世界大戦直後の写真をみると、徹底的に破壊され、その点は東京と同じである。しかし、現在では両都市の差が歴然としている。その差はどこにあるのか。しかも、日本のライフスタイルはかつての英国やアメリカのように世界の国々にとって豊かさのモデルとはなっていない。

ヨーロッパが、オペラ、クラシック、絵画などの芸術や公園、美術館、博物館などを創造し、個人の家や室内を充実させたのである。アメリカは、特権階級も庶民も同じ商品を消費し、自家用車と郊外住宅、マスコミを生み出した。日本はどのような貢献をし、モデルを提示したのか。日本人である私達はどのように〈ウェイ・オブ・ライフ〉を主張したらよいのか。望むべき魅力的な目標となる〈ウェイ・オブ・ライフ〉を構築することが重要である。グローバルな意味での日本独自の〈ウェイ・オブ・ライフ〉の構築こそ必要なのである。最終的には、生活に結晶化せねば、私達の経済的な豊かさとは、一瞬のフローにすぎないことになる。

この点については、まだまだヨーロッパは進んでいる。たとえば、親子のコミュニケーション、どう遊び、どう会話するか。働くことと遊ぶこと、時間の過ごし方などにおいて父親が子供と価値を共有するにはどうしたらよいか。たとえば、リゾートでゆったり遊ぶということにも習熟が必要である。自然にうまくなるものではない。ホテルの選び方、使いこなし方なども同様である。

欧米の植民地化による悲劇や深刻な問題は数多くあり、現地の人々は辛酸をなめつくした。しかし、その結果生まれたリゾートという娯楽形式＝生活様式上のソフトは、近代人にとって不可欠なものとなった。ヨーロッパ人はどのように時間・空間を設計し、サービスを提供したら最適のリラクゼーションをもたらすことができるのかを熟知している。

リゾートという様式は、人々の血と汗と涙で築き上げられた生活ソフトの一つである。西欧に端を発した「近代」が生み出したソフトの一つなのである。このソフトを超えるモデルは、いまだに提示されていない。ストレスと疲労に苦しむ現代人にとっては、リゾートは、生活を快適に送るためのソフトでもある。

ブルジョア文化・近代に対する容赦のない批判を唱えたアドルノは、結局ブルジョア的な生活様式を生涯守り続けた。ブルジョアのものだからと全否定することはない。彼らは、いったいユートピアとして具体的にどんな生活を理想的であると思っていたのだろうか。労働し、暮らし、消費することは大多数の人々にとっては日々の暮らしとして非常に具体的なものなのである。

マズローによると人間の欲求は、身体保全欲求などの生理的なものから自己実現欲求のような精神的なものまで段階的に欲求のレベルがあがっていくということであるが、現在の日本の消費状況について、まさにマズローの欲求段階説があてはまる。ただ、衣食住を満たすだけでは満足しない。日本の生活者の消費欲求は、より快適にそして自分の趣味にあうものを求めるというレベルに到達している。[22]

たとえば、厳しい経済情勢が続く中、むしろ、消費者はよりいっそうブランドを求めているようである。これだけ不況だ不況だといわれているにもかかわらず、失われた一〇年から現在までの海外高級輸入ブランドの売り上げの好調さと積極的な店舗展開は、目をみはるものがある。

「グッチ」や「ルイ・ヴィトン」などは、銀座、紀尾井町、大阪などで大型店を続々展開してきている。「ルイ・ヴィトン」は、福岡に一〇〇〇㎡の巨艦店をオープンさせ、名古屋にも出店した。「グッチ」の新宿店は、一七〇〇㎡に達する大型店である。「エルメス」は、銀座本店をいち早くオープンし名所となっている。「アルマーニ」は、二〇〇七年アルマーニ／銀座タワーをオープンした。

これまでの歴史的に不況といわれた時代と明らかに様相が異なっているのである。ここに九〇年代を通じて生じてきた日本の消費構造の変動があらわれている。

日本は、一九八〇年代には九割が中流といわれたが、現在の経済の実体として、経済格差、所得格差は増大している。世界にも希であった中流幻想は、もはや今となっては崩壊してしまった。長期スパンでみれば日本の消費者をとりまく状況は、アメリカ型社会への移行期にあるといえるだろう。今後は、自己責任による投資決定、年金なども運用によって大きな格差がつく社会になる。実力制による年功序列主義が崩壊し、雇用ですら必ずしも安全ではない。厳しい競争と経済・所得格差の社会へと変化しつつある。したがって、日本は、アメリカのような高ストレス社会への移行を準備しているのだといえよう。

グローバル化、デジタル化がもたらすものこそアメリカ型高度情報社会、知識資本主義社会への変容である。デジタル情報技術による高速な情報のやり取りは、かつてないほど私達の仕事や生活のテンポを速めている。皮肉なことに快適により便利にストレスフリーで買い物ができて、情報やコミュニケーションのやり取りができる社会こそ最もストレス度の高い社会である。

すでに、日本の多くの生活者が安眠できないと悩んでいる。慢性的な肩凝り、腰痛、パソコン等によるイライラ、ストレスは年代、性別を問わない。健康志向は、ボディヘルスから今やメンタルヘルスにまでおよんでいる。

ポストバブル期においては、生活の豊かさとは、家庭、自分の時間の充実をどのように実現するのかということが重要だといえよう。自分の時間の充実の大きな妨げとなっているのは、ストレスである。大潮流としてのエモーション価値、癒し価値が登場している。

クイックマッサージは、おじさんサラリーマンだけでなく、若いＯＬにも大人気である。また、自宅のお風呂で快適にすごすための入浴剤、器具などの多種・多様な商品が売れている。入浴タイムは、体を清潔に保つだけではなく〝こころ〟の垢をおとす時間でもある。家庭用マッサージ機は、かつてのごつい形ではなく、椅子としてのデザインにも気を使い、価格も手頃になっている。音楽の世界でも、ここ数年は、ヒーリング・ミュージックのブームが続いている。

ヒーリングは大きな潮流であり、いっそうこの潮流の勢いが強まってきたといえよう。そのもう一つの象徴的な現象がペット産業・ペット関連商品のヒット・拡大である。犬の飼育頭数は、ペットフード工業会調べで平成一九年度一二五二万二〇〇〇頭ということである。[23] この巨大市場を狙って異業種からも各社が積極的に参入している。

テーマパークも大規模なアトラクション型よりも、東京二子玉川にあった「ねこたま」「いぬたま」（現在は閉園）などのような犬や猫、うさぎがいるという日常型のふれあい、癒し系テーマパークが人気である。大規模で祝祭的な空間に対して、日常の中でほっと一息できるささやかな空間に癒されるタイプが人気である。

また、アニマルセラピーが注目をあつめ、老人のぼけやこころに障害を持つ人に対して、犬などの動物との触れ合いが回復効果を持つことがわかってきた。日本は、アニマルセラピー、セラピードッグに関しては欧米と比較するとまだまだ遅れをとっている。人間と犬との関係を感情・精神の視点からとらえ直すべきである。

実はこの点も欧米のライフスタイルへ近づいてきた一つの有徴現象である。近年飼い犬や猫をペットとはいわずコンパニオンアニマルと呼ぶようになっている。動物をコンパニオンアニマルという形で、家族の一員としてともに人生を歩むのは、西欧に端を発した「近代」が生み出し、歴史的に築き上げた生活ソフトの一つなのである。

結局、西欧近代の創造したソフトは、現代日本人にとって必要不可欠のものになっている。軋むような現実、ストレスと疲労にのしかかられるように暮らす現代人にとっては、ペットは、フランスの哲学者フーコーのいうところの生活を快適に送るための幅広い意味でのテクノロジーの一部でもある。あるいは、ガーデニングがここのところ脚光を浴びて人気があるのも同じ理由からである。「癒し」が、現代日本で真剣に求められているためである。

「ソニー」が世界初の家庭用ロボット「ＡＩＢＯ」（アイボ）を発売したとき、価格は二五万円とかなり高価であった。しかし、インターネットを通じてのみの受付にもかかわらず、国内販売分の三〇〇〇台がわずか一七分で売り切れになった。広告も型破りなもので新聞の一五段全面広告に「ＡＩＢＯ」の写真とインターネットのＵＲＬが記載されているシンプルなものであった。

販売にインターネットを活用したという点でも画期的なものであった。非常に好評で、申し込んだにもかかわらず買えなかった人が多かったため、「ソニー」は、一万台の追加販売を募集したが、八日間で申し込みは国内だけでも一三万件も殺到し、受付を打ち切った。その後、「AIBO」の飼い主がインターネットでそれぞれの飼育（?）状況をチャットして盛り上がった。「AIBO」には、人工知能が搭載されており、接し方や時間によってそれぞれの犬に個性がでるようになっている。筆者も実物を見たが、犬の特性をよくとらえている。動きもユーモラスである。「たまごっち」にあれほど入れ込んだ日本人であるから、こういった現象は予想できたことではあるが、すでに現代の日本人はロボット犬にすら感情移入しているのである。この背景には、手塚治虫の『鉄腕アトム』以来のロボットへの親和性がある。

たとえば、「トヨタ」イタリアの北村社長は「ヤリス」発売の記者発表において次のような発言をしている。

「ヤリスには、鉄腕アトムのイメージをダブらせたかった。キャッチフレーズの〝小さな天使〟をわかりやすく説明する時、鉄腕アトムを描いていた。子どもの時から鉄腕アトムが大好きだった。」(24)

山崎正和によると、この流れは必然的なものである。

「人間が愛玩動物に求めるのは、二つの主体の交流の可能性であって、けっして相手を奴隷化したり、「もの」を所有したりする喜びではありません。（中略）このように見ると、人間の情緒的な自然愛は、たぶん産業の維持のための自然保護以上に、近代という時代の特有の文化であったように思われます。それは人間中心主義や、その中核をなす自我中心主義と矛盾するものではなく、逆にそれの直接の副産物であり、それを補完するものと見たほうが、常識的に納得しやすいのです。また、そのように考えると、二十世紀末の現代人がいますます自然への愛を深め、それと共存して生きたいと願っていることの意味も明らかでしょう。それは、俗説がいうように近代文明が終りを告げ、人びとが人間中心主義を否定しはじめた兆候ではなく、反対に、近代がますます強く人びとを捉えつづけているという証拠なのです。[25]」

山崎が言及しているこの西欧近代の自然への情緒的絆に対する欲求は、もともと日本人が歴史的に育んできたものである。たとえば、現在大流行している個人のガーデニングも、その起源となる園芸・盆栽も日本人にとっては昔から得意分野であった。

現代の核家族化の中では、時として家族すら安らぎにならない。父親は、厳しいビジネス社会を生き抜かなければならず、子供達は学歴社会の中で、厳しい受験戦争を勝ち抜かなければならない。母親は母親で、家事・育児のみでなく自己実現に駆り立てられている。

「たれぱんだ」「リラックマ」のヒットもこの厳しいストレスからの癒し効果からヒットしたのだといえよう。「たれぱんだ」は、シンプルにパンダがたれーとしているキャラクターであるが、ほっとする気楽なキャラである。鉛筆画をベースにした昔懐かしいアナログタッチが人気の源泉である。世の中がデジタルになればなるほど、ノスタルジックでアナログな世界を求めるようである。

『ALWAYS三丁目の夕日』シリーズも日本映画としては大ヒットの二〇億円の配収をあげた。

この映画のストーリーも、人の温もりを感じさせるものである。まじめで無骨な人生が高年層を中心に感動を呼んだ。

今、人々はギスギスした生活の中に感情の潤いを求めているのである。肉体的、心理的な疲労をとるための商品・サービスへの需要は非常に高い。そして、このような「癒し」を提供するモノ、サービス、ソフトといった様々な形態が関連し、セットとなった文脈型の消費こそ、今の消費の中核であるといえよう。(26)

戦後の日本の消費文化には、アメリカの遺伝子と日本的な遺伝子がミックスしたことによって日本独自の商品が多数生まれた。たとえば、温水シャワー付きトイレ、カメラ付携帯電話、炊飯器にマイコンをうめこみ自動化する、あるいは、二四時間自動温度調節風呂にテレビやステレオ、ラジオなどのAV機器をセットするといった、生活に便利な電子装置化は日本の得意とするところである。かゆいところに手が届く快適さを実現するため、エモーショナルなものとデジタルや電子的な機械を結び付けるのが、日本のお家芸であるといえよう。

たとえば、コンピュータゲームには飼育ものの人気ソフトがいくつもある。仮想現実の世界を、人間臭く使うのが日本人は得意といえよう。かつて、ある自動車会社の工場の溶接用ロボットに従業員達が「モモエ」という名前をつけ大切にしていたということだが、これは日本人のアニミズムのあらわれだと解説されていた。

このような生活に根ざした土着的なもの＝「ヴァナキュラー」と近代技術＝「モダン」をミックスすることこそ日本の優れたもの作りやサービスソフトの中核であり、「癒し価値」を中心とした特徴的な現象として出現してきたのだといえよう。

フーコーが、自己のテクノロジーと呼んだ技術は、概念が受肉化され身体化された知恵のような技能・技術である。日本も本来そのような伝統の中で蓄積された技術・技能を保持することができたかもしれない。日本人の生活ソフトのレベルの低さは、必ずしも本質的な日本の文化的伝統に根ざしたものではない。敗戦のもたらした、いやもっと前の軍国主義日本のもたらした負の遺産である。一九四〇年体制が残した負債である。

山口昌男の『「挫折」の昭和史』（岩波書店、一九九五年）と『「敗者」の精神史』（岩波書店、一九九五年）に活写されている日本近代史において「負け組」と山口が呼んでいる人々をみると、周縁ではあるが、日本文化にとって非常に重要であったものが何だったのかわかる。第二次世界大戦を招いたのも江戸期から脈々と残ってきた遊び、戯作、いきの精神を押し殺したことによるのではないだろうか。そして、同時に司馬遼太郎のいう日本人の合理精神、チャレンジ精神、柔軟性、健全な実務精神が殺されたのではないか。昭和初期から第二次世界大戦期にかけて、日本人は、ファナティックな一神教の原理主義者になってしまった。この時期を除けば日本は基本的に柔らかい多神教の世界であったといえよう。

たとえば、クルマは近代の〈ウェイ・オブ・ライフ〉と固く結び付いている。アメリカ人にとって自動車こそ個人が自由に移動できるアメリカ精神のシンボルであった。そして、クルマが自分達のステータスや社会的ポジションの参照体系であった[27]。日本でも事態は同様に推移してきた。アメリカの五〇年代におきたワゴン車ブームは四〇年遅れて日本でもおきている。

現代において日本の自動車産業は、「シビック」「カローラ」「マーチ」など最も優れた国民車を実現した。たとえば、五年以上経過した国産中古車は、十分に素晴らしい自動車であるにもかかわらず一〇万円程度で入手できる。ほとんどすべての国民が性能・品質のよい車を入手できる。日本こそ、マルクスあるいはフォードの夢を実現しているといってもいいだろう。

社会主義、資本主義の創造者達の夢、ユートピアは日本ではかなりの程度実現されてしまったのである。消費社会として日本で具体化されたといっていいだろう。中流意識九〇％を一度は実現し、なおかつ商品が豊かであるこの国のモノに関する実現度は考えられないほど高度なものである。

一九世紀の機械の時代、大量生産に夢を描いたユートピア主義者達の夢をかなえた日本のインダストリーこそ、ラディカルに民主主義の理念を実現したのである。トヨティズムの勝利は、非難されるべきものではない。松下幸之助の水道哲学も世界に誇るべきものの一つだといえよう。

しかし、マルクス、フォード、松下幸之助のユートピア実現のため日本がとった方法は一部、世界から非難されている。努力、合理化、規律化は欧米からすればアンフェアとされる。

日本社会の平等性の高度さ、モノの所有、消費の高度さは現状ではあくまで相対的なものである。かつてシュンペーターが皮肉をこめて語ったビフテキ社会主義、マルクスやレーニンが目指した一九世紀的ユートピア実現による新しいユートピアの不在が生じている。(28)

アメリカのロサンゼルス暴動による韓国系アメリカ人へのバッシングは、日本へのバッシングと同じ性格のものである。まじめに働きすぎることは不当、アンフェアであり、労苦としての労働を増大させるものとしてとらえられる。せっかく労働時間を短縮するという成果を勝ち取ってきたのにそれも台なしになる。一部のアメリカ人はそう考える。ただマジメにやればいいというわけではない。ではどうしたらいいのか。その答えがこれまでは不在だった。

もっと別のユートピアを提示できないかぎり、思想としては強くないし、勝てない。大衆にとって最も重要なことは「生活」である。平和も国際政治の価値判断もすべてそこからやってくる。ビフテキ社会主義とバカにするが、現実は大衆にとって最も気がかりな部分である。

現在の日本が経済・生産・技術の領域で競争的優位に立っていることは確実である。世界における日本のシンボルとは、「トヨタ」「ソニー」などの商品なのである。

3　日本の生活様式＝ヴァナキュラー・モダンによる消費文化

モダンは、必ずしも均一ではない。多様なモダンがあってもいいということは、これまでも繰り返しのべてきた。ここで、これまで論究してきたことから日本独自のヴァナキュラー・モダンを定義しよう。

二一世紀に向けて日本の近代生活様式とは、「あらゆる人々が個人の価値観と趣味によって、具体的な生活様式を自由に選択することができること。所得、階層、教養、権力などの有無にかかわらず、自分の選択によって商品を選べること。そして、企業は、その価値観や趣味の多様性と結びついて明白な違い〈差異〉を明白に持つこと」と定義したい。

日本の四季による多様性とその都度の様々な風景、食物の豊富さこそ多様性への志向性を形成したといってよい。別館を増築し、新館を継ぎ足しといった温泉旅館のようだとも、雑種文化ともいわれるが、日本は本来西欧やイスラムのような一神教ではない。やはり、日本のヴァナキュラーな美質は、この多様性に対する寛容性なのである。

日本の古典文化のジャポニスムへの影響がどう現代に生かされているのか。日本の伝統、文化と現代の商品とがどのようにつながり、トランスフォーメーションされたかをきちんと考察しなければならない。

そのような観点からみると、ファッション誌の表紙も必ずしも八頭身の外国人モデルというわけではなくなった。若い女性の着物への関心が高まり、あるファッション誌では着物日本人モデルに表紙を切り換えてから部数がアップしたということだ。浴衣は、若い女性に人気であるし、屋形船でのカラオケ、墨田川などでの花火大会は大人気である。落語に対する関心も高まり、映画『しゃべれどもしゃべれども』では、TOKIOの国分太一が落語家を演じ、あるいはNHKの朝の連続テレビ小説『ちりとてちん』は、女性の落語家を主人公にしている。

出版界の江戸ブームも変わらず継続しているし、江戸料理の店が人気を呼んでいる。そのような中で盆栽、日本の名旅館、長屋の生活など日本の伝統文化について特集記事を毎号組んでいる『サライ』が順調に部数を伸ばしている。徐々にアメリカやヨーロッパに対する無条件のコンプレックスがなくなってきた。これからは、単純に憧れの西欧文化を導入すればよいというわけにはいかない。

また、日本の伝統文化は意識して自分達で知っていく努力が必要な状態なのであり、『サライ』に典型的に表現されているように古き日本のよさを伝えてくれる媒体が必要なのである。とりわけ今の若い世代には、活字や映像が必要不可欠といえよう。彼らにとって新しい経験として新鮮に感じられるに違いない。

自分達とは何者かという、経済成長によって捨ててきたものへの問いが生じてきた。これは、経済のこれ以上の量的拡大が飛躍的には望めないということでもある。生活というものをあらためて見直そうということでもある。文化の文脈をもう一度再構築しようということだともいえよう。このような問題意識を解決するのは、高付加価値の開発＝ソフトの開発、本質というソフトに対応したマーケティングということになる。モノそのものから発想するのではなく、ソフトからの発想ということになる。

テレビがあればいい、クルマがあればいいというレベルから、どんなテレビでなければならない、自分が欲しいこういうクルマでなければいやだというレベルに到達してきている。昔よりもっとディテールが要求されるし、センスも要求される。これはやはり文化の成熟度が高まってきたということに他ならない。有名なマズローの欲求段階説がいうように、人間の欲求はモノの充足からどんどん美や精神等の高次元のものになっていく傾向がある。

このような欲求に応えるためには、単なる伝統への回帰でもなく、ただの西洋趣味・模倣でもないミックスがポイントになってくる。そして、何がオリジナルか、創造の参照になったモトネタは何か、コピーはどのようにされたかということを追求すればするほど本当のオリジナルという概念は意味をなさなくなってくる。通常は、デザインをインスパイアするカタチの原型・元型→著名な芸術的デザイン→無数のコピー（有名なデザインの模倣）といった流れをたどる。模倣というプロセスが多くの名品やブランドの創造期に存在している。模倣はこれらの有名ブランド開発に必ず介在する一プロセスである。問題は、単なる模倣にとどまらず、いかによりよいモノとして改良されているのか、工夫されているのかである。

前に触れた川勝平太の『日本文明と近代西洋』によると、日本で非常に高価で憧れとなっているヨーロッパの高級輸入食器ブランドは、最初はコピーであった。一七世紀初頭の西欧において盛んに中国・日本磁器の輸入がなされた。ドイツのマイセン、オランダのデルフト、フランスのセーブル、イギリスのチェルシー、ウスター、ダービー、ウェッジウッドはその模倣によって創造されたのである。[29]

また、川勝は、次のようにもいう。「商品はある一定の文化の中で、はじめて意味と用途を見出すのである[30]」「生産も消費も純粋な経済行為ではない[31]」。なぜなら、先にも例であげたように、イギリス綿布は、夏物のうすい絹のごとくすべすべであり、日本国産綿布は、堅牢、冬の寒さを防ぐ厚地で、ごわごわ、ふっくらしていた[32]。それゆえ、同一の比較はできない。価格が安いからといって、木綿への嗜好性が異なっていれば、市場は占有できない。

異なった形、機能、性質を持った異質の海外製品・財が取り入れられるためには、その文化特有の価値表現、価値コードに翻訳されなければならない。川勝は、各社会の人間の衣食住を支えるものの集合を「社会の物産複合」と呼び、「すなわち物には文化的意味がある。」と述べている[33]。文化が違えば、ある文化圏においては宝の山であっても他の文化ではごみの集積にすぎないということもありうる。この差が特定の国においての差別的優位性を築くことになる。日本人にとっては細部まで細かくていねいな仕上げをすることが当然であっても、他の国からするとそれが大きな魅力になりうる。日本のパッケージや包装は時として過剰であるが、それが独特のデザイン上の魅力になる。イタリア人の色彩感覚、ドイツ人のクラフト的重厚さなどそれぞれの文化の違いが「モノ」に凝縮されている。

文化受容性に適合しないものは、価値を持たない。もちろん、単に象徴的なだけでなく、物理的制約ももちろんある。

その代表例としてアメリカの大型車は、かつて日本では受容性がなかった。[34] 車寄せなどとれる広い郊外住宅など、日本にはほとんど存在しない。日本が、アメリカ車を輸入したくてもできなかったのは、住宅、道路事情を無視しているという批判からである。

ヴァナキュラー・モダンの典型的な例としては、「モスバーガー」があげられる。日本型ハンバーガーとしてライスバーガー、こんにゃくデザート・ドリンク、きんぴらバーガーなどが開発されヒットしている。牛肉一〇〇%ではなく、日本人の味の嗜好に合わせて牛肉七〇%豚肉三〇%でハンバーガーを作っている。おいしさ、健康に留意し、サービスはパパママストア的小規模経営でこぢんまりと展開している。そのため、価格を下げないで高付加価値、高サービスに徹している。

「セブン-イレブン」のコンビニエンスストアという業態は、最初アメリカから導入した小売店である。だが、そこで販売しているのはおにぎり、弁当、コンピュータゲームなどである。そして、POSを活用した情報システム、小口のきめ細かな配送は日本で独自に育てられた。そして、今や日本の「セブン-イレブン」がアメリカ本国の経営を行っている。

「日清食品」の「カップヌードル」も「世界商品」として日本的な近代性を象徴する商品である。

先に紹介した川勝平太の物産複合理論によれば米一つとってもどんな米か問題になる。木綿も同様である。クルマでも「クライスラー」の丸いデザインの記憶――レファレンスが日本にはない。「ホンダ」の「アコード」は逆にアメリカでベストセラーカーのトップを争うのに日本では思うように売れないという現象がおきる。

この大転換の時代において、マーケティングが前提としておかなければならないのは、豊かさの原像が従来とは異なっていることである。これまでは、モノの豊富さ、モノの安さ、モノの手に入れやすさといったことがその前提となっていた。日本の戦後における豊かさの原イメージとは、アメリカ型の大量生産／大量消費の豊かさである。しかし、モノが量のレベルで飽和している現在にあって、大量生産、大量消費は消費者にとっては、豊かさの原像・原イメージにはなりえない。冒頭で述べたように〈質〉の高さ＝高質という曖昧模糊としたものが豊かさの基準となる。それは、いうなればフロー型の豊かさからストック型の豊かさへ、あるいは、ヨーロッパをモデルとした時間軸、空間軸両方からのシンボルの引用の参照への移行である。そして、モノの〈実質〉という側面だけでなく、モノの〈形〉、モノの〈イメージ〉が非常に重要視される。フローのイメージではなく、ストック的／ヨーロッパ的なイメージを非常に強く印象づけることができ、豊かさ＝高質ということを感じさせなければならない。

ヨーロッパで蓄積されたモデルを再検討し、その上であくまでも日本の独自性を持たなければならない。繰り返し語ってきたように、印象派が日本からの浮世絵にヒントを得たように、あるいはアール・ヌーヴォーが、日本の川上貞奴、陶器、着物から影響を受けたようにである。

着物は単なる布地のデザインだけでなく、女性の体をしめつけるコルセットからの解放という身体機能的な意味からもヨーロッパ服飾デザインに深い影響を与えた。ココ・シャネルの登場を準備したのが、着物であったといえよう[35]。

日本の江戸時代に発達した日本独自の審美的な表現、文化遺産を検討すべきだと考えられる。歌舞伎、浮世絵の完成期であり、とりわけ九鬼周造の分析で有名な〝いき〟という美的感性を見直すことも必要であろう。そのような意味で現在、江戸学が脚光を浴びているのも偶然ではないだろう。

豊かさの原像としての別の視点では、ヨーロッパをベースとした文化的な異種交配というものがあげられる。あらゆるもののスタートは、モノマネである。最初からホンモノであろうはずがない。コピーがそれなりの形やオリジナル性を有するには長い時間が必要である。しかも、日本はかつて戦前にその取り組みを行ってまがりなりに蓄積してきたものがある。

日本を振り返ってみると、文化ソフトとして、横浜、神戸、長崎、函館などが貴重な価値を創造している。港町として、異国との文化の混合によって、独特の文化ソフトを形成している。文化の一種の異種交配を達成している。

ロシアの文化記号論者の第一人者バフチンの対話論からみれば、文化の差異による対話＝異なるもの同士の対話とは、生成としての対話に他ならず、異なるもの同士の異種交配になる。それは、なぜ創造的なものとなるのか。絶えざる前進、改革、接近を生み出すからである。植民地の人々が、自分達の土着言語ではなく宗主国の言葉で文学を創造する「クレオール」もその一種である[36]。

また、時間軸からみると、これまでのべてきたように日本において消費文化が花開いた豊かな時代は、大正期から昭和初期にかけてであり、西欧のアール・ヌーヴォー、アール・デコと世界史の上では同一期である。しかしこの文化的遺産は、戦中、そして戦後の窮乏期において失われてしまった。つまり、第二次世界大戦によって失われた豊かさとは、ヨーロッパ的なるものと日本的なるものの融合によって彫琢された〈豊かさ〉であった。ところが、戦後日本の豊かさとは、進駐軍やアメリカのホームドラマによってもたらされた「アメリカ的豊かさ」である。「アメリカ的豊かさ」とは、物質の大量性いわゆるマスという概念であり、生産中心主義であった。これは戦後日本の〈モノ〉の絶対的欠乏を裏面としながら、その反転した姿としての豊かさだったのである。

現在残されている建築物にみる曲線、和・洋のフュージョン・ハイブリッド、照明器具のアール・ヌーヴォー、和服にみられる大胆な色の組合せ・構図、時代を先取りした洋服・髪形は、文化的に高度な段階を示している。むしろ戦前の西欧性への参照が、大正期の独特の豊かさを形作ったといえよう。

いわば、戦前の「豊かさ」とは日本における明治・大正期の駆け足の経済成長と西欧文化の成熟が生み出した〈消費のプロトタイプ〉なのである。しかし、戦争によって東京で特に、明治、大正期の建物はほとんど焼き払われてしまったため、私達の中で日本の「豊かさ」の記憶が断絶してしまったのである。これは、西欧の建築と日本の建築に端的にあらわれている。敗戦による徹底的な破壊からの復興は、過去との決別、まったく新しい世界を築くことへ向けられた。先に述べたように、ドイツがミュンヘンやニュールンベルグのようにかつての街並の復興といった方向で建築そのもの、空間そのものを再興していったのに対して、日本は、まったく戦前の街並を復興しなかった。

これをもう一度、戦後六〇年以上かかってやっと受け入れる感性的土壌ができたのである。一度無に帰したものが再びあらわれようとしている。日本の歴史には、大正・昭和初期のような別の「豊かさ」がモデルとして存在していたことを認め、江戸、大正のエッセンスをベースにした日本の文化資産を生かす方向で考えるべきなのである。

歴史的には、私達日本人は、約一三〇年の近代化の過程で二つの大きな伝統文化からの断絶を経験している。明治維新において、日本の伝統的街並は、ヨーロッパ調に大きく変貌をとげた。そして、日本の伝統性とヨーロッパの空間構成が混じり合って独特の様式を持った街並や建築空間ができようとした矢先に、第二次世界大戦でほとんどのものが灰じんに帰してしまった。

戦前に到達されたヨーロッパと日本の伝統がクロスした新しい試みはすべてといっていいほど破壊されてしまった。単に、経済や社会資本の基盤のみならず、文化や価値、感性の基盤までも失ってしまったといってよいだろう。私達の戦後の経済成長とはこのようにして根こそぎの破壊から始まった。あらゆる意味で歴史の忘却からスタートしたのが戦後消費文化である。

したがって、「新しいことはいいことだ」は、第二次世界大戦後、特に強まったのである。日本人がエコノミック・アニマルといわれ、経済成長、モノの豊かさに憧れ、アメリカ型の消費社会の成立を目指したのも第二次世界大戦後である。その結果できあがった東京の街並は、無秩序でありながらモダンな味も素気もない街並であった。

これからは、経済学でいうマクロの発想よりもミクロの発想が影響力を強める時代である。マーケティングからみて求められている具体的な商品やサービスを提供できるシステム、体制論が必要なのである。そこでは、顕教である表の合理的システムだけでなく、密教である裏の象徴システム＝文化を深く理解しなければならない。先に指摘した米の例――タイ米の違いについての理解は、文化によって商品価値が異なってしまう典型である。商品一つ一つに対する価値のカタチ・判断・評価への体系の違いが存在している。

第二次世界大戦後に定着した土建屋的な発想を今こそやめるべきである。道路工事やダムなどに使う同じ予算を公園、グラウンド、レジャー、休暇村等の施設、福祉施設作りや、それらを活用するための様々なソフトに投入すべきであり、クオリティ・ライフの向上のために使用すべきである。

4　アート＝芸術技術としての豊かな消費文化

では、具体的にはどのようにしていくべきなのか。フーコーの『自己のテクノロジー』によれば、西欧においてギリシャ、ローマを通じて中世キリスト教に至るまで西欧思想の根幹に「人々が自分自身の理解のために用いる特殊な技術と結びつくきわめて特殊な《真理ゲーム》[37]」が存在するとしている。これが、現代に至るまで「近代世界では、自己の認識が基本原理となっている。[38]」という考え方であり、そこには、epimelesthai sautou ＝「自分自身に気を配ること」「自分自身に関心をもつべし」、gnothi sauton ＝「なんじ自身を知るべし」との思想的連続性、大いなる流れが存在している。

この思想が、修道院での宗教生活の仕方、研究の仕方、健康法などの実践的背景を成してきた。瞑想、様々な修行法の根幹にあるものである。

フーコーにならえば、私達自身を次のように問うことができる。

「生活者としての自分自身を知るべし」

「多様な価値を提供する主体としての《企業》自分自身を知るべし」

問題は、評価・判断ではなく構造でありその実践として必要とされるのが、フーコーがいう意味での《テクノロジー》なのである。《テクノロジー》のベースとなるものの重要な一つの概念が文脈である。ホールが、文化を規定するのに用いた概念である文脈とは、意味の共有の基礎になるものである。文脈こそが、人間の理解の根底である。意味を理解し了解することの根底にあるのが文脈である。

たとえば、「プリウス」のヒット文脈は、環境を重視するエコ意識の高いセレブに評価され、受容されたということである。アメリカでは、レオナルド・ディカプリオのようなハリウッドセレブが真っ先に乗り始めた。そこで、エコは「クール」になった。エコであることが、堅苦しい正義の人を連想させるばかりではなくなったのである。

不況下のヒット商品の特徴は文脈型消費である。価格破壊が猛威をふるったころから人気のRV（レクリエーショナル・ビークル）は、価格でいえばベーシックな4ドアセダンよりもかなり高かった。RVらしい装備をつけるとちょっとした高級車並である。燃費も特別よいというわけではないし、車体も大きく、節約の観点から選ばれているわけではなかった。RVには、価格を超える魅力があるからこそ生活者は大枚をはたいた。生活者は、魅力あるものが欲しいとなれば高くても買うという典型であったといえよう。価格を超える価値について考察するにあたってRVは最も適した事例である。RVについて分析することで新しい消費パラダイムについて考えることができよう。

もともとハードとしてのRVは、ステーションワゴン、4WD、ワンボックスカーとして存在していた。まったく、新しいカテゴリーの商品というわけでもなく、新発明にとびついたというわけでもない。既存の商品カテゴリーの意味が変化したのであり、いうなれば、言葉の意味が文脈の変化にともなって変わったようなものである。

このような、文脈の変化にあたるものとしては、たとえば、大型RVを買うには、実際には思ったよりも取りまわしが容易であるものの、奥さんにも大型車を運転できる運転技術の向上の必要性があげられる。また、RVを使って家族でレジャーに行くにもキャンプ施設がしっかり整い、なおかつ日本に大型連休がなければならない。

そして、メンタルな側面では、親子でともに世界、体験を共有したいというニーズがなければならない。一見、クルマには直接結びつかないが、いくつか例をあげれば、水族館、ゴジラ、スピルバーグの恐竜映画『ジュラシック・パーク』のヒットなどである。特に、ゴジラであれば親子孫三世代で共通に話ができるという楽しさがある。同様なソフトに『ウルトラマン』『仮面ライダー』『ドラえもん』などがある。

親子の文脈は、これにとどまらず映画『フィールド・オブ・ドリームス』にみられる親子の和解、恐竜ロッカーズに出演したレッド・ツェッペリン、ミック・ジャガー、エリック・クラプトン、ニール・ヤングの人気、広告キャラクターへのモンロー、ヒッチコック、長嶋茂雄の起用、宝塚のような祖母から孫まで世代を超えた文脈などがある。こうした流れの中に、RVに乗ってキャンプやアウトドアを一緒にするという行動が存在しているのである。

このような関連性こそ、コミュニケーションにとって最も重要な文脈である。文脈が存在しなければ、言葉の意味はわからない。同様に、消費現象の中では、文脈こそが商品の意味を定めるものである。もともと存在していたＲＶというジャンルがこれほど大きな存在になったのも文脈によって意味が強化されたからである。あるいは、家族全員が望む意味＝価値を共有できるようになったからである。

ＲＶブームの文脈をまとめると、

・郊外型ライフスタイルの増大
・大型連休の定着によるファミリーレジャーの定着
・動物園、水族館人気にみられる親子共通体験の需要拡大
・4ドアセダンの大衆化にみられる差異欲求の高まり

といったことが挙げられる。

これらの背景とともに、

・買物の形態も、郊外の住民はディスカウント量販ストアで、大量にまとめ買いを行なうので便利
・ファミリーレジャーに行くのに道具一式をつみ、長距離を走るのに最適
・ライフガード、フォグランプなどよほどハードな環境で走るのでなければ必要でないものも買うことで、都会の中での「アウトドア派」を疑似的に味わえる
・ホテルに乗り付けるのにも恥ずかしくない
・車体の大きさが「豊かさ」「高級感」を感じさせる

以上のような、ＲＶをとりまく社会・経済・生活関連のシンボル、サインが、様々な意味を示

し、RVブームの文脈を連鎖的な構造で形成しているのである。一見バラバラの現象が関連性を持ち、何らかの意味のあるつながりを持っている。なおかつこれらの関連性が他の人々に対して容易に認識される形になっているのである。

実用的でありながら、高級感を感じさせ、なおかつ、4ドアセダンと比較すると個性的であるというクルマのニーズを満たしたのがRVである。クルマは、実際の物理的な機能だけでなく生活者の気持ち、情緒、精神、生活価値にいかに強固に結びついているのかがわかる。

RVブーム、アウトドアブームが切り開いたとはいえ、日本人には、まだ、親子の友達づきあいのノウハウ、生活の知恵といったものが欠けている。そのような日本人を助ける一つの具体的な道具、媒体の可能性を持ったものとして「Wii」がある。ただし、コンピュータゲームは、これまで子供や若者がプレイするものだった。したがって子供も若者も一定の時期をすぎると離れていく層がかなりでてくる。これが一時、コンピュータゲーム市場がダウン傾向にあった大きな理由の一つであった。

コンピュータゲームは、相互的なコミュニケーションツールになる可能性がある。子供にとって、「父とプレイする、母とプレイする、祖父母とプレイする、家族とプレイする」ということは、一方通行的な愛情から相互的愛情への道を開くものである。相互コミュニケーションの場を形成するメディアにコンピュータゲームがなる可能性がある。

そのような、「Wii」の具体的な「生きた」意味を創造するためには、文脈＝コンテクストを生き生きと再現する必要がある。それは、生活者の生き生きとした生活の場面、モノの使用場面、使用の仕方、モノとの関係、モノを通じた人間の関係である。家の中での家族や友人との「Ｗｉｉ」などによるゲーム大会が、ゲーム文化となる。ファミコンに熱中した世代にとって『スーパーマリオブラザーズ』は懐かしいソフトだが、今の子供たちにとっては新鮮である。世代を超えた楽しみを提供する。世代を超えて継承されるとき初めて文化になるということができよう。そのためには、大人や老人が簡単にできる直感的操作性、堅牢性、安価さが求められる。「Ｗｉｉ」によって新たに切り開かれたのは、従来と異なったコンピュータゲーム文化である。ここでいうゲーム文化とは、ゲームの表現面のみでなく、生活する行動・身体の側面までも含んだものである。「Ｗｉｉ」によって行動様式が変わる。イギリスでは、エリザベス女王（八一歳）も「Ｗｉｉ」のファンで、ボウリングのようなスポーツゲームを上手くプレイするそうである。孫のウィリアム王子は、おばあちゃんは「クールだ」と言っているという[39]。一般の家庭では、リビングが家族の集まる場となり、リビングの間取りや大画面ＴＶの購入へも影響を与える。

もともと「任天堂」は、花札の製造・販売からスタートしたおもちゃ屋的ゲーム会社である。それに対して「ソニー」は、エレクトロニクス会社である。技術を中心としたハードメーカーの生産物と、本来の遊びであるゲームからスタートしたソフトメーカーが生み出したものとでは、それぞれによって形成される文化がまったく異なる。

このように、商品・サービスにお金を払うかどうかは、生活者の意味の文脈の中で、リアリティを持っているか、「生きた」存在となっているのか、「意味の充実」をもたらすのかどうかによるといえよう。かつては、モノの所有、モノの物理的な機能中心だったのが、現代では、情緒的、精神的側面からも意味あるものとして存在しなければならないということに他ならない。物理機能的価値が情緒、精神へと連鎖的に結合され、価値が文脈化されなければならないということなのである。換言すれば、技術を「人間化」、あるいは「人間ドラマ化」できるかということである。

また、自分の時間の充実の大きな妨げとなっているのは、ストレスである。肉体的、心理的な疲労をとるための商品・サービスへの需要は非常に高い。そして、このようなモノ、サービス、ソフトといった様々な形態がセットとなって初めて豊かさが感じられる。モノが一点だけ、サービスが一点だけと独立して所有・使用していくレベルではないのである。関連性を重視した文脈型の消費こそ今の消費の中核であるといえよう。文脈を創造し顕在化できるものこそ生活者が強く求めるものなのである。(40)

これからますます、日本企業はグローバルに商品ブランド競争で勝っていかなければならない。そのとき、高品質・多機能というだけでなく日本企業としての独自性・個性をどう主張していくのかという問題を解決していかなければならない。また、今後、企業が目指していく「豊かさ」のユートピア像の開発をしなければならない。衰弱している「豊かさ」の文脈を、文化という発想から再構築すべきなのである。プチブル、ブルジョワと馬鹿にすることよりも「生活」のテクノロジー、ノウハウを学ぶことが、今日本に最も必要である。

自分の娘を売り、食うや食わずの社会よりも、若者が大学へ行き、ファッションに力を注げる社会の方が絶対によい。そう信じることができないのなら、よりよいものを示すビジョンについて責任を持って具体的に提示してほしい。

「豊かな」あるいは「よい」生活というコンセプトの実現のためには、非常に複雑なシステムである私達の〈慣習的行動〉〈価値〉〈ルール〉に働きかける具体的な技術が必要なのである。たとえば、〈清潔さ〉〈趣味のよさ〉もすべて具体的なモデルが存在している。

ただし、もはや経済資本の蓄積と建設中心型の社会資本整備ではどうにもならない。どうやっても道路はこれ以上早急には改善できないし、文化会館のハコを作っても上演するソフトが少ない。ハードとソフトをセットにして考えなければならないし、ハードも通り一遍の量での満足では不可能である。もっとディテールをどのようにして＝Ｈｏｗの部分をクリエイトすればいいのか。その方法論が求められている。

たとえば、『Shall we ダンス?』の中で英国の老人達が日常社交ダンスを楽しむシーンがあったが、日本ではありえない。では、日本独自の三味線や長唄などはどうかというと日常に根付いていない。せいぜいカラオケぐらいだろう。

生活全体のハードとソフトの絡み合いが大切な点であり、私達にそれは蓄積されていくべきものである。いつまでも道路工事や会館などのハコモノにちからを入れればいいというものではない。

日本の生産技術、生産能力の高さはこのような場面で使われるべきである。安くて品質がよく、誰にでも使えて、誰もが「楽しくて」「豊か」であると実感できる生活を目指すことが可能となる商品を作ること。これこそ〈ジャパニーズ・ウェイ・オブ・ライフ〉を実現することに他ならない。

先に説明したようにコンピュータゲームを親子の双方向コミュニケーションの媒体とすることにこそ日本の技術力が貢献できるといえよう。

では日本の高度なハイテク技術、生産技術、生産能力の高さを生活の中に転化、変換(transformation)していくためにはどうしたらいいのか。ここでこそ「意味論」が有効なのである。文化シンボル・プロデューサーが活躍する場面である。ベネッセによる直島プロジェクトは、モダンアートと地域とのコラボレーションを進め、旧来の展示・鑑賞するだけの美術のフレームを超える試みを行なっている。このプロジェクトは、アートが村おこしにもなり、経済的な効果を生むことをより高い次元で示した。

子供たちが直接遊びに参加できるような様々な仕掛けがある「金沢21世紀美術館」や、動物園でいえば、本来の動物の魅力をひき出す行動展示を行なっている「旭山動物園」も高次の文化である。そして、クリエイティブであるには、業種も世代も関係ない。

二〇〇七年から二〇〇八年にかけて中国産の輸入食品の問題に端を発して食の安全性に大きな関心が払われるようになった。このような状況であるからこそ、国産の食料に関して、農業ルネッサンスとしてどう取り組んでいけるか、逆に大きなチャンスである。個々の農家のクリエイティビティが発揮されることが期待される。そこそこの価格で安全・安心を提供できる生産法、流通法、ブランディングが求められている。今こそ、農業の「クリエイティブ・クラス」への転換が、文化を通じて実現できるのだといえよう。

5　生活の知恵、ノウハウの開発

商品のベネフィット——機能を分析するにも幅広く人間学的に考えなければならない。機能の問題を考察する視点が、効率化、便利さといった機能合理性の範囲にとどまっているようではいけない。生活を「楽しく」するにはといった情緒的心理的機能までを含まなければならない。

商品が生活の中にどう位置づけられるのかを考えよう。たとえばビデオカメラは、これまで専ら父親がビデオカメラで撮影する役回りだった。一方的な撮る—撮られる関係であったため、父権的な商品であったといえよう。したがって、子供が小さいうちは熱心であっても、子供が大きくなるにつれて、使用モチベーションが減退してくる。家庭のコミュニケーションを形成するメディアとして機能しなくなる。

日本人にはまだ、親子の友達付き合いのノウハウ、生活の知恵といったものが欠けている。これは、フーコーが自己のテクノロジーで語ったように、西欧の歴史ではギリシャの時代から自己・主体に関するテクノロジーが存在したような文脈が、日本には存在していないためである。一対一の人間としてのコミュニケーションノウハウは、思想的・文化的受容化によって、生活の知恵で形成されていくものである。

その一つの具体的な道具、媒体としての道具としてビデオカメラがある。撮る―撮られる関係が相互的であることは、みる―みられる関係も相互的であるということである。父を撮る、父をみる、家族を撮る、家族をみるということは、一方通行的な愛情から相互的愛情への道を開くものである。撮る義務感ではなく、相互コミュニケーションの場を形成する媒体・メディアになる。そのためにこそ子供が簡単にできる操作性、堅牢性、安価さが求められるのであって、その逆ではない。

カルチュラル・マーケティングを担う文化シンボル・プロデューサーは、法律家、会計士のような表側――顕教の論理―近代、合理性に対応した――の世界を扱いつつ、裏側――密教の論理―非合理性、文化性――の世界をロジカルに分析する。文化シンボル・プロデューサーは、シンボルの論理、象徴のロジックを分析することができる。密教的ロジック、深層の論理を分析し、抽出することができるのである。

生活、とりわけ消費という活動は、人間の合理性、非合理性、理性・感性すべてを含んだ総体である。私達は、生活の中の商品、サービス、あるいは企業について合理性だけでない象徴性の次元まで踏み込んで分析を行ない、具体的なアクションプランを作成し、実行すべきなのである。豊かであること、楽しいことは「意味の充実」である。生きることの「意味の充実」に役立つ商品を作ること、そのような商品を開発することが私達文化シンボル・プロデューサーの使命である。

文化の理解とは、顕教的なるものの中で密教的なるものを理解したときに初めて可能となる。ヴァナキュラー・モダンとは、顕教と密教の混合形態である。だからこそ、シンボルの分析を遂行できる言説・理論・方法論が求められているといえよう。

象徴価値の発生とそのマネジメントを行なうためには、具体的な方法論として文化記号論が求められる。私達は、近代に覆われた密教的な側面へわけ入っていくことになるのである。そのような意味では、近代において政治的領域が宗教性と密接になるのは必然である。政治の正当性や権威、格といったものは、すべからく密教的なものに他ならない。

日本の社会は表と裏、建前と本音、近代と伝統等の二項対立的な世界である。この傾向が非常に顕著なのは、第二次世界大戦の敗戦によって、アメリカ型の消費文化、政治体制、思想が入ってきたためである。

本来、人間のコミュニケーションの世界には、必ずこの二項対立的世界が存在している。一神教のキリスト教世界ですら、ギリシャ思想、ネオプラトニズム、錬金術の思想の流れが背後にある。中国においてもマルクス主義と儒教が共存している。

表側の世界だけみていたのでは、人間のコミュニケーションは理解できず、「経験」を構造的にとらえ、再現可能な表象としてコントロールすることもできない。その仕組みを構造的に理解することはできないのである。意志・意思がどれだけ現実の人間を動かすことができるのかが権力であり、象徴力である。言語遂行力が実行力を規定するためには、法＝ルールの概念的姿＝顕教／慣習＝ルールの身体的姿＝密教の両者に対する鋭い感覚が必要である。

本来、日本人は、「意味」を明示的な形で扱うのが得意ではなかった。暗黙のコミュニケーション、腹芸、文脈のコミュニケーションに加えて、世界的にもハードなネゴシエーションを必要とせず、被征服経験の乏しい特異な民族であった。自分達を明示化し、そのアイデンティティと存在理由を主張することが上手くなかった。文化としての仏教や、禅が評価されるとしても、ビジネスや政治の世界では、そのような曖昧な非論理的な思想は善ではなかったのである。

ヴァナキュラーなものを明示化できないまま、性急に近代化を追求しすぎたため、ついには自分たちの最も重要な競争力の源泉である文化を破壊し、忘れようとしている。ここで誤解して欲しくないのは、単に旧来の伝統文化を維持しようといっているわけではない。ヴァナキュラー・モダンという用語にこだわるのは、文化を保守するだけでは十分ではなく、いかに文化を顕教の近代システムと異種混合して現代化していくのかが大きな課題であるからである。

しかし、その一方で、関係づけは非常にうまかった。あるいは、関連のないものに過度に関連性を読みとることはうまかった。どうして、日本のCMには必然性のないものが登場するのか。ロジック上の必然性がないにもかかわらず、そうなるのはなぜなのか。また、それは効果的なのかという問いに対する答えの一つである。

したがって、現在のような大変動期において、文化という観点から理論―媒介―具体化といった段階に応じてそれぞれに専門的な能力のある人間が必要なのである。批判は、具体的なオルタナティブがあってはじめて批判といえる。このような時期だからこそ、哲学がアクチュアルであってほしい。本来、哲学は「生活世界」からしか生まれないといいたいのだが、日本の哲学はアカデミックな哲学、研究用の哲学であって、生活の実態と大きく遊離している。それゆえ、自前の哲学を構築していくほかかない。

終章

日本独自の豊かさを目指して

本書を締めくくるにあたって文化とビジネスを考えるうえでぜひ肝に銘じておきたいエピソードを紹介したい。二〇〇七年三月三日にNHK教育テレビで放映されたカンボジアのアンコールワット修復のドキュメンタリー『我が麗しのアンコール』である。ご存知のようにカンボジアでは、クメールルージュの独裁政権のもと大量虐殺が行なわれ、その後の内戦もあってアンコールワット修復に携わった六〇人のうち三人しか生き残れなかった。

上智大学石澤良昭学長は、その研究人生をアンコールワットにささげたといっても過言ではない。一九六一年に初めてアンコールワットに出合って以来研究者生命をかけてきた。国際調査団を組織し二七年間にわたり、アンコールワット修復を実行してきた。そこでは、日本の資金と技術を単純に持ち込むのではなくカンボジア人の美意識で修復すべきと考えた。

修復は、国の文化によって考え方、方法が異なる。フランスは現代の工法を使用しコンクリートを土台にしてしまうので崩れた部分があまってしまう。また、インドは化学薬品を使って黒い遺跡を白くしてしまう。これらの国のやり方では、カンボジア文化の粋であるアンコールワットの本来の姿を守り、復元することはできない。

そこで、石澤良昭学長は、カンボジアの若者に対して日本の石工が技術を伝え、育てていく方法を採用した。日本の石工のやり方は、本来のアンコールワットの建築のやり方とほぼ同じであり、崩れた部分について平らで隙間なく修復ができる。カンボジア人の石工を一人前に育てるのに七～八年は必要と大変な手間と労力がかかるが、カンボジア人自身が修復し、維持していくことになる。文化を継いで守り育てていくことを全面的に海外の技術者に任せるのではなく、カンボジア人自身が担っていくべきと考え実行してきた。遠回りでも、カンボジア人自身がアンコールワットに込められた文化を誇り、守れるようにしなければならないのである。

修復の研究者たちがわずか三人しか生き残れなかったという過酷な現実の中で、これからの修復の中心になる新しい世代を育てていくことが最も重要なのである。文化とは、一朝一夕にはできあがらないし、色や形などの具体的なディテールが、非常に大切なのである。

文化とは、幻想だという意見も根強い。確かに文化は、永遠で不変なものではない。だが、透明の壁のようにそこに頑固に存在しているものでもある。

高級品のブランドを考えてほしい。アメリカは、世界で最も成功したパワーブランドを多数抱えている。では、アメリカの高級車は、世界で受け入れられているだろうか。「キャデラック」や「リンカーン」は、ドイツの「メルセデス・ベンツ」や「BMW」「ポルシェ」やイタリアの「フェラーリ」、イギリスの「ジャガー」のような存在にはなっていない。ファッションでは、フランスの「シャネル」「エルメス」「ルイ・ヴィトン」、イタリアの「グッチ」「プラダ」「ブルガリ」などと同等の高級ブランドも存在していない。アメリカ料理のレストランが、高級レストランとして世界で愛されているとは思えない。

日用品の次元では、最強とも思えるアメリカの数々のブランドは、「コカ・コーラ」「マクドナルド」「GAP」「マルボロ」などみな大衆消費財である。アメリカには、高級品のブランドを創造するソフトパワーはない。ヨーロッパの独壇場である。

このような文化の力は、現実の力として存在している。これが、文化の再帰性（reflection）

である。文化について考察し、語ることによってその文化が起ち現れてくる。今まで気づかなかった特徴が明らかになり、ああこのようなものだったと思うことである。そして、その認識が文化の枠組みを強化する。

ちょうど言語の文法が、母国語をしゃべっている人間にとってはわからないように、改めて人に説明する必要性によって、構造として認識されるようなものである。

重要なのは、文化はほうっておいても維持できるものではなく、意識的に努力しなければ消えてしまうかもしれないものだということである。

ブランドの背景となる企業文化、国の文化もブランドを創造するときに、意識して把握しなければならない。そして、その特徴を努力して維持・強化していかなければならない。価値とは〈差異〉であるとソシュールはいった。文化によってもたらされる価値も差異である。自分の住んでいる街が、普通の街だと思い込んでいたら、けっこう珍しい習慣や方言を持っていたという経験はないだろうか。正月のお雑煮は、全国どこでも同じものかと思われがちだが入れる具も違えば、おもちの形も違う。このディテールの違いを大切にしなければならない。

吉本隆明と戦後左翼思想のリーダーであった埴谷雄高との間で「コムデギャルソン」のようなファッションメーカーは、安価に途上国で生産し、日本の若者からやらずぶったくりで搾取する企業なのかという論争があった。日本の高度大衆消費文化の評価に関してのこの論争の中で、吉本隆明が繰り返し指摘していたのは、日本経済の発展によって若者が、自分達の好きな服を購入し、楽しむことができることは事実として評価すべきということである。〈大衆の原像〉に接近するためには、とことん具体的な生活の物質的基盤に密着して冷静な判断をすべきなのである。[1]

現在の日本において全否定型精神は、何も産み出さない。思想には、コンセプトとビジョンがあり、人の心を動かすことができなければならない。全否定ではなく、何を変えていくのか。その方法論と実務的な可能性、実現可能性がなければならない。現実に動く論理の発見がなければならない。「正義は実現されなければ意味がないし、実現不可能な正義についていくら語ったところで仕方がないのです。[2]」

日本は、ただ単にものまねをして不当に安価に商品を世界に売りまくってきたのではない。何度も触れたように三浦展は、『「豊かな社会」のゆくえ』の中で「ウォークマン」を日本人が初めて作り出した「世界商品」ではないかと主張した。三浦が作り出した造語である「世界商品」とは、「世界中の国が、それをモデルにするようなプロトタイプ的な商品、さらにはその商品とともにある種の価値観までもが伝播するような商品という意味合いである。あるいは、その製品をつくった国の固有の文化性を感じさせると同時に、世界的に通用する普遍性を持つような商品である。[3]」

日本の自動車は、世界商品としてグローバルに評価されている。しかし、三浦によれば、「その国の近代工業デザインの力に限らず、伝統的な工芸品のデザイン技術や、その国の思想・文化もまた自動車にも反映してこざるをえない。[4]」と述べており、その点三浦によれば日本車はまだまだ不十分だという結論である。

では、アニメやコンピュータゲームソフトはどうだろうか。『パワーレンジャー』は、アメリカで大ヒットし、ハリウッドで映画も作られた。世界に通用する日本のソフトとして挙げられるのは、映画『ゴジラ』やファミコンの『スーパーマリオブラザーズ』、さらにアニメでは『ドラゴンボールZ』『風の谷のナウシカ』などである。そして、今やオタクが作ったアニメは「ジャパニメーション」として世界を席巻している。

岡田斗司夫は、先に述べたように『オタク学入門』でオタクの目を「粋」「匠」「通」の三つに分類する。

「粋の目」とは「自分独自の視点で作品中に美を発見し、作者の成長を見守り、楽しむ視点だ。[5]」「匠の目」は「作品を論理的に分析し、構造を見抜く科学者の視点だ。同時に、技を盗もうと見抜く職人の視点でもある。[6]」「通の目」は「作品の中にかいま見える、作者の事情や作品のディティールを見抜く目だ。[7]」

そして、最後に「見立て」についてもふれている。

「日本の文化には「見立て」という言葉がある。たとえば日本庭園の大きい石を島に「見立て」たり、玉砂利を波に「見立て」たりする。（中略）茶室なんてのは全てが「見立て」のカタマリだった。江戸時代に発生した煎茶道のコンセプトは、「古代中国の詩人・陶淵明の作品世界を仮想現実化する」である。つまり都会の中の、自宅の離れの一室を中国の山奥に見立てて遊ぼう、という大人の「ごっこあそび」だ。[8]」

岡田の主張は、オタクの生み出すソフトは突然変異でもなく、まったく日本から切り離された欧米化の結果でもない。実は、オタク達の職人芸ともいうべきこだわりは日本文化にねざした創造物だということである。

このような視点は日本独特のエスセティクスを明らかにする。工芸的なエスセティクスともよべる五感全体、身体全体を使う美学である。

先にふれた、アメリカでセルビデオ（販売用ビデオ）売上全米トップとなった押井守監督の、アニメ『攻殻機動隊』の作画スタッフのエピソードは[9]、日本独特の工芸的なエスセティクスを示している。

「世界商品」とは、ヴァナキュラーなものがモダンなシステムやテクノロジーと融和し、普遍化したものである。アメリカの「コカ・コーラ」「マクドナルド」、フランスやイタリアのデザイナーズ・ファッションなどは、何かしら他にまねのできない固有の魅力が存在していたからグローバルに評価されたのである。したがって、ジャパニメーションが「世界商品」であるならそれは、日本固有のヴァナキュラーなものであるともいえるのである。

私自身としては、日本のクルマにもヴァナキュラーなものが存在していると主張したい。日本独自の電子制御の精妙さ、デザインの優美さなどについて私達はもっと自信を持っていいはずだし、自分達のインテグリティ（尊敬すべき一貫性）を忘れるべきではないのである。

日本においても何かしら他にまねのできない固有性は、歴史的・空間的に創造されてきたはずである。つまり、自分達の歴史的記憶が重要な要素になっているのだといえよう。そもそも、自分達の過去の記憶がないのは、人間として不完全であるといえよう。映画『ブレードランナー』に登場するレプリカント＝アンドロイドには、自らの生きた過去の記憶がない。たとえ、分子生物学的に人間の遺伝子が完全に解明されても記憶のない人間は、ソフトやデータのないコンピュータとおなじである。ソフトを組み込むとは、文化を組み込むようなものである。そして、歴史を組み込むとは、生きてきた記憶のデータを入れ込むということであり、そのことによって初めて人間になるのだといえよう。

日本人がエコノミックアニマル呼ばわりされ、無感情なビジネス戦士とみなされるのも日本人があたかも記憶のないレプリカント＝アンドロイドのような存在だからである。

豊かさには、具体的なモノやサービス、ハードとソフトが必要なのである。日本は、世界の中で評価されているとはいえ、「生活の豊かさ」については、総合的な生活様式としての具体的なモノやサービス、ハードとソフトがまだまだ乏しい。特に、一つ一つのモノの素晴らしさが、生きることの豊かさにつながっていく文化ソフトの部分が弱い。

文化ソフトには、茶の湯や優れた旅館サービスのような時間と空間双方において豊かであることが求められている。同時に一つ一つの商品にミクロな改良・改善が求められ、じっくりと積み重ねて習熟されるべきものである。豊かさのグランドデザインを設計するためにはかなりの具体性とディテールが求められている。

ということは、開発を担当するマーケッターにとってもビジュアル解読能力が重要になり、右脳が必要である。たとえば、「自然」というコンセプト一つとってもずいぶんビジュアルは異なる。「神は細部に宿る」というように、本当に色や形のディティールまで評価でき、表現の要素の何がどの方向を目指しているのかを言えなければならない。プロデューサーとして一定の枠の中に入っているかどうかの判断力が求められる。

文化に関する現代的な教養力が、経営者やブランドマネージャーに必要不可欠な力である。

「アップル」のジョブズは、インドや東洋思想に傾倒し、アメリカ西海岸のカウンター・カルチャーを自分自身の哲学にしたCEOである。彼は、リード大学中退であるが、中退した後も偽大学生としてカリグラフィー、書体学を学んだことが、パソコンのフォント開発やデザイン開発に役立ったことを二〇〇五年のスタンフォード大学での卒業式における伝説の祝賀スピーチで明らかにしている。美しく文字を表記するアートを学んだことが、歴史学、美学であり、デザイン学を学ぶことにつながった。素晴らしいスピーチの一部を紹介したい。

「そこでとりあえずカリグラフィーのクラスを採って、どうやったらそれができるのか勉強してみることに決めたんです。セリフをやってサンセリフの書体もやって、あとは活字の組み合わせに応じて字間を調整する手法を学んだり、素晴らしいフォントを実現するためには何が必要かを学んだり。それは美しく、歴史があり、科学では判別できない微妙なアートの要素を持つ世界で、いざ始めてみると私はすっかり夢中になってしまったんですね。こういったことは、どれも生きていく上で何ら実践の役に立ちそうのないものばかりです。だけど、それから一〇年経って最初のマッキントッシュ・コンピュータを設計する段になって、この時の経験が丸ごと私の中に蘇ってきたんですね。で、僕たちはその全てをマックの設計に組み込んだ。そうして完成したのは、美しいフォント機能を備えた世界初のコンピュータでした。もし私が大学であのコースひとつ寄り道していなかったら、マックには複数書体も字間調整フォントも入っていなかっただろうし、ウィンドウズはマックの単なるパクりに過ぎないので、パソコン全体で見回してもそうした機能を備えたパソコンは地上に一台として存在しなかったことになります。[10]」

そして、iPodの卓越したデザイン「金属製の滑らかな背面はあまりに官能的で、どこか非道徳的な犯罪性すら感じさせた[11]」は、「開発者の愛の結晶のように見える製品を作れる企業は、アップル以外に存在しないということなのだ。[12]」という自負につながる。

ここで、「アップル」の例を説明しなければならないのは、残念である。「ソニー」は、まさに「アップル」に先行し、卓越したデザインと革新的な機能で若者たちのエンターテインメント・ライフを切り開いてきた。

現在の日本では、アメリカ型の遺伝子ともともと持っていた日本的な文化遺伝子が混じりあったものと考えられる。たとえば、マイコンをうめこみ自動化した炊飯器、二四時間自動温度調節風呂、そこにAV機器をセットしたもの、などといった生活に便利な電子装置化は日本の得意とするところである。

この方向は、アメリカがオール電化生活をビジョンとしてだした一九二〇年代のフューチュラマ展の進化した形である。電気機器による自動化と徹底したホスピタリティこそ日本が誇るべきものである。

結局、物質的飽和といいながら阪神・淡路大震災や新潟県中越地震などの復旧の過程をみると、それほど大したことができるわけでもない程度の基盤にすぎない。仮設住宅での高齢者の孤独死が報じられていたりする。批評家小浜逸郎が批判するように、この程度で物質を乗り越える精神世界などというのは、おかしいといわざるをえない。[13] また、「豊かさ」についてすぐに倫理的な説教や批判をするだけでなく、具体的な方向を自由な創意工夫によって達成していくことが大切なのである。経済の「豊かさ」が、どのように、もっと具体性を持って生活文化の中に根をおろしていけるのかを考えなければならない。

たとえば、資源の無駄使いの代表例としてよく批判されるのが過剰包装の問題である。百貨店の包装などは、倫理的にも哲学的にも多くの批判を浴びせられる。しかし、包装の色一つで人々のこころを暖めることができる。灰色一色の世界よりも様々な色を楽しめるほうがいい。環境のアメニティとは、そのようなものだといえよう。

柔らかな合理性は、本当の意味で最も人間にとって合理的であるはずであり、非合理的なものを的確にとりこんでいるはずである。非合理を合理的に意味づけ、最も人間にとっていい形で処理する。たとえば、ビルディング型の高層団地は狭い土地の有効活用という観点からは合理的であるようにみえる。しかし、住む人間にとっては高層ビル型の林立する団地よりも多少空き地があり緑がある方が快適に住めるのである。クルマのハンドルにおける遊びと同様に空間に無駄を作ることが、人が住むという意味で最も合理的である。

コンクリートで一律に塗り固めた用水路よりも自然な地形を残した形の方が環境にもアメニティにもよい。狭い意味での合理性や近代性を超えて人間的な意味での本当の合理性を追求することこそ、ヴァナキュラー・モダンの意味である。

どこかに本当の消費があるのではないかという消費の古典的ロマンチシズムに基づいて行なわれる。「ブランド消費とは、記号の消費にすぎない」という批判に対しては、記号になることがブランドを創造するということではないのか。そもそも記号にならないと、商品として認知されたことにならないのではないかと反論したい。記号というとき、まるで実体のないもの、リアルでないものとしてとらえている。しかし、記号をソシュールの概念で用いる限り、意味を有したコミュニケーションの単位になるブランドや商品とは、記号である。記号の消費という空虚なものが、飽和していて無駄なものだというのはステロタイプの発想だと考える。日本が達成した戦後の物質的豊かさを全否定してはいけない。

通常、ヴァナキュラー・モダンとは対立的な言葉を合成したものとしてとらえられる。このような、対立する異質な言葉の結合から、二一世紀の消費文化を生み出す新しい意味が創造できるものと信じる。グローバル化の時代だからこそ、日本の消費文化というものの固有性を明確に形式化し、構造化しなければならない。

先に引用したように奥出直人は、次のようにいう。

「グッド・テイストの基盤を作ったのは、ヨーロッパのブルジョアジーたちだった。一七世紀から徐々に立ち上がってきた資本主義のなかで、才覚によって彼らは大儲けをした。クラシック音楽、絵画といった芸術をはじめ、住宅、公園などいま私たちが考えるヨーロッパ文化を彼らはデザインしていった。(14)」

そしてアメリカの時代になり「資本主義からみても、個人の才覚で成功するブルジョアジー主導の時代からコーポレーション、巨大企業で成功する時代へとシフトする。そこで働くホワイトカラーの中で成功したアッパーミドルが台頭する。彼らは素敵な住宅に住み、快適な仕事場をもち、子供には恵まれた教育を与え、車をもち、とゆとりのあるアメリカン・ウェイ・オブ・ライフを謳歌した。(15)」

では日本はどうだろうか。「服でよい生活の夢を買えることを提唱した石津謙介やくろすとしゆきのようなプロデューサーがひろく生活全般に出現することを僕は待望してやまない。いまの「豊かになった」日本人にふさわしい、服や家具だけでなく、あらゆる分野にわたってよい趣味の生活を提案してもらいたいのだ。こうしてジャパニーズ・ウェイ・オブ・ライフが確立されたとき、日本人ははじめて「豊かさ」を実現できるはずなのである。(16)」

旅行というソフト一つとっても、海外旅行のパック化からフリー化へという流れがやっと始まった。自分でプランを立て、自分で楽しみ、自分の空間を快適にするといった身の丈サイズの美学、ミクロの美学——生活の美学からスタートできる。企業も万人のための美学ではなく、ある理念型としての「生活世界」を想定した美学を提示するべきである。

現在、日本は、戦後初めて自分達の強み、自分達自身の特長について原理的な反省をやむをえず強いられている。オイルショックのときは、石油の効率アップでのりきることができ、円高不況のときは、内需拡大といった対症療法でのりきることができた。しかし、今回ばかりは対症療法ではのりきれない。

量の拡大、過剰以外の経済システムを築くことができるのか。量ではなく質の拡大を私達日本人が果たすことが果たして可能なのか。ウサギ小屋に住む働き中毒が「生活の質」を向上させることができるのか。私達は、今深刻な問題に直面している。

九〇年代の日本人にとって、湾岸戦争よりもカンボジアへのPKOよりも「バブル崩壊」の方が重大な関心事であったし、私達の生きる世界の説明原理だった。しかし、二一世紀に生きる私達は、バブルという〈記号〉にすべてを負わせず、八〇年代のすべてを否定的にとらえず、これからの日本の「豊かさ」を考えるうえで貴重な経験であったとすべきである。かつて、敗戦の中でアメリカ進駐軍に「豊かさ」の型・スタイルを教えられ、アメリカのホームドラマや映画の中にユートピアを見てきた日本の「豊かさ」の意味表現のグランドデザインを再考すべき時期なのである。私達日本人は、生活における新しい「豊かさ」のビジョンを創造しなければならない。

・「豊かさ」の新しい日本独自のグローバルな消費文化の形成

・「豊かさ」のユートピア（夢）の共有化＝生活、商品に対する新しい文脈の形成

「豊かさ」とはその世界の経験の広さ、知識の広さ、深さ、選択の幅の広さに他ならない。たとえば、同じようなクルマ、同じような運転の仕方、楽しみ方の国が豊かであろうはずはない。今真剣に求められているのは、敗戦のときに求められたグランドデザインと同様の意思・内容であろう。それは、〈清貧〉ではなく〈清富〉を目指すべきである。(17)

これからは、かつて日本が持っていた大正、昭和初期時代の世界的同時代性と日本の独自性を尊重することが必要となる。それは、日本独自のヴァナキュラーとモダンの融合を追求していくことであろう。

では、このような方向に対応してこれからの日本のマーケティングはどのような道をとらなければならないのか。それは、「新しいことはいいことだ」からこの原理に代わるものを発見・創造し、何かを蓄積・構築していくということを真剣に実行していくことだろう。ブランドを継続的に構築し、一定の憲法のようなものを設定して順守してマーケティングをしていくという考え方を学ばなければならない。これからの日本のマーケティングは、文化を軸にしたストック型を目指していくことになるのではないだろうか。

文化とは、一つの世代で滅んでしまうものではなく、次の世代に受け継がれていくときに文化として定着したということができるのではないだろうか。企業においても商品ブランドにおいても二世代が、同じ価値観や行動規範を無意識に継続して身体化していくとき、文化が成立する。

夢だけでもダメ、技術だけでもダメ、経営力だけでもダメなのである。たとえば映画を作るときでもあらゆる要素が必要である。ソフト創造の代表である映画でも、よいものを作る技術は絶対に必要であるが、夢やビジョンがなく経営の力もなければ映画は作ることができない。

企業は、ある特定の領域での利潤を目的とした活動単位である。そして提供する価値をたとえば、自動車会社であるならクルマ、モビールに関連した社会貢献、クルマのドライブマナーに関する安全対策、環境保護、走ることの喜びを提供する海外の道のガイド、映画、ドラマ、演劇、クルマの博物館、ショールームなど、よりドライブを楽しめるソフトの提供、海外旅行でのドライビングの楽しみ、クルマの持つ「豊かさ」の世界の拡大に集中すべきであるし、そこに関連した社会や文化への貢献であるべきと考える。

いまこそ、生活の文脈設計、ライフ・アーキテクチュアの視点が商品開発や販売に求められている。孤立した一点一点の発想ではなく、どこまでモノやサービスを全体の中に関連づけて文脈で発想できるかということである。

日本においては、アメリカのような広大な土地はなく一定の空間的、物理的な限界の中での豊かさを追求するしかない。日本人に蓄積された豊かさのテクノロジーをこころとモノの両方から真剣に研究すべきである。日本の伝統文化に残されたソフト、たとえば、茶ごころ——茶のもてなしのこころなどを形としてしっかり明らかにすべきである。人生のドラマである一期一会のこころといったものを見直していくべきである。[18]

かつて、日本の着物が、肉体を圧迫・強制する西欧の衣服に対して肉体を解放する衣服というまったく別のパラダイムによって西欧のデザイナーに衝撃を与えたように、私達の無意識化された知恵を明るみにだす努力をしていかなければならない。機能がある審美的なカタチとなったという意味で、これこそ消費文化のエスセティクスである。

これからは、日本独自の文化によって生活を楽しく快適に便利にすることに加え、人間としての尊厳や自立といった精神性をトータルに含んだ商品・サービスを開発すべきである。ヴァナキュラーなもの、生活に根ざした土着的知恵と近代的な自立した主体的科学的なテクノロジーの出合いを実行しなければならない。日本の消費の高次化に対応するだけの理論、テクノロジー、ソフトはまだまだ乏しく、成熟しているとはいえない。むしろ物的充足こそ豊かさというあまりに陥りやすい罠からやっとのがれ、本当の意味での消費の成熟化にむかって歩み始めたととらえるべきではないのか。日本文化に根ざした近代性、「ヴァナキュラー・モダン」の視点を忘れてはならない。

何かしら他にまねのできない固有性は、歴史的・空間的に創造されてきたはずである。それは、豊かな生活のソフトに関わるノウハウ、テクノロジーの源泉になる。こころの豊かさのテクノロジーとは、単に感性にのみ依存するだけではなく、正しい合理性、モノの裏付けがあってこそ可能である。そして、私達日本の風土、文化に根ざした地に足のついたものでなければならないはずである。二〇〇七年にオープンした「東京ミッドタウン」も「ペニンシュラホテル」も、「和」を自分達の中に取り込んだ空間デザインをしている。「東京ミッドタウン」では竹を、「ペニンシュラホテル」は灯籠をモチーフとした。

本書の冒頭でかかげた佐伯啓思の文章が指摘するように「確かに「日本的」で「土着的」なものをわれわれは残している。しかし、それらを解釈し、それらを生かす「精神」はほとんど見失われたのである。（中略）問題は、その「日本的なもの」が何であり、どのような意味をもっているのか、それを解釈する術を戦後の日本が失ってしまった[19]」ということなのである。

カルチュラル・マーケティングとは、モノそのものから発想するのではなくソフトからの発想ということになる。「モノより思い出」というキャッチフレーズがあったが、物語とエモーション、哲学の開発がこれからの日本を「豊かにする」商品の重要なコンセプトなのである。

あとがき

東京の広告会社から京都の大学に転職をして三年が経過した。この間、文化の違いをいやというほど経験した。東京と京都、会社と大学の二重の違いに大いに戸惑った。しかし、働くこと、暮らすことに真剣に向き合い、文化がいかに私達の生きることに影響を与えるのか経験できたことは、本書の執筆にとって絶好の環境であったともいえよう。

私は、広告、ブランド研究が専門である。にもかかわらず、専門違いである私が蛮勇をふるって本書を執筆したのは、現在こそビジネス、教育において総合的な意味での「教養」が必要だという思いからである。即効くというノウハウ型の本を読んでも、〈知〉は文字通り身につかない。本書が、その課題に十分応えているのかどうかは、読者の方達の判断に委ねるとして、本書が日本の「文化」に目を向け「文化の力」を体得するきっかけになれば幸いである。

広告会社に勤務していたころからずっと温め続けていた内容で、やっと積年の課題を果たした気分である。ともすればテーマの荷の重さから投げ出したくなるのを乗り越えることができたのは、本書で主張した「文化の力」を書くために自分は生きてきたのだという思いからであった。

本書の出版は、井関利明慶應義塾大学名誉教授とＮＴＴ出版前社長の杉本孝さんのお二人との出会いがなければありえなかった。また、小林保彦青山学院大学教授、佐藤卓己京都大学大学院准教授、金久静パリ大学教授、亀井昭宏早稲田大学教授、八巻俊雄東京経済大学名誉教授、山口功二同志社大学教授、星野克美多摩大学教授とADSECの皆さん、京都新聞記者二松啓紀さん、日経広告研究所専務理事友部孝次さん、（株）博報堂DYホールディングス社長戸田裕一さん、（株）博報堂DYメディアパートナーズ社長佐藤孝さん、（株）博報堂DYホールディングスグループ情報システム局長進藤一馬さん、（株）博報堂研究開発局長田中廣さん、（株）博報堂ブランドコンサルティング社長首藤明敏さんに様々な支援をいただいた。

理論面に関しては岡本慶一東京富士大学教授に特に多くを負っている。岡本先生がプログラムを組み立てられた日本マーケティング協会マスターコース「文化とマーケティング」で一〇年以上講師を務めさせていただかなければ、この本の骨格すら描くことはできなかっただろう。

他にも記すべき方たちは多数いるが、私という存在は多くの方たちに支えられ、教えられ、その結果たまたま私という一人の名前で本書が書かれたということなのではないかとつくづく思う。

なお、本書の第4章の一部が、下記の論稿をベースにしていることをお断りしたい。

「アカウントプランニングとトランス・インサイト」小林保彦編著『アカウントプランニング思考』（日経広告研究所、二〇〇四年）

「文化としての〝広告の「ちから」〟再考」『アド・スタディーズ Vol.19 Winter』（吉田秀雄記念事業財団、二〇〇七年二月）

「〈広告知〉の特質についての試論（1）～（3）」『広研レポート Vol.247～249』（日経広告研

究所、二〇〇七年一二月~二〇〇八年二月)
「ニッポンをつくった広告(1)~(12)」『京都新聞　朝刊』(二〇〇七年九月二〇日~二〇〇七年一二月一三日)

単なる学術書でもなければノウハウ本でもない新しい形の教養書を出したいといった筆者のわがままに応えていただいたNTT出版の牧野彰久さんに御礼申し上げたい。最後に私を常に支えてきてくれた家族に感謝したい。

同志社大学　青木貞茂

注

序章

（1）佐伯啓思『増補版「アメリカニズム」の終焉——シヴィック・リベラリズム精神の再発見へ』（TBSブリタニカ、一九九八年）一七頁

（2）三浦展『「豊かな社会」のゆくえ——アメリカン・ウエイ　ジャパニーズ・ウエイ』（日本能率協会マネジメントセンター、一九九二年）七〇頁

（3）奥山清行『伝統の逆襲——日本の技が世界ブランドになる日』（祥伝社、二〇〇七年）一九四頁

（4）京都は、伝統を守っていると同時に新しいことに取り組んでいる。

（5）東京では、最高級ホテルがそろいぶみとなった。リッツ・カールトン、ペニンシュラ、フォーシーズンズには、ありきたりのマニュアルはない。職員は、基本知識・能力を当然持っているうえで、臨機応変に問題を解決し、そのホテル「らしさ」を持って行動することが求められている。

第1章

（1）J・ナイ、山岡洋一訳『ソフト・パワー——21世紀国際政治を制する見えざる力』（日本経済新聞社、二〇〇四年）

（2）Douglas McGray "Japan's Gross National Cool" (*Foreign Policy*, May 2002)

（3）『アドバタイジングVol.12』（電通、二〇〇五年五月）

（4）Richard Florida *The Rise of the Creative Class: And How It's Transforming Work, Leisure, Community and Everyday Life* (New York: Basic Books, 2002)

（5）Paul.H.Ray, Sherry Ruth Anderson *The Cultural Creatives: How 50 Million People are Changing the World* (New York: Three Rivers Press, 2000)

（6）R・フロリダ、井口典夫訳『クリエイティブ・クラスの世紀——新時代の国、都市、人材の条件』（ダイヤモンド社、二〇〇七年）

（7）奥出直人『トランスナショナル・アメリカ——「豊かさ」の文化史』（岩波書店、一九九一年）二一七頁

（8）奥出、同書、二一七〜二一八頁

（9）奥出、同書、二一九頁

(10) 柳宗悦『工藝文化』(岩波文庫、一九八五年) 一一頁

第2章

(1) R・ウィリアムズ、椎名美智・武田ちあき他訳『完訳キーワード辞典』(平凡社、二〇〇二年) 八七頁

(2) E.T. Hall *Beyond Culture* (New York: Anchor Books 1976)

(3) P・N・ジョンソン゠レアード、海保博之監修、AIUEO訳『メンタルモデル――言語・推論・意識の認知科学』(産業図書、一九八八年)

(4) I・イリイチ、玉野井芳郎・栗原彬訳『シャドウ・ワーク――生活のあり方を問う』(岩波書店、一九八二年)

(5) L・ヴィトゲンシュタイン、山元一郎訳「論理哲学論」『世界の名著58 ラッセル/ヴィトゲンシュタイン/ホワイトヘッド』(中央公論社、一九七一年)、R・モンク、岡田雅勝訳『ウィトゲンシュタイン1――天才の責務』(みすず書房、一九九四年)

(6) モンク、同書、二七六〜二七七頁

(7) L・ウィトゲンシュタイン、藤本隆志訳『哲学探究』(大修館書店、ウィトゲンシュタイン全集8、一九七六年) 二六頁

(8) ヴィトゲンシュタイン、同書、二五頁

(9) M・メルロー゠ポンティ、竹内芳郎・小木貞孝訳『知覚の現象学I』(みすず書房、一九六七年) 二三九頁

(10) 佐和隆光『文化としての技術――ソフト化社会の政治経済学』(岩波同時代ライブラリー、一九九一年) 二九頁

(11) J・スカリー、J・バーン、会津泉訳『スカリー――世界を動かす経営哲学(下)』(早川書房、一九八八年) 三〇〜三一頁

(12) 岡田斗志夫『オタク学入門』(太田出版、一九九六年)

(13) R・エンリコ、J・コーンブルース、常盤新平訳『コーラ戦争に勝った!――ペプシ社長が明かすマーケティングのすべて』(新潮文庫、一九八七年) 一七頁

(14) M・サーリンズ、山内昶訳『人類学と文化記号論――文化と実践理性』(法政大学出版局、一九八七年) 二二六頁

(15) J・ボードリヤール、今村仁司・塚原史訳『消費社会の神話と構造』（紀伊國屋書店、一九七九年）、宇波彰訳『物の体系——記号の消費』（法政大学出版会、一九八〇年）、今村仁司他訳『記号の経済学批判』（法政大学出版局、一九八二年）
(16) 石井淳蔵『マーケティングの神話』（日本経済新聞社、一九九三年）、（石原武政と共著）『マーケティングダイナミズム——生産と欲望の相克』（白桃書房、一九九六年）
(17) P・コトラー、G・アームストロング、恩藏直人監修、月谷真紀訳『コトラーのマーケティング入門　第4版』（トッパン、一九九九年）一二～一三頁
(18)『日経ビジネス』一九九六年二月二六日号
(19) N・ムンク、竹熊誠訳『AOL＋タイムワーナー　史上最大の合併』（ディスカヴァー・トゥエンティワン、二〇〇六年）
(20) ムンク、同書、三八四頁
(21) 有馬哲夫『ディズニー千年王国の始まり——メディア制覇の野望』（NTT出版、二〇〇一年）二四一～二四二頁。オービッツの退職金は、一四カ月の在任期間に対して一億四〇〇〇万ドル。（『FORTUNE』二〇〇四年一一月一日号）
(22)「ヤフーvs.楽天」社員比較『AERA』二〇〇四年一月一二日号
(23) 川勝平太『日本文明と近代西洋——「鎖国」再考』（NHKブックス、一九九一年）一二頁
(24) 川勝、同書、一三頁
(25) 川勝、同書、二〇～二一頁
(26) 川勝、同書、七三頁
(27) 川勝、同書、一四頁
(28) M・ダグラス、B・イシャウッド、佐和隆光・浅田彰訳『儀礼としての消費——財と消費の経済人類学』（新曜社、一九八四年）七五頁
(29) ダグラス、イシャウッド、同書、八四頁
(30) ダグラス、イシャウッド、同書、八五頁
(31) ダグラス、イシャウッド、同書、八七頁
(32) ダグラス、イシャウッド、同書、七三頁
(33) ダグラス、イシャウッド、同書、一一三頁
(34) 橋爪大三郎『冒険としての社会科学』（毎日新聞社、一九八九年）
(35) 橋爪大三郎、同書、一八一頁
(36) F・フクヤマ、加藤寛訳『「信」無くば立たず』（三笠書房、一九九六年）

(37) 福沢諭吉『新訂福翁自伝』(岩波文庫、一九七八年) 一八四頁
(38) 丸山真男『日本の思想』(岩波新書、一九六一年)
(39) 湯浅泰雄『ユングとヨーロッパ精神』(人文書院、一九七九年) 四二~四三頁
(40) J・M・ケインズ、大野忠男訳『人物評伝』全集第一〇巻(東洋経済新報社、一九八〇年)
(41) 山口昌男『文化と両義性』(岩波書店、一九七五年)
(42) A・ブルーム、菅野盾樹訳『アメリカン・マインドの終焉——文化と教育の危機』(みすず書房、一九八八年) 二一四頁
(43) 詳しくは、5章5節を参照。
(44) W・ベンヤミン、三島憲一・今村仁司他訳『パサージュ論I—V』(岩波書店、一九九三~一九九五年)
(45) 鹿島茂『「パサージュ論」熟読玩味』(青土社、一九九五年) 一四頁
(46) 鹿島茂『デパートを発明した夫婦』(講談社現代新書、一九九一年) 七〇頁
(47) 高山宏『世紀末異貌』(三省堂、一九九〇年)、E・ゾラ、吉田典子訳『ゾラ・セレクション5 ボヌール・デ・ダム百貨店』(藤原書店、二〇〇四年)、R・ボウルビー、高山宏訳『ちょっと見るだけ——世紀末消費文化と文学テクスト』(ありな書房、一九八九年)、M・セール、寺田光徳訳『火、そして霧の中の信号——ゾラ』(法政大学出版局、一九八八年)
(48) W・ベンヤミン、三島憲一・今村仁司他訳『パサージュ論——IIボードレールのパリ』(岩波書店、一九九五年) 二五四頁
(49) M・マクルーハン、栗原裕・河本仲聖訳『メディア論——人間の拡張の諸相』(みすず書房、一九八七年)

第3章

(1) D・A・アーカー、陶山計介・中田善啓・尾崎久仁博・小林哲訳『ブランド・エクイティ戦略——競争優位をつくりだす名前、シンボル、スローガン』(ダイヤモンド社、一九九四年)
(2) 青木幸弘・小川孔輔・亀井昭宏・田中洋編『最新ブランド・マネジメント体系——理論から広告戦略まで』(日経広告研究所、一九九七年)、青木

幸弘・岸志津江・田中洋編『ブランド構築と広告戦略』（日経広告研究所、二〇〇〇年）、石井淳蔵『ブランド――価値の創造』（岩波新書、一九九九年）、恩蔵直人『競争優位のブランド戦略――多次元化する成長力の源泉』（日本経済新聞社、一九九五年）

（3）伊藤邦雄『コーポレートブランド経営――個性が生み出す競争優位』（日本経済新聞社、二〇〇〇年）

（4）J・ボードリヤール、『物の体系』二四六頁

（5）J・ボードリヤール、『消費社会の神話と構造』、『物の体系』、青木貞茂「饒舌な商品たちの詩学」『記号化社会の消費』（ホルト・サウンダース、一九八五年）

（6）E.T.Hall. *op. cit.*、青木貞茂『文脈創造のマーケティング――生活者との「共有価値」を生み出せ』（日本経済新聞社、一九九四年）

（7）S&E・イーウィン、小沢瑞穂訳『欲望と消費――トレンドはいかに形づくられるか』（晶文社、一九八八年）六三頁

（8）J Lacan "Le Sinthome" séminaire du 18/11/1975 (Ornicar?,1976)

（9）青木貞茂「ブランド・コミュニケーションにおける文脈の構造」『日経広告研究所報』一五八号（日経広告研究所、一九九四年）六三〜七二頁

（10）L・フェリー、小野康男・上村博・三小田祥久訳『ホモ・エステティクス――民主主義の時代における趣味の発明』（法政大学出版局、二〇〇一年）二八頁

（11）栗木契『リフレクティブ・フロー――マーケティング・コミュニケーション理論の新しい可能性』（白桃書房、二〇〇三年）

（12）佐藤剛介「iMacは「僕」」『アドバタイジング Vol.6』（電通、二〇〇二年一月）三二頁

（13）青木貞茂、前掲書、六三〜七二頁

（14）T・オリヴァー、仙名紀訳『コカ・コーラの英断と誤算』（早川書房、一九八六年）二二四頁

（15）A・N・ホワイトヘッド、市井三郎訳『象徴作用他』（河出書房新社、一九八〇年）

（16）Ch.S. Peirce *Collected Papers of Charles Sanders Peirce* Vol II Elements of Logic（The Belknap Press of Harvard University Press, 1931）

（17）E・カッシーラー、宮城音彌譯『人間――この象徴を操るもの』（岩波書店、一九五三年）

（18）S・K・ランガー、矢野万里・池上保太・貴

志謙二・近藤洋逸訳『シンボルの哲学』（岩波書店、一九六〇年）

(19) C・レヴィ＝ストロース、大橋保夫訳『野生の思考』（みすず書房、一九七六年）

(20) T・トドロフ、及川馥・一之瀬正興訳『象徴の理論』（法政大学出版局、一九八七年）

(21) 佐藤卓己『大衆宣伝の神話――マルクスからヒトラーへのメディア史』（弘文堂、一九九二年）、Sidney J.Levy. *Brands, Consumer, Symbols & Research* (Sage Publications Inc., 1999)

(22) D・カッツ、梶原克教訳『ジャスト・ドゥ・イット――ナイキ物語』（早川書房、一九九六年）

(23) M・ルルカー、林捷・林田鶴子訳『シンボルのメッセージ』（法政大学出版局、二〇〇〇年）

(24) ダグラス、イシャウッド、前掲書

(25) ダグラス、イシャウッド、前掲書、八七頁

(26) P・ブルデュー、石井洋二郎訳『ディスタンクシオン―社会的判断力批判I、II』（新評論、藤原書店、一九八九〜一九九〇年）

(27) レヴィ＝ストロース、前掲書

(28) 青木貞茂「広告テクストの意味生成の記号論」『記号学研究8』（東海大学出版会、一九八八年）、Aoki.S. "Semiotics of Advertising Meaning generation" presented at International Institute on Marketing Meaning — Towards Better Understanding of Business Sign and Symbols, July 16-21, 1989

(29) R・ラグルス、D・ホルツハウス編、木川田一榮訳『知識革新力』（ダイヤモンド社、二〇〇一年）

(30) 梶祐輔『広告の迷走』（宣伝会議、二〇〇一年）

(31) 橋爪大三郎『言語ゲームと社会理論――ヴィトゲンシュタイン・ハート・ルーマン』（勁草書房、一九八五年）

(32) 片平秀貴『新版パワーブランドの本質――企業とステークホルダーを結合させる「第五の経営資源」』（ダイヤモンド社、一九九九年）

(33) 加藤典洋『日本の無思想』（平凡社、一九九九年）

(34) E・フロム、日高六郎訳『自由からの逃走』（創元社、一九五一年）

(35) D・ヴァイス、M・マルシード、田村理香訳『Google誕生――ガレージで生まれたサーチ・モンスター』（イーストプレス、二〇〇六年）

(36) Jeffrey K. Liker, Michael Hoseus *Toyota Culture: The Heart and Soul of The Toyota Way* (McGraw-Hill books, 2008) 二四～二五頁

第4章

(1) E・フッサール、細谷恒夫・木田元訳『ヨーロッパ諸学の危機と超越論的現象学』(中央公論社、一九七四年)

(2) メルロー＝ポンティ、滝浦静雄・木田元訳『見えるものと見えないもの』(みすず書房、一九八九年)

(3) M・フーコー、豊崎光一訳『外の思考――ブランショ・バタイユ・クロソウスキー』(朝日出版社、一九七八年)

(4) メルロー＝ポンティ、『知覚の現象学I』、二五頁

(5) T・W・アドルノ、渡辺祐邦・三原弟平訳『プリズメン――文化批判と社会』(ちくま学芸文庫、一九九六年) 三六頁

(6) L・ウィトゲンシュタイン、山元一郎訳「論理哲学論」『世界の名著58 ラッセル／ウィトゲンシュタイン／ホワイトヘッド』(中央公論社、一九七一年) 四二九頁

(7) 吉本隆明『全著作集1 定本詩集』(勁草書房、一九六八年) 一四五頁

(8)『仁義なき戦い 広島死闘篇』の《狂犬》大友勝利の決め台詞

(9) K・マルクス、向坂逸郎訳『資本論 第一巻』(岩波書店、一九六七年) 二一五頁より。なお、この著書から引用した訳を一部変更している。

(10) W・ベンヤミン、佐々木基一編集・解説『複製技術時代の芸術』(晶文社、ヴァルター・ベンヤミン著作集2、一九七〇年)

(11) 武井寿『解釈的マーケティング研究――マーケティングにおける「意味」の基礎理論的研究』(白桃書房、一九九七年)

(12) メルロー＝ポンティ、前掲書

(13) 小林保彦「今、なぜ「広告」へのホリスティック・アプローチか」『アド・スタディーズ Vol.15 Winter』(吉田秀雄記念事業財団、二〇〇六年二月)

(14) メルロー＝ポンティ、前掲書

(15) M・ミンコフスキー、中江育生・清水誠・大橋博司訳『生きられる時間――現象学的・精神病理

学的研究1、2』（みすず書房、一九七二、一九七三年）

(16) C・S・パースの記号論は、難解であり、容易に学説として咀嚼・理解できるものではない。ただ、近年、有馬道子『パースの思想——記号論と認知言語学』（岩波書店、二〇〇一年）、J・ブレント、有馬道子訳『パースの生涯』（新書館、二〇〇四年）、伊藤邦武『パースの宇宙論』（岩波書店、二〇〇六年）が刊行されており、パースの記号論の理解を助ける貴重な成果が日本語で出版されている。パースの著作も、近年の翻訳としては、伊藤邦武編訳『連続性の哲学』（岩波文庫、二〇〇一年）がある。また、Collected Papers of Charles Sanders Peirce, Vol.1-8, The Belknap Press of Harvard Univercity Press から編集・翻訳された三冊本のうち、内田種臣編訳『記号学』（勁草書房、一九八六年）が参考になる。概説書としては、笠松幸一、江川晃『プラグマティズムと記号学』（勁草書房、二〇〇二年）を参照。

(17) 青木貞茂「広告を通じて「メタ知識」を習得する」『同志社時報　一二一号』（学校法人同志社、二〇〇六年四月）参照。知識を実際の活動に取り入れ、役立てていくという「知識活用のための統合的・実践的知識」＝「メタ知識」として定義している。

(18)『アドバタイジング Vol.12』（電通、二〇〇五年五月）

(19) フォン・ベルタランフィ、長野敬・太田邦昌訳『一般システム理論——その基礎・発展・応用』（みすず書房、一九七三年）

(20) Ch.S.Peirce の提唱した概念。第4章注16の文献を参照。

(21) D・スペルベル、D・ウィルソン、内田聖二・宗南先・中逵俊明・田中圭子訳『関連性理論——伝達と認知　第2版』（研究社出版、二〇〇〇年）

(22) 山本明『シンボルとしての広告』（電通、一九八五年）本書は、『価値転轍器——シンボルとしての広告』（誠文堂新光社、一九六九年）の復刻版である。

(23) V・L・レイモア、岡本慶一・青木貞茂訳、『隠された神話——広告における構造と象徴』（日経広告研究所、一九八五年）、岡本慶一「広告表現の構造論的分析と潜在的価値の把握について」『季刊 Marketing 研究 No.9』（電通、一九八〇年六月）、青木貞茂「アド・セミオティクス」『文化・記号のマ

ーケティング』（国元書房、星野克美編著、一九九三年）

（24）L.Fortini-Campbell *Hitting The Sweet Spot: How Consumer Insights Can Inspire Better Marketing and Advertising*（The Copy Work Shop, 1992）

（25）『アドバタイジング Vol.14』（電通、二〇〇六年一〇月）の段階でも、まだこの視点に基づく成果はあまりみられない。また、IMCおよびベースとなるマーケティングの教科書は、タッチポイントを通じた顧客経験を論じているが、やはり媒体論、媒体管理の視点が強い。D・イアコブッチ、B・J・カルダー、小林保彦、広瀬哲治訳『統合マーケティング戦略論』（ダイヤモンド社、二〇〇三年）、T.Duncan *Principles of Advertising and IMC*（McGraw-Hill Publishing Co, 2004）

（26）真鍋一史編著『広告の文化論――その知的関心への誘い』（日経広告研究所、二〇〇六年）のような著作が出版されたことにより、今後、広告研究においても問題としての「文化」の重要性は、よりいっそう認識されていくものと確信する。

（27）青木貞茂『文脈創造のマーケティング――生活者との「共有価値」を生み出せ』（日本経済新聞社、一九九四年）を参照

（28）International Institute on Marketing Meaning: Towards Better Understanding of Business Sign and Symbols, July 16-21.,1989 における筆者の取材による。

（29）武井、前掲書

（30）ミンコフスキー、前掲書

（31）M・ポランニー、佐藤敬三訳『暗黙知の次元――言語から非言語へ』（紀伊国屋書店、一九八〇年）

（32）下川浩一『世界自動車産業の興亡』（講談社現代新書、一九九二年）二五八頁

（33）村上隆『芸術起業論』（幻冬舎、二〇〇六年）

（34）村上、同書、八〇頁

（35）リクルートワークス編集部編『おもてなしの源流――日本の伝統にサービスの本質を探る』（英治出版、二〇〇七年）四〇頁

（36）F・ニーチェ、木場深定訳『道徳の系譜』（一九四〇年、岩波文庫）

（37）D・B・ホルト、斉藤裕一訳『ブランドが神話になる日』（ランダムハウス講談社、二〇〇五年）。高橋勇策「カルチュラルブランディングについての考察――ビールカテゴリーにおける事例をもとに」

『FUJI BUSINESS REVIEW 第二八号(Vol.17)』(東京富士大学経営研究所、二〇〇七年三月三一日)、岡本慶一「〈文化志向〉のマーケティング・コンセプトについて」『FUJI BUSINESS REVIEW 第二八号(Vol.17)』(東京富士大学経営研究所、二〇〇七年三月三一日)

(38) 藤沢太郎『ぼくらのメイドインジャパン――昭和三〇年~昭和四〇年代』(小学館、一九九九年)、日経トレンディムック『トレンド歴史絵巻――昭和初期から21世紀まで』(日経ホーム出版社、二〇〇三年)を基本としている。

(39) http://hasup.fc2web.com/longseller/boncurrry/boncurry.htm

(40) 緒方知行『セブン-イレブン創業の奇蹟』(講談社、二〇〇三年)四一~四二頁

(41) 野中郁次郎「ハイ・パフォーマンスを生む現場を科学する 野中郁次郎の成功の本質 第25回 サントリー伊右衛門」『Works No.75「ダイバーシティ」を超えて』(二〇〇六年四~五月号、リクルートワークス研究所)四五~四九頁

(42) 松井康雄『たかがビールされどビール――アサヒスーパードライ、18年目の真実』(日刊工業新聞社、二〇〇五年)

(43) 高橋勇策による日本広告学会関東部会における発表で明らかにされた二〇〇七年一〇月時点の数字である。

(44) 高井尚之『花王「百年・愚直」のものづくり』(日経ビジネス人文庫、二〇〇七年)

(45) 川島蓉子『資生堂ブランド――「ツバキ」「マキアージュ」のメガヒットを生んだ新ブランド戦略を徹底研究!』(アスペクト、二〇〇七年)

(46) 川島、同書、七一頁

(47) 鷲巣力『自動販売機の文化史』(集英社新書、二〇〇三年)一七頁

(48) http://www.tbs.co.jp/gacchiri/oa20060514-mo1.html

(49) 李御寧『「縮み」志向の日本人』(講談社学術文庫、二〇〇七年)

(50) 大星公二『ドコモ急成長の経営――企業価値創造と社会貢献の理念』(ダイヤモンド社、二〇〇〇年)

(51) C・ドーソン、鬼澤忍訳『レクサス――完璧主義者たちがつくったプレミアムブランド』(東洋経済新報社、二〇〇五年)

（52）Klaus Fog,Christian Budtz,Baris Yakaboylu *Storytelling: branding in Practice*（Springer, 2005）P.60

（53）福田敏彦『物語マーケティング』（竹内書店新社、一九九〇年）、山川悟『事例でわかる物語マーケティング』（日本能率協会マネジメント出版情報事業、二〇〇七年）

（54）レイモア、前掲書

（55）レイモア、前掲書

（56）Erving Goffman *Frame Analysis: An Essay on the Organization of Experience*（Northeastern University Press, 1986）

（57）関橋英作『チーム・キットカットのきっと勝つマーケティング――テレビCMに頼らないクリエイティブ・マーケティングとは？』（ダイヤモンド社、二〇〇七年）

第5章

（1）三浦、前掲書、七〇頁

（2）岡田斗司夫、前掲書、八〇頁

（3）岡田、前掲書、八二頁

（4）岡田、前掲書、八五頁

（5）キネマ旬報一九九六年臨時増刊『押井守全仕事』（キネマ旬報社、一九九六年）

（6）『日経エンタテインメント』二〇〇八年二月号

（7）厚田雄春、蓮實重彦『小津安二郎物語』（筑摩書房、一九八九年）一一七頁

（8）本間千枝子『父のいる食卓』（文春文庫、一九九二年）

（9）山脇道子『バウハウスと茶の湯』（新潮社、一九九五年）

（10）川本三郎『荷風と東京――「断腸亭日乗」私註』（都市出版、一九九六年）四六二頁

（11）尾藤正英『江戸時代とはなにか――日本史上の近世と近代』（岩波書店、一九九二年）xii頁

（12）T・C・スミス、大島真理夫訳『日本社会史における伝統と創造――工業化の内在的諸要因一七五〇―一九二〇年』（ミネルヴァ書房、一九九五年）一六一頁

（13）高橋敏『江戸の教育力』（ちくま新書、二〇〇七年）

（14）スミス、前掲書、二〇〇頁

（15）山根一眞『メタルカラーの時代1』（小学館、一九九三年）

（16）O・L・ライト、遠藤楽訳『ライトの生涯』

（彰国社、一九七八年）八二〜八三頁
(17) 大石慎三郎・中根千枝他『江戸時代と近代化』（筑摩書房、一九八六年）二〇五頁
(18) 大石・中根他、同書、二一六頁
(19) 大石・中根他、同書、二一九頁
(20) 水谷三公『江戸は夢か』（筑摩ライブラリー、一九九二年）三一頁
(21) 水谷、同書、三一頁
(22) 水谷、同書、六八頁
(23) 端信行『文化としての経済——文化人類学からの接近』（ダイヤモンド社、一九八六年）七〇頁
(24) 山崎正和『近代の擁護』（ＰＨＰ研究所、一九九四年）によるブーアスティンの引用
(25) 富永健一『近代化の理論——近代化における西洋と東洋』（講談社学術文庫、一九九六年）
(26) 川勝、前掲書、五三頁
(27) 山崎正和『山崎正和著作集４　変身の美学』（中央公論社、一九八二年）二三四頁
(28) Ｒ・オールコック、山口光朔訳『大君の都——幕末日本滞在記（上・中・下）』（岩波文庫、一九六二年）
(29) トクベルツ編、菅沼竜太郎訳『ベルツの日記（上・下）』（岩波文庫、一九七九年）
(30) 岡倉覚三、村岡博訳『茶の本』（岩波文庫、一九二九年）二二頁
(31) 岡倉、同書、二四頁
(32) 神野由紀『趣味の誕生——百貨店がつくったテイスト』（勁草書房、一九九四年）一二五頁
(33) 城一夫『色彩の宇宙誌——色彩の文化史』（明現社、一九九三年）第一四章参照。
(34) 中村雄二郎監修『老年発見——「成長」から「老知」へ』（ＮＴＴ出版、一九九三年）所収の対談、郡司正勝・中村雄二郎「老年と歌舞伎にみる自由」および立川昭二『江戸老いの文化』（筑摩書房、一九九六年）
(35) Ｓ・Ｂ・ハンレー、指昭博訳『江戸時代の遺産——庶民の生活文化』（中央公論、一九九〇年）六七〜六八頁
(36) ハンレー、同書、六九頁
(37) ハンレー、同書、六九頁
(38) ハンレー、同書、一二四頁
(39) 神野、前掲書、一二四頁
(40) 神野、前掲書、五五頁
(41) 神野、前掲書、八五頁

(42) 江藤淳『文学と私・戦後と私』(新潮文庫、一九七四年)一七九頁
(43) 北山晴一『おしゃれの社会史』(朝日新聞社、一九九一年)二八一頁
(44) 野口悠紀雄『一九四〇年体制――さらば「戦時経済」』(東洋経済新報社、一九九五年)一三三～一三四頁
(45) 奥出、前掲書
(46) 長山靖生『偽史冒険世界――カルト本の百年』(筑摩書房、一九九六年)一二八頁
(47) イーウィン、前掲書
(48) http://gfe00571.way-nifty.com/days/2007/04/index.html
(49) 浜野保樹『メディアの世紀――アメリカ神話の創造者たち』(岩波書店、一九九一年)
(50) 三浦、前掲書、一二五頁
(51) F・L・アレン、藤久ミネ訳『オンリー・イエスタデイ――一九二〇年代・アメリカ』(ちくま文庫、一九九三年)
(52) 柏木博『デザインの二〇世紀』(NHKブックス、一九九二年)一五五頁
(53) 奥出、前掲書、七二頁
(54) 奥出、前掲書、八一頁
(55) 厚田・蓮實、前掲書、五一頁
(56) 浜野保樹『小津安二郎』(岩波新書、一九九三年)
(57) 厚田・蓮實、前掲書、五三頁
(58) S・ユーウェン、平野秀秋・中江桂子訳『浪費の政治学――商品としてのスタイル』(晶文社、一九九〇年)七九頁
(59) ユーウェン、同書、七八頁
(60) 柏木博『デザイン戦略』(講談社現代新書、一九八七年)
(61) 森茉莉『贅沢貧乏』(講談社文芸文庫、一九九二年)一八頁
(62) 磯田光一『戦後史の空間』(新潮選書、一九八三年)二〇八頁
(63) C・レヴィ=ストロース、大橋保夫編『構造・神話・労働』(みすず書房、一九七九年)一一四～一一五頁
(64) 東京新聞編『「ウィーンのジャポニスム」展』(東京新聞、一九九四年)展覧会カタログ
(65) J・V・ゴッホ-ボンゲル編、硲伊之助訳『ゴッホの手紙(中)』(岩波文庫、一九六一年)二

七四頁
(66)ゴッホ、同書、二七四頁
(67)大島清次『ジャポニスム――印象派と浮世絵の周辺』(講談社学術文庫、一九九二年)二五〇頁
(68)大島、同書、二五〇頁
(69)児玉実英『アメリカのジャポニズム――美術・工芸を超えた日本志向』(中公新書、一九九五年)、Julia Meech, Gabriel P.Weisberg *Japonisme comes to America: The Japanese Impact on the Graphic Arts 1876=1925* (HARRY N.Abrams.Inc,1990)
(70)L・ラバーン、小野悦子訳『ユートピアン・クラフツマン――イギリス工芸運動の人々』(晶文社、一九八五年)日本語版の序文
(71)ライト、前掲書、八六頁
(72)ライト、前掲書、八四頁
(73)岡倉、前掲書、二一頁
(74)岡倉、前掲書、五八~五九頁
(75)ユーウェン、前掲書、一七八頁
(76)柏木『デザインの二〇世紀』三四頁
(77)柏木、同書、五七頁
(78)柳宗悦『工藝文化』(岩波文庫、一九八五年)八五頁
(79)都築政昭『小津安二郎日記――無常とたわむれた巨匠』(講談社、一九九三年)一三五頁
(80)都築政昭、同書、一九六頁
(81)J・ハーバーマス、三島憲一訳『近代――未完のプロジェクト』(岩波現代文庫、二〇〇〇年)
(82)宮台真司『終わりなき日常を生きろ――オウム完全克服マニュアル』(筑摩書房、一九九五年)
(83)山崎、前掲書
(84)I・イリイチ、玉野井芳郎訳『ジェンダー――女と男の世界』(岩波書店、一九八四年)一四四頁
(85)イリイチ、同書、一四五頁
(86)山脇、前掲書、四五頁
(87)山脇、前掲書、一四六頁
(88)山脇、前掲書、一四七頁
(89)磯田、前掲書、一三二頁
(90)宿沢広朗・永田洋光『日本ラグビー復興計画』(TBSブリタニカ、二〇〇二年)、加藤仁『宿澤広朗――運を支配した男』(講談社、二〇〇七年)
(91)R・ホワイティング、玉木正之訳『和をもって日本となす』(角川書店、一九九〇年)

(92) K・マルクス、武田隆夫他訳『経済学批判』(岩波文庫、一九五六年) 一三頁
(93) K・マルクス、城塚登・田中吉六訳『経済学・哲学草稿』(岩波文庫、一九六四年) 一八二頁
(94) マルクス、同書、一八六頁
(95) M・ウェーバー、林道義訳『理解社会学のカテゴリー』(岩波文庫、一九六八年) 一五〜一六頁
(96) ウェーバー、同書、一六頁
(97) ウェーバー、同書、二五頁
　なおウェーバーの方法論についての著作では他に清水幾太郎訳『社会学の根本概念』(岩波文庫、一九七二年) を参照した。
(98) M・ウェーバー、大塚久雄・生松敬三訳『宗教社会学論選』(みすず書房、一九七二年) 五頁
(99) M・ウェーバー、阿部行蔵訳、「プロテスタンティズムの倫理と資本主義の「精神」」『世界の大思想第23巻　ウェーバー政治・社会論集』(河出書房新社、一九六五年) 五頁
(100) この叙述に当っては、大塚久雄『社会科学の方法――ウェバーとマルクス』(岩波新書、一九六六年) および『社会科学における人間』(岩波新書、一九七七年) を参考にした。
(101) W・ゾンバルト、金森誠也訳『恋愛と贅沢と資本主義』(講談社学術文庫、二〇〇〇年)
(102) ウェーバー『宗教社会学論選』一三頁
(103) R・ヤーコブソン、花輪光訳『音と意味についての六章』(みすず書房、一九七七年) 二七〜二八
(104) ヤーコブソン、同書、二八頁
(105) ヤーコブソン、同書、二八頁
(106) F・ソシュール、小林英夫訳『一般言語学講義』(岩波書店、一九四〇年) 二九頁
(107) ソシュール、同書、二九頁。傍点部分は、原著ではアンダーライン
(108) ソシュール、同書、一一五頁
(109) ソシュール、同書、九五〜九七頁を参照
(110) R・ヤーコブソン、川本茂雄監修、田村すゞ子、村崎恭子、長嶋善郎、八幡屋直子共訳『一般言語学』(みすず書房、一九七三年) 五九頁
(111) ヤーコブソン、同書、五八頁
(112) N・チョムスキー、川本茂雄訳『デカルト派言語学――合理主義思想の歴史の一章』(みすず書房、一九七六年) 四三頁
(113) チョムスキー、同書、五五頁

(114) 和辻哲郎『人間の学としての倫理学』(岩波全書、一九三四年)二三七頁
(115) 和辻、同書、二三八〜二三九頁
(116) 和辻、同書、二四一〜二四二頁
(117) 和辻、同書、二四二頁
(118) M・フーコー、中村雄二郎訳『知の考古学』(河出書房新社、一九七〇年)、中村雄二郎訳『言語表現の秩序』(河出書房新社、一九七二年)を参照した。
ちなみに和辻が「文書」と呼んだものはフーコーの「集蔵体」にあたるものと考えられる。
(119) 和辻、前掲書、二頁
(120) 和辻、前掲書、四頁
(121) 和辻、前掲書、八頁
(122) 鈴木大拙、北川桃雄訳『日本的霊性』(岩波文庫、一九七二年)二〇頁
(123) 道元、西嶋和夫訳『現代語訳正法眼蔵』第九巻(金沢文庫、一九七八年)一九六頁
(124) 寺田透『道の思想』(創文社、一九七八年)五〜六頁
(125) 寺田、同書、七頁
(126) 鈴木大拙、北川桃雄訳『禅と日本文化』(岩波新書、一九四〇年)一二頁
(127) ドーソン、前掲書、二一七頁
(128) 道元、水野弥穂子訳『正法眼蔵随聞記』(筑摩書房、一九六三年)一四九〜一五〇頁
(129) 道元、西嶋和夫訳『現代語訳正法眼蔵』第四巻(金沢文庫、一九七八年)五二頁
(130) 道元、同書、五五頁
(131) 道元、玉城康四郎訳『正法眼蔵(抄)』(中央公論、日本の名著第七巻、一九七四年)二三二頁
(132) 道元、同書、二四一頁
(133) 中野重治『村の家』(新潮文庫、一九五〇年)二六八頁
(134) R・ベネディクト、長谷川松治訳『菊と刀――日本文化の型』(現代教養文庫、一九六七年)七八〜七九頁
(135) ベネディクト、前掲書、二一八頁
(136) ベネディクト、前掲書、二二〇頁

第6章

(1) R・バルト、宗左近訳『表徴の帝国』(新潮社、一九七四年)
(2) H・W・ファーレフェルト、出水宏一訳『儒

教が生んだ経済大国――日本式経営は生き残れるか』（文芸春秋、一九九二年）
（3）フクヤマ、前掲書（原題は、「Trust＝信頼」）
（4）『日本版Newsweek』一九九七年三月二六日号、Robert H. Frank,Philip J. Cook *The Winner Takes All Society* (Penguin Non-Classics,1996)
（5）『弁護士白書二〇〇六年版』（日本弁護士連合会、二〇〇六年）
（6）博報堂『広告』増刊号『ブランド本』（博報堂、一九九八年）
（7）奥山清行『フェラーリと鉄瓶――一本の線から生まれる「価値あるものづくり」』（PHP研究所、二〇〇七年）一五六頁
（8）M・ケラー、鈴木主税訳『GM帝国の崩壊』（草思社、一九九〇年）一六六頁
（9）M・アルベール、小池はるひ訳、久水宏之監修『資本主義対資本主義――フランスから世界に広がる21世紀への大論争』（竹内書店新社、一九九二年）
（10）柏木『デザインの二〇世紀』一二頁
（11）柏木博『現代デザインの源流』（日本放送出版協会、一九八七年）六頁
（12）山崎『近代の擁護』八五頁
（13）柳『工藝文化』一一頁
（14）柳、同書、二〇頁
（15）柳、同書、一六二頁
（16）柳、同書、一六五頁
（17）三木清『三木清全集14』（岩波書店、一九六七年）三八六頁
（18）天野正子『「生活者」とはだれか――自律的市民像の系譜』（中公新書、一九九六年）二四～二五頁
（19）J・チアン、土屋京子訳『ワイルド・スワン（上・下）』（講談社、一九九三年）
（20）中井久夫編『一九九五年一月・神戸――「阪神大震災」下の精神科医たち』（みすず書房、一九九五年）
（21）川勝平太『「美の文明」をつくる――「力」の文明を超えて』（ちくま新書、二〇〇二年）
（22）A・H・マスロー、上田吉一訳『完全なる人間――魂のめざすもの』（誠信書房、一九六四年）
（23）http://www.jppfma.org/topics/topics-set.html
（24）山内英子『トヨタ「イタリアの奇跡」』（中公新書ラクレ、二〇〇三年）一六九頁

(25)山崎、前掲書、五三頁
(26)詳しくは、前掲拙著『文脈創造のマーケティング』を参照。
(27)山崎、前掲書
(28)J・A・シュムペーター、東畑精一・中山伊知郎訳『資本主義・社会主義・民主主義（中）』改訂版（東洋経済新報社、一九六二年）三三五頁
(29)川勝『日本文明と近代西洋』五三頁
(30)川勝、同書、二五一頁
(31)川勝、同書、二五二頁
(32)川勝、同書、七三頁
(33)川勝、同書、一四頁
(34)村上春樹『やがて哀しき外国語』（講談社、一九九四年）
(35)深井晃子『ジャポニスムインファッション——海を渡ったキモノ』（平凡社、一九九四年）
(36)P・シャモワゾー、R・コンフィアン、西谷修訳『クレオールとは何か』（平凡社、一九九五年）
(37)M・フーコー、田村俶・雲和子訳『自己のテクノロジー——フーコー・セミナーの記録』（岩波書店、一九九〇年）一九頁
(38)フーコー、同書、二六頁
(39)『産経新聞（朝刊）』二〇〇八年一月八日
(40)詳しくは、前掲拙著『文脈創造のマーケティング』を参照。

終章

(1)吉本隆明『重層的な非決定へ』（大和書房、一九八五年）
(2)橋爪大三郎『民主主義は最高の政治制度である』（現代書館、一九九二年）一六九頁
(3)三浦、前掲書、七〇頁
(4)三浦、同書、七四頁
(5)岡田、前掲書、八〇頁
(6)岡田、前掲書、八二頁
(7)岡田、前掲書、八五頁
(8)岡田、前掲書、九五頁
(9)キネマ旬報、前掲書
(10)http://www.ohmae.biz/koblog/montra/984.php
(11)S・レヴィ、上浦倫人訳『iPodは何を変えたのか？』（ソフトバンククリエイティブ、二〇〇七年）三〇〜三一頁
(12)レヴィ、同書、三六四頁

(13) 小浜逸郎『オウムと全共闘』(草思社、一九九五年)
(14) 奥出、前掲書、二一七頁
(15) 奥出、前掲書、二一七～二一八頁
(16) 奥出、前掲書、二一九頁
(17) 近藤道生『茶ごころ』(新潮社、一九九六年)を参照。
(18) リクルートワークス編集部編、前掲書
(19) 佐伯啓思、前掲書、一七頁

青木 貞茂（あおき さだしげ）

1956年長野生まれ。1979年立教大学経済学部卒業後、広告会社勤務のかたわら法政大学非常勤講師、早稲田大学大学院商学研究科客員助教授、東京大学大学院情報学環非常勤講師などを歴任。同志社大学社会学部教授を経て、2013年4月より法政大学社会学部教授。日本広告学会理事。専門は、広告論、ブランド論。単著に『文脈創造のマーケティング』（日本経済新聞社）、『キャラクター・パワー――ゆるキャラから国家ブランディングまで』（NHK出版新書）、共著に『記号化社会の消費』（ホルト・サウンダース・ジャパン）、『広告の記号論』（日経広告研究所）、『文化・記号のマーケティング』（国元書房）、『文化の消費が始まった』（日本経済新聞社）、共訳書としてレイモア『隠された神話』（日経広告研究所）など。

新装版　文化の力
カルチュラル・マーケティングの方法

2021年 4 月12日　初版第 1 刷発行　定価はカバーに表示してあります
2023年 3 月31日　初版第 2 刷発行

著　者　青木貞茂

発行者　東 明彦

発行所　ＮＴＴ出版株式会社
〒108-0023　東京都港区芝浦3-4-1　グランパークタワー
営業担当／TEL 03(6809)4891　FAX 03(6809)4101
編集担当／TEL 03(6809)3276　https://www.nttpub.co.jp

装　幀　米谷 豪

印刷・製本　中央精版印刷株式会社

ISBN978-4-7571-2387-8 C0034

NTT出版ライブラリー レゾナント　刊行の辞

グローバル化・情報化の波が世界中を覆い、従来の常識、発想では解けない社会問題・現象が次々に起こっています。しかしながら、それらをトータルに理解し、変化する事態の奥にあるものを射抜く知恵、教養のつながりは、いまだ鮮明ではありません。

シリーズ名の「レゾナント」には、〝共鳴する、響きあう〟という意味が込められています。そして、人と人とが時間や距離を超えて出会い、響きあう、時間や距離を超えるコミュニケーション環境の創造こそが、社会の様々な問題解決につながるのではないかと考えました。

二一世紀の始まりにあたり、私たちは、大きな文明的転換期に遭遇し、いま新たに拠って立つべき基点をどこに持つべきか、また、つねに「変化」の波にさらされ続ける社会の未来像をいかに描くべきかを模索しています。

私たちは、現代から未来へ続く道を読者とともに探す、確かな未来をつくるために歴史の叡智に耳をすます、そんな未来志向の新しい教養を目指したいと思います。

このシリーズを通して、そのささやかな一歩を踏み出していきます。多くの読者のかたの共感と支援を心よりお願いいたします。

二〇〇四年十月